Die Birkenbihl-Methode:

Französisch 1

für Fortgeschrittene

von Vera F. Birkenbihl und Rainer Gerthner

- **Für Normaleinsteiger:**
  Nehmen Sie sich bitte einige Minuten Zeit, um sich mit dem Aufbau dieses Kurses und der Birkenbihl-Methode vertraut zu machen.
  Es lohnt sich – Sie werden später viele Stunden Zeit sparen.

➤ Lesen Sie also bitte die Einführung ab Seite 6.

- **Für Schnelleinsteiger:**

➤ Schlagen Sie bitte **Seite 14** auf.

Impressum

Die Birkenbihl-Methode: Französisch für Fortgeschrittene
Begleitbuch, 4 CDs

Genehmigte Sonderausgabe für den Tandem Verlag GmbH, Königswinter

Viele Menschen haben diesen Kurs für Sie erarbeitet:

Deutsche Texte:	Vera F. Birkenbihl, Rainer Gerthner
Übersetzung:	Cristina Peláez
De-Kodierung:	Rainer Gerthner
Einführung und Hörspiel:	Rainer Gerthner, Martina Rohfleisch
Korrektorat:	José Maria Domínguez, Enrique Recabarren Rainer Gerthner, Wolfgang Lang, Bodo Wardin Torsten Leuchter
Lektorat:	Martina Rohfleisch
Satz:	Satzbüro Noch & Noch
Sprecher des Kurses:	Cristina Peláez, Gabriel González
Toningenieur:	Björn Gödde
Tonstudio:	NUKE's HOLIDAY CAMP, Köln
CDs:	Eurotape, Berlin
Coverabb.:	© Max Power/Corbis

Printed in the EU

Inhalt

Sehr geehrte Leserinnen und Leser,
die meisten Menschen glauben leider, das Erlernen von Fremdsprachen müsse seeeehr schwierig sein. Dieser falsche Eindruck wird durch den traditionellen Sprachen-Unterricht in Schule und Ausbildung erweckt. Haben Sie den Mut, diese Annahme zu hinterfragen? Gehirn-gerechtes Vorgehen heißt: Jeder Mensch kann schnell und leicht lernen, was immer er will; selbstverständlich auch Sprachen! Die Birkenbihl-Methode bietet Ihnen die Möglichkeit, Sprachen zu lernen, auch wenn Sie bisher dachten, Sie hätten zu wenig Zeit, kein Sprachentalent oder keine Lust, Vokabeln zu pauken. Wenn Sie sich in Ihrer Muttersprache fließend ausdrücken können, dann gibt es überhaupt keinen Grund dafür, daß Sie dies nicht auch in einer (oder gar mehreren) Fremdsprache(n) tun können!
Warum aber haben Millionen von Menschen solche Probleme, daß sie glauben, sie hätten „kein Sprachentalent“? Warum kann ein Schüler nach fünf Jahren Französisch-Unterricht nicht fließend französisch denken, sprechen und lesen? Die Antwort liegt nicht beim Lernenden, sondern im System. Oder glauben Sie wirklich, der liebe Gott hätte alle Menschen mit Sprachentalent in die BeNeLux-Staaten geschickt? Na bitte!
Es liegt nämlich nicht an Ihrem „Talent“; Ihr Erfolg steht und fällt mit der Methode.
Mit der Birkenbihl-Methode ist es möglich, ohne Vokabeln-Pauken und Grammatikregeln Französisch zu lernen. Sie selbst sind der Beweis, denn Sie haben Ihre Muttersprache durch Imitation gelernt. Sprachenlernen kann so einfach sein, wenn man weiß, wie!

Ihre
Vera F. Birkenbihl

Prof. Dr. Freudenstein, Leiter des Instituts für Fremdsprachenforschung an der Philipps-Universität, Marburg, zur Birkenbihl-Methode, Fremdsprachen zu lernen:
Auch mir ist vieles, was diesen Weg zum leichten Erlernen einer fremden Sprache ausmacht, äußerst sympathisch: die bewußte Abkehr von ineffektiven schulischen Lernverfahren, die Widerlegung des Aberglaubens, Grammatik kennen sei wichtiger als Grammatik können, und vor allem die unendlich vielen nützlichen Hinweise und Ratschläge, mit denen immer wieder Mut gemacht wird, sich eine Fremdsprache anzueignen – selbst dann, wenn man glaubt, man sei dafür nicht geeignet.
Die „Birkenbihl-Methode“ bietet darum eine Reihe von hilfreichen, bislang viel zu wenig genutzten Möglichkeiten zum Fremdsprachenlernen an. Vera F. Birkenbihl hat es verstanden, sie in ihren Kursmaterialien zu einem interessanten, motivierenden und darum auch effektiven Lernpaket zusammenzuschnüren.

Reinhold Freudenstein

Die Autoren – die Methode – der Kurs

Herzlich willkommen!
Sie wollen Ihr Französisch verbessern, und zwar so schnell und leicht wie möglich? Dann laden wir Sie jetzt dazu ein, sich mit dieser Einführung vertraut zu machen, denn das Lernen nach der Birkenbihl-Methode weicht sicher stark von Ihren bisherigen Erfahrungen beim Fremdsprachenlernen ab. Wir bitten Sie also, sich in Ruhe diese Einführung durchzulesen.

Die Autoren
Vera F. Birkenbihl entwickelte in den siebziger Jahren die gehirn-gerechte Methode des Sprachenlernens. Sie studierte in den USA Psychologie und Journalismus und kehrte 1972 nach Europa zurück, wo sie das Institut für gehirn-gerechtes Arbeiten gründete und Management-Seminare leitete. Schon damals begann sie, in verschiedenen Sprachen zu schulen. Heute zählt sie zu Europas erfolgreichsten Autoren und Trainern im Bereich zukunftsorientierten Lernens.
Rainer Gerthner, Diplom-Physiker, hat mit der Birkenbihl-Methode bereits über ein halbes Dutzend Fremdsprachen erlernt. Diese praktischen Erfahrungen, seine sprachwissenschaftlichen Kenntnisse und sein technisches Knowhow mündeten in die Entwicklung eines Software-Konzepts, das von einem Text beliebiger Sprache zuverlässige und übersichtliche Wort-für-Wort-Übersetzungen ins Deutsche erstellt.
Die beiden Autoren haben in Teamarbeit diesen Sprachkurs verfaßt. Ihr Ziel ist es, Ihnen nicht nur mit der gehirn-gerechten Methode, sondern auch mit lebendigen und intelligenten Inhalten Freude am und beim Lernen zu vermitteln.

Die Birkenbihl-Methode
Wie lernt eigentlich ein Kind seine Muttersprache? Ein Baby hört die Sprache nur, es erfährt sie im Sinn- und Satzzusammenhang und beginnt erst später, als Kleinkind, das Gehörte zu imitieren. Auf diesem natürlichen Vorbild basiert die Birkenbihl-Methode, die sich darum grundlegend von herkömmlichen Sprachlern-Methoden unterscheidet:

1. Vokabeln-Pauken verboten
Das Auswendiglernen einzelner, isolierter Vokabeln entfällt. Neue Wörter und Redewendungen lernen Sie nur im Sinnzusammenhang.

2. Grammatik-Regeln überflüssig
Die Wort-für-Wort-Übersetzung (De-Kodierung) läßt Sie die Satzstruktur der noch fremden Sprache intuitiv erfassen. Sie wenden Grammatik lebendig an, ohne eine einzige Regel lernen zu müssen.

3. Vorbilder statt Lehrer
Muttersprachler haben für Sie den Text gesprochen und vermitteln Ihnen zuverlässig die richtige Aussprache und Satzmelodie.

4. Maßgeschneidertes Lernen
Sie lernen nur, was Sie lernen möchten. Der Schwerpunkt liegt dabei auf dem Verstehen und Sprechen der Zielsprache. Ob Sie darüber hinaus die Sprache lesen und/oder schreiben möchten, entscheiden Sie!

5. 60 – 80% Zeitersparnis
Ein Großteil der Lernarbeit wird an das Unterbewußtsein delegiert. Sie hören die Sprache möglichst oft passiv, das heißt ganz nebenbei, während Sie Ihrer Arbeit oder Ihrem Hobby nachgehen. Klangbild und Satzmelodie schleifen sich automatisch ein, Ihr Sprachgefühl entwickelt sich von selbst.
Mit der Birkenbihl-Methode lernen Sie gehirngerecht: Sie nutzen das Potential beider Gehirnhälften – im Gegensatz zu traditionellen Lernmethoden. Das garantiert die rasche Aufnahme des Lernstoffs und hohe Erinnerungsleistungen: Sie lernen schnell und leicht.

Die Kurse: Französisch für Fortgeschrittene 1 und 2

Voraussetzungen:
Beide Sprachkurse richten sich vorwiegend an Lernende, die bereits über Grundkenntnisse der Zielsprache verfügen. Dabei ist es egal,
- ob Sie diese Kenntnisse in einem Kurs (zum Beispiel *Die Birkenbihl-Methode: Französisch für Einsteiger)* frisch erworben haben
- oder ob altes Schulwissen verschüttet vorliegt
- oder ob Sie während eines kurzen Auslandsaufenthalts Bekanntschaft mit dieser Sprache gemacht haben.

Dieser Kurs holt Sie dort ab, wo Sie sich gerade befinden. Wenn Sie sprachlich bereits recht fit sind, werden Sie sehr zügig voranschreiten. Wenn Sie dagegen über weniger Vorkenntnisse verfügen, lassen Sie sich einfach etwas mehr Zeit.

Themen:
Inhaltlich baut Französisch für Fortgeschrittene 1 auf den Sprachkursen für Einsteiger auf, deshalb beginnt er mit Lektion 21. Sie erleben einen lockeren, lebendigen Dialog zwischen Sophie und Michel, die sich vor einiger Zeit kennengelernt haben. Verbringen Sie einen kurzweiligen Nachmittag mit ihnen: Schauen Sie sich die frisch renovierte Wohnung von Sophie an, und lernen Sie mit ihr einen Gedächtnistrick kennen, den auch Sie in Ihrem Alltag nutzen können. Begleiten Sie die beiden bei einem Einkaufsbummel,

und lassen Sie sich von ihren Ansichten zu Themen unserer Zeit überraschen. Genießen Sie die gute Stimmung, die Sophie und Michel verbreiten, denn ob amüsante Plauderei oder ernsthafte Diskussion – die beiden landen doch immer wieder bei einem Thema: wie sehr sie einander schätzen …

Aufbau:

- **Der deutsche Text**

Der Prolog, die zehn Lektionen, der Epilog sowie die Ergänzungslektion werden Ihnen jeweils zunächst auf Deutsch vorgestellt, damit Sie von Anfang an verstehen, um was es geht, und sich ein detailliertes Bild machen können. Ein Beispielsatz:
„Mit diesem Kurs liegen Sie richtig.“

- **Die De-Kodierung**

Die Wort-für-Wort-Übersetzung des französischen Textes ins Deutsche macht die Struktur der Zielsprache transparent. Beispielsatz:

«Ce	cours	est	fait	pour	vous!»
„Dieser	***Kurs***	***ist***	***gemacht***	***für***	***Euch!“***

Durch diese De-Kodierung entfallen abstrakte Grammatikregeln; für den interessierten Leser stehen kurze und verständliche Informationen zur Grammatik in Form von Fußnoten zur Verfügung.

- **Der rein zielsprachliche Text**

Am Ende jedes Kapitels finden Sie noch einmal den französischen Text, diesmal ohne Übersetzung. Beispielsatz:
«Ce cours est fait pour vous!»

Text und Material:

Beide Fortgeschrittenen-Kurse bestehen jeweils aus:

- CD 1:
  französischer Text im langsamen Sprechtempo,
- CD 2:
  französischer Text im normalen Sprechtempo und
- diesem Begleitbuch, das alle Texte der Kurse und eine Anleitung zum Lernen enthält.

Wie Sie die CDs und dieses Buch einsetzen sollten, damit Sie mit der Birkenbihl-Methode optimale Ergebnisse erzielen, erfahren Sie auf den nächsten Seiten.

Die vier Lernschritte

Schritt 1: Deutschen Text lesen und visualisieren
Lesen Sie sich den deutschen Text aufmerksam durch, und stellen Sie sich den Inhalt bildhaft vor. Die Handlung sollte wie ein phantasievoller Film vor Ihrem geistigen Auge ablaufen. Lassen Sie all Ihre Sinne und auch Ihre Gefühle an dem Geschehen teilhaben. Fragen Sie sich z.B. in Lektion 21:

- Wie hört sich die Klingel von Sophies Wohnung an? (Dingdong, rrrrrring, …?)
- Welche Farbe hat das Kleid, das Sophie trägt?
- Wie duftet der Blumenstrauß, den ihr Michel mitgebracht hat? …

Je lebendiger Sie sich die Handlung vorstellen, desto leichter fällt Ihnen später das Verstehen der noch fremden Sprache.
Nehmen Sie sich dann die deutsche De-Kodierung mit einem Farbstift vor. Lesen Sie den Text langsam durch, Wort für Wort, und stellen Sie sich wieder das Gelesene bildlich vor. Die De-Kodierung erschließt Ihnen die Struktur der Fremdsprache vom ersten Satz an. Ist der de-kodierte Text dem „guten Deutsch" sehr ähnlich, lernen Sie ihn ganz leicht: *Hallo und willkommen … (= Bonjour, et bienvenue …).* Weicht die Wort-für-Wort-Übersetzung dagegen vom „guten Deutsch" ab, registrieren Sie dies unbewußt. Die wortwörtliche Übersetzung kann sehr amüsant wirken, und so prägt sich Ihnen die neue Struktur ebenfalls schnell ein: *Ihr habt beschlossen von fortsetzen euere Reise zu durchqueren die Sprache französische. (= Vous avez décidé de poursuivre votre voyage á travers la langue française.)*
Es darf gelacht werden – lassen Sie sich spielerisch und mit Neugierde auf diese Erfahrung ein.

Ziel: Sie machen sich ein Bild von den sprachlichen Inhalten – Sie verstehen die Situation.

Schritt 2: Hören/Aktiv: Zuhören und Mitlesen
Hören Sie den langsam gesprochenen französischen Text (CD 1), und lesen Sie gleichzeitig in der Wort-für-Wort-Übersetzung den deutschen Text mit. In diesem Moment verbindet Ihr Gehirn Ihre Bilder mit den französischen Worten.
Wenn Sie diese Übung mehrmals wiederholen, ist es bald egal, ob Sie den deutschen oder den französischen Text hören – Sie haben in beiden Fällen die gleichen Bilder vor Augen. Mit anderen Worten: Sie verstehen den Text auch auf Französisch. Durchlaufen Sie diesen Schritt ganz langsam und gründlich. Je mehr Zeit Sie sich jetzt lassen, desto mehr Zeit werden Sie später einsparen!
Zu Beginn sind nur kleine Schritte empfehlenswert:

- Hören und lesen Sie nur einen Satz oder Sinnabschnitt.
- Dann drücken Sie die Pausentaste und
- stellen sich den Inhalt des Satzes bildlich vor.

Malen Sie sich besonders ungewohnte oder schwierige Wörter im deutschen Text farbig an, und fahren Sie erst danach fort.
Wiederholen Sie diese Übung so oft, bis Sie alle Wörter auch ohne Mitlesen der deutschen Wort-für-Wort-Übersetzung verstehen können. Wenn Sie anfangen, sich mit dem *langsamen Sprechtempo* (CD 1) zu langweilen, steigen Sie auf die Version im *normalen Sprechtempo* um (CD 2).

Ziel: Sie verbinden Ihre Bilder mit den französischen Worten – Sie verstehen den französischen Text.

Schritt 3: Hören/Passiv
Hören Sie den französischen Text so oft wie möglich nebenbei – bei der Arbeit, beim Spaziergang mit dem Walkman, beim Fernsehen. Auf diese Weise simulieren Sie einen Mini-Aufenthalt in Frankreich, der Sie keine zusätzliche Zeit kostet. Sie brauchen überhaupt nicht bewußt zuzuhören – im Gegenteil, konzentrieren Sie sich auf etwas anderes: auf einen Film, ein Buch oder die Bügelwäsche. Geben Sie Ihrem Unterbewußtsein die Gelegenheit, den Text zu verankern und ein Gefühl für das Klangbild und die Sprachmelodie der Zielsprache zu entwickeln.
Je kürzer die Passage, die Sie immer wieder im Hintergrund hören, desto schneller nimmt sie Ihr Unterbewußtsein auf. Das funktioniert jedoch nur, wenn Sie nicht alle zwei Minuten zurückspulen müssen. Sorgen Sie also für eine automatische Wiederholung der Passage, z.B. einer Lektion:

- Programmieren Sie Ihren CD-Player auf Wiederholung eines Tracks (Repeat-Funktion).
- Oder überspielen Sie den gewünschten Text-Abschnitt mehrmals hintereinander auf normale C-60-Kassetten (CD-Player auf Wiederholung programmieren und auf Kassette aufnehmen).
- Oder überspielen Sie den Textabschnitt einmal auf eine Kurzkassette, die Sie auf einem AutoReverse-Gerät abspielen lassen, oder auf eine Endloskassette, die Sie auf einem normalen Gerät abspielen können.

Wenn Sie zwischenzeitlich bewußt zuhören, sollten Sie jedes Wort verstehen können. Falls dies nicht der Fall ist, schauen Sie sich bitte noch einmal die De-Kodierung an. Schritt 3 ist abgeschlossen, wenn Sie den Text (fast) auswendig kennen.

Ziel: Sie gewöhnen sich an die Aussprache des Französischen.

Schritt 4: Praxis! Sprechen – Lesen – Schreiben
Die letzte Phase gestalten Sie selbst nach Ihren eigenen Wünschen und Zielsetzungen (siehe *Drei Tips für Ihren Erfolg*, Seite 12):

- **Französisch sprechen lernen**

Wenn Sie sich auf Französisch verständigen möchten, sprechen Sie mit den Sprechern auf CD im Chor. Stellen Sie zunächst den Ton am Gerät laut, und sprechen Sie selbst leise mit, damit Sie hören können, wenn Sie etwas falsch aussprechen. Nach einigen Wiederholungen korrigieren Sie sich von selbst und können das Mitsprechen lauter versuchen, bis Sie sich sicher fühlen.
Zum Schluß können Sie den Ton der CD ganz leise drehen und selbst die „Hauptrolle“ übernehmen. So trainieren Sie sich spielend leicht eine perfekte Aussprache an.

- **Französisch lesen lernen**

Um Ihre Lesefähigkeit zu trainieren, hören Sie die Lektion auf CD und lesen gleichzeitig den französischen Text. Verfolgen Sie zunächst die französische Version mit De-Kodierung, damit Sie zwischendurch noch einen Blick auf die Wort-für-Wort-Übersetzung werfen können, wenn es nötig ist. Schließlich versuchen Sie es mit der französischen Version am Ende der Lektion.

- **Französisch schreiben lernen**

Ist es Ihr Ziel, sich auch schriftlich auf Französisch ausdrücken zu können, stehen Ihnen viele verschiedene Trainingsmöglichkeiten offen. Hier einige Anregungen:

- Schreiben Sie kürzere oder längere Passagen, die Sie besonders interessieren, aus diesem Begleitbuch ab.
- Lassen Sie sich den Text von den Sprechern diktieren: Verwenden Sie dazu die langsam gesprochene Version, und benutzen Sie die Pausentaste, damit Sie Zeit haben, das Gehörte nachzuschreiben.
- Kopieren Sie einige Textabschnitte aus der De-Kodierung, und übermalen Sie manche französische Passagen mit Tipp-Ex. Überprüfen Sie, ob Sie die Lücken ergänzen können.
- Decken Sie in der Wort-für-Wort-Übersetzung den französischen Text ab, oder lassen Sie sich den de-kodierten deutschen Text vorsprechen. Übersetzen Sie dann schriftlich oder mündlich zurück ins Französische.
- Eine letzte, recht anspruchsvolle Übung: Übersetzen Sie den deutschen Text zu Beginn der Lektion frei ins Französische, und vergleichen Sie Ihr Ergebnis mit dem französischen Text am Ende der Lektion.

Vielleicht haben Sie auch noch andere Ideen? Alles, was Ihnen Spaß macht, eignet sich zum Trainieren.

Ziel: Sie setzen das Gelernte in die Praxis um!

Drei Tips für Ihren Erfolg

1. Setzen Sie sich Ihr persönliches Ziel!
Mit einem klaren Ziel vor Augen lernen Sie viel leichter und schneller – Ihr Gehirn schaltet automatisch auf Empfang. Die folgenden Fragen können Ihnen bei Ihrer Zielfindung helfen:

- Warum möchten Sie Ihr Französisch verbessern? Stellen Sie sich Ihr Ziel in allen Einzelheiten vor, z.B., wie Sie mit Ihrem Wohnmobil durch die Provence fahren und sich fließend mit den Einheimischen unterhalten … Wie fühlen Sie sich dabei?
- Machen Sie deutlich, welche der vier sprachlichen Grundfertigkeiten Sie erlernen möchten: Möchten Sie Französisch verstehen (z.B., um französische Filme in Originalsprache zu erleben) oder auch sprechen können (z.B., um mit Leuten zu diskutieren)? Oder wollen Sie lieber französische Romane lesen? Oder Briefe schreiben?
- Bis wann möchten Sie die Sprache zu Ihrer Zufriedenheit beherrschen? Setzen Sie sich eine Frist, die auch ohne Streß zu schaffen ist.
- Wieviel Zeit möchten Sie täglich investieren? Unterscheiden Sie dabei zwischen aktiver Lernzeit (Schritte 1, 2, 4) und passiver Lernzeit (Schritt 3), die Sie keinen zusätzlichen Zeitaufwand kostet.
- Schreiben Sie hier Ihre Ziele doch einfach auf. Sie wissen ja, Ihre Ziele bilden die Grundlage für Ihren Lernerfolg!

Ich möchte Französisch lernen, weil …

____

____

____

____

Vor allen Dingen möchte ich Französisch
❑ verstehen ❑ sprechen
❑ lesen ❑ schreiben.

Dies möchte ich können bis …

Ich nehme mir vor, täglich zu lernen, und zwar

aktiv (Schritt 1, 2 und 4)
❑ 10 ❑ 20 ❑ 30 ❑ > 30 Minuten

passiv (Schritt 3: Hören nebenbei)
❑ 1 ❑ 2 ❑ 4 ❑ > als 4 Stunden

2. Bearbeiten Sie Ihr Begleitbuch!
In dieses Buch dürfen und sollen Sie nach Herzenslust hineinschreiben und -malen, denn auf diese Weise aktivieren Sie Ihre rechte, ganzheitlich-kreative Gehirnhälfte. Wir haben diese Unterlagen bewußt schwarz-weiß gehalten, um Ihnen viele Möglichkeiten zu bieten, sie farblich zu individualisieren:

- Unterstreichen, markieren oder umkreisen Sie alles in der Wort-für-Wort-Übersetzung, was Ihnen wichtig oder merkwürdig erscheint.
- Heben Sie Sätze oder Passagen, die Ihnen besonders gefallen, durch Symbole hervor.
- Verwenden Sie dabei Farben, die Sie ansprechen und Ihnen eine schnelle Orientierung ermöglichen.

3. Lassen Sie sich Zeit!

Überforderung kostet Zeit, denn Frust und Streß sind Lernbarrieren. Machen Sie sich das Lernen leicht:

- Nehmen Sie sich besonders zu Beginn des Kurses die Zeit, sich an die Sprache zu gewöhnen.
- Gehen Sie erst dann zum nächsten Schritt über, wenn Ihr Gefühl Ihnen sagt, daß Sie dafür reif sind.
- Beginnen Sie mit dem Sprechen im vierten Lernschritt erst, wenn Sie die Lektion durch viel passives Hören schon fast „im Schlaf" können. Auf diese Weise werden Sie langfristig drei Viertel der für herkömmliches Lernen veranschlagten Zeit einsparen.

Dazu eine kleine Geschichte ...

Till Eulenspiegel saß am Wegesrand, als eine Kutsche mit vier Pferden aus der Entfernung heranraste und abrupt vor ihm hielt. Der Kutscher schrie: „Wie weit ist es noch zur Stadt?" Eulenspiegel antwortete: „Wenn Ihr langsam fahrt, werdet Ihr in zehn Minuten in der Stadt sein. Rast Ihr hingegen, wird es Stunden dauern." Darauf der Kutscher: „Idiot!" Er drosch auf die Pferde ein und raste weiter. Eulenspiegel begann langsam in Richtung Stadt zu wandern. Als er eine halbe Stunde gegangen war, begegnete er dem Kutscher, dessen Kutsche im Graben lag. „Was ist passiert?" fragte Eulenspiegel. „Achsenbruch", erwiderte der Kutscher. „Seht Ihr", sagte der Schelm, „ich sagte Euch ja: Zehn Minuten, wenn Ihr langsam fahrt!"

Nun geht's los. Wir wünschen Ihnen viel Vergnügen!

Für Schnelleinsteiger

Die vier Schritte auf einen Blick

Schritt 1: Deutschen Text lesen und visualisieren
Lesen Sie den deutschen Text in diesem Buch, und stellen Sie sich die Handlung bildhaft vor. Machen Sie sich dann mit der deutschen Wort-für-Wort-Übersetzung vertraut.

Schritt 2: Hören/Aktiv
Hören Sie den französischen Text im langsamen Sprechtempo (CD 1), und lesen Siegleichzeitig den deutschen Text der Wort-für-Wort-Übersetzung. Nach einigen Wiederholungen (mind. 8) gehen Sie auf das normale Sprechtempo über (CD 2). So verknüpfen Sie Ihre inneren Bilder von der Handlung mit dem Klang der französischen Worte.

Schritt 3: Hören/Passiv
Lassen Sie die normal schnell gesprochene Version (CD 2) bei jeder Gelegenheit leise im Hintergrund laufen, ohne daß Sie bewußt zuhören. Durch diese „Mini-Auslandsaufenthalte" gewöhnt sich Ihr Unterbewußtsein an die Aussprache.

Schritt 4: Sprechen – Lesen – Schreiben
- Sprechen Sie im Chor mit den Sprechern auf den Tonträgern.
- Lesen Sie den Text.
- Schreiben Sie den Text ab oder lassen Sie ihn sich von den Sprechern diktieren.
- Übersetzen Sie schriftlich den Text vom „guten" Deutsch ins Französische.

(Mehr Infos finden Sie auf den Seiten 9 bis 13.)

Viel Vergnügen wünscht Ihnen

Ihr birkenbihl-media-Team!

PROLOGUE

Prolog

1[1] Michel: Guten Tag und willkommen zum ersten Teil unseres Kurses „Französisch für Fortgeschrittene“!

2 Sophie: Wir beglückwünschen Sie zu Ihrer Entscheidung, Ihre Reise durch die französische Sprache mit uns fortzusetzen.

3 Michel: Egal, wo Sie Ihre Grundkenntnisse der französischen Sprache erworben haben, …

4 Sophie: … ob Sie uns durch die Kurse „Französisch für Einsteiger Eins und Zwei“ begleitet haben …

5 Michel: … ob Sie in der Schule – mehr oder weniger zwangsweise – an Sprachunterricht teilnahmen …

6 Sophie: … oder ob Sie beschlossen, Sprachkurse an einer Sprachenschule, Hochschule oder Volkshochschule zu besuchen …

7 Michel: … mit diesem Kurs liegen Sie richtig!

8 Sophie: Wir werden spielerisch tiefer in verschiedene Themenbereiche eintauchen.

9 Michel: Mit „spielerisch“ meint Sophie natürlich „gehirn-gerecht“.

10 Sophie: Genau, und „gehirn-gerecht“ bedeutet: es entspricht der Arbeitsweise des Gehirns. Dann fällt das Lernen leicht, es macht Freude, und wir haben Erfolgserlebnisse, die uns motivieren weiterzumachen.

11 Michel: Wenn wir gehirn-gerecht vorgehen, fällt uns Lernen leicht, und was uns leichtfällt, macht uns Spaß. Alles klar?

12 Sophie: Michel und ich werden uns über vieles unterhalten. Sie hören einfach zu, durchlaufen die aktiven Wiederholungen, bis Sie alles verstehen, und übergeben dann die Lernarbeit an Ihr Unterbewußtsein, indem Sie so viel wie möglich passiv, also nebenbei hören.

13 Michel: Dadurch setzen Sie sich der Fremdsprache häufig aus, so wie Sie als Kind Ihrer Muttersprache ausgesetzt waren.

14 Sophie: Sie lernen die Fremdsprache in etwa so, wie Sie als Kind Ihre Muttersprache erlernt haben, wobei Ihr Unterbewußtsein Ihnen den Großteil der eigentlichen Lernarbeit abnimmt.

[1] Um Ihnen, liebe Lerner, die Orientierung zu erleichtem, sind die Sprechereinsätze im deutschen Text, in der De-Kodierung und im französischen Text fortlaufend durchnumeriert.

15 Michel: Und erst wenn Ihnen alles bekannt und vertraut ist, beginnen Sie mit den aktiven Trainingseinheiten wie Sprechen, Lesen oder Schreiben, je nachdem, wo Ihre Prioritäten liegen …

16 Sophie: Denn das Verstehen im Sinne von Begreifen, also die Grundlage, haben Sie mit aktivem und passivem Hören erworben, und zwar weitgehend nebenbei, also ohne Zeitverlust!

17 Michel: Angenommen, Sie wollen nur verstehen … das Fernsehen beispielsweise. Dann reichen die aktiven und passiven Hörphasen bereits aus.

18 Sophie: Die meisten Menschen wollen jedoch auch sprechen können, um sich zu unterhalten. Hierfür wäre als aktive Übung das „Chorsprechen" zu empfehlen …

19 Michel: … d.h. Sie sprechen mit den Sprechern auf der CD oder Kassette im Chor.

20 Sophie: Aber erst, wenn Ihnen der jeweilige Lernstoff wirklich vertraut geworden ist.

21 Michel: Je mehr Zeit Sie anfangs für aktives und passives Hören aufwenden, desto mehr Zeit sparen Sie später, wenn Sie mit dem aktiven Training beginnen.

22 Sophie: Sie sehen, es ist wirklich leicht. Wenn die Birkenbihl-Methode neu für Sie ist, dann lesen Sie bitte unbedingt die Gebrauchsanleitung zu diesem Kurs.

23 Michel: Sonst gleichen Sie einem Ferrari-Besitzer, der nur im ersten oder zweiten Gang fährt.

24 Sophie: Ihr Gehirn ist brillant… wenn Sie es richtig nutzen.

25 Michel: Daß Sie das können, haben Sie beim Erlernen Ihrer Muttersprache ja bewiesen, oder?

26 Sophie: Wir sprechen in diesem Kurs über alles mögliche, …

27 Michel: … über Wohnungseinrichtung, …

28 Sophie: … über Freizeitgestaltung …

29 Michel: … oder darüber, wie Sie Ihr Gedächtnis verbessern können!

30 Sophie: Beschäftigen Sie sich besonders intensiv mit denjenigen Lektionen, deren Thematik Sie persönlich besonders interessiert.

31 Michel: Das kann eine ganze Lektion sein …

32 Sophie: … oder auch nur ein Teil einer Lektion!

33 Michel: Auf diese Weise schaffen Sie die Grundlage, sich später besonders leicht zu Themen Ihres Interesses äußern zu können.

34 Sophie: Gleichzeitig verbessern Sie Ihre Fähigkeit zu verstehen, d.h. Sie begreifen immer besser und schneller, worüber andere mit Ihnen sprechen möchten.

35 Michel: Wie gesagt, es wird Ihnen Spaß machen, Ihnen jede Menge Erfolgserlebnisse verschaffen und Sie motivieren weiterzumachen.

36 Sophie: So wird jede Viertelstunde aktive Lernzeit Sie Ihrem Ziel näher bringen: erstens, gut zu verstehen …

37 Michel: … zweitens, über alles in der Sprache Ihrer Wahl sprechen zu können und …

38 Sophie: … drittens und viertens, in dieser Sprache zu lesen und zu schreiben – wenn Sie auch dies lernen wollen.

39 Michel: Sie wissen ja, Sie lernen nur, was Sie später wirklich beherrschen wollen.

40 Sophie: Für die meisten Menschen bedeutet das vor allem Verstehen und Sprechen, also alltägliche Kommunikation.

41 Michel: Fangen wir an. Begleiten Sie mich, wenn ich Sophie jetzt einen Überraschungsbesuch abstatte …

Prolog Wort für Wort

Prologue
Prolog

1 Michel:

Bonjour,	et	bienvenue	á	la	première	partie	de	notre
Guten-Tag[2],	**und**	**willkommen**	**zu**	**dem**	**ersten**	**Teil[3]**	**von**	**unserem**

cours	de	«Français	pour	élèves	avancés».
Kurs	**von**	**„Französisch**	**für**	**Lerner**	**fortgeschrittene“.**

2 Sophie:

Bienvenue	et	bravo,	puisque	vous	avez	décidé	de	poursuivre
Willkommen	**und**	**bravo,**	**da**	**ihr[4]**	**habt**	**beschlossen**	**von**	**fortsetzen**

votre	voyage	à	travers	la	langue	française	avec	nous.
euere	**Reise**	**zu**	**durchqueren**	**die**	**Sprache**	**französische**	**mit**	**uns.**

[2] Um die Struktur des Französischen möglichst transparent zu machen, wird in der De-Kodierung bisweilen bewußt gegen die Regeln der deutschen Rechtschreibung verstoßen.

[3] Das grammatikalische Geschlecht des Französischen wird in den De-Kodierungen nicht berücksichtigt.

[4] Spricht man eine oder mehrere Personen höflich an, bedient man sich im Französischen der *Ihr-Form.* Anstatt Sie waschen sich *Ihre Hände,* sagt man also *Ihr wascht euch euere Hände.*

3 Michel: Peu importe la façon dont vous avez acquis vos
Wenig wichtig die Fasson wovon ihr habt erworben euere

bases de français
Grundlagen von Französisch

… que vous nous ayez accompagnés lors des cours
… daß ihr uns haben-möget begleitet anläßlich von-den Kursen[5]

numéro Un et numéro Deux du «Français pour débutants» …
Nummer Eins und Nummer Zwei von-dem „Französisch für Einsteiger“…

Michel: … ou que vous ayez bénéficié – plus ou moins …
… oder daß ihr haben-möget profitiert – mehr oder weniger …

obligatoirement – du français scolaire
zwangsweise – von-dem Französisch schulischen

Sophie: ou bien que vous ayez choisi de suivre les
oder aber daß ihr haben-möget gewählt von verfolgen die

cours d'une école de langues, d'une université ou
Kurse von-einer Schule von Sprachen, von-einer Universität oder

d'une université interâge …
von-einer Universität volksbildungsmäßigen[6] **…**

7 Michel: … dans tous les cas, ce cours est fait pour vous!
… in all den Fällen, dieser Kurs ist gemacht für euch!

8 Sophie: Dans ce cours, nous irons plus avant, sur le mode
In diesem Kurs, wir gehen-werden mehr voran, auf die Art

ludique, dans différentes régions thématiques.
spielerische, in verschiedene Regionen thematische.

9 Michel: Par «ludique», Sophie entend bien sûr «cerveauphile».
Durch „spielerisch“, Sophie meint natürlich „gehirn-freundlich“.

10 Sophie: Exactement. Et «cerveauphile» signifie que l'on tient
Genau. Und „gehirn-freundlich“ bedeutet daß man hält

[5] Anstatt *Ich lese Bücher., Du schreibst Briefe., Er beobachtet Tiere,* u.a. sagt man im Französischen *Ich lese von-den Büchern., Du schreibst von-den Briefen., Er beobachtet von-den Tieren,* u.a.

[6] *Universität volksbildungsmäßige = Volkshochschule*

compte de la façon dont fonctionne notre cerveau.
Berücksichtigung von der Fasson wovon funktioniert unser Gehirn.

L'apprentissage devient alors facile, il fait plaisir, et les
Das-Lernen wird dann leicht, es macht Vergnügen, und die

succès remportés nous encouragent à continuer.
Erfolge erzielten uns ermutigen zu weitermachen.

11 Michel: En progressant de manière cerveauphile l'apprentissage est plus
Durch vorgehend von Art gehirn-freundlicher das-Lernen ist mehr

facile, et ce qui est plus facile fait davantage plaisir.
leicht, und dies was ist mehr leicht macht mehr Vergnügen.

Vous voyez?
Ihr seht?

12 Sophie: Michel et moi, nous allons nous entretenir de nombreux
Michel und ich, wir gehen uns [zu] unterhalten[7] von zahlreichen

sujets. De votre côté, vous vous contentez d'écouter, vous
Themen. Von euerer Seite, ihr euch begnügt von-zuhören, ihr

effectuez les répétitions actives jusqu'à ce que vous
durchführt die Wiederholungen aktiven bis-zu diesem daß ihr

compreniez tout, puis vous laissez le travail d'apprentissage
verstehen-möget[8] alles, dann ihr laßt die Arbeit von-Lernen

proprement dit à votre subconscient en écoutant le
eigentlich gesagtem zu euerem Unterbewußtsein durch zuhörend das

plus possible de façon passive (c'est-à-dire, sans vous
meist mögliche von Fasson passiver (dies-ist-zu-sagen, ohne euch [zu]

concentrer).
konzentrieren).

13 Michel: De cette manière, vous vous exposez fréquemment à la langue
Von dieser Art, ihr euch aussetzt häufig zu der Sprache

[7] Anstatt *Ich werde schreiben., Du wirst lesen., Er wird rechnen,* usw. sagt man im Französischen oft *Ich gehe [zu] schreiben., Du gehst [zu] lesen., Er geht [zu] rechnen.*

[8] Wird ein Teilsatz durch *obwohl daß, bis-zu diesem daß, für daß, bevor daß, nachdem daß* u.a. eingeleitet, steht das Zeitwort dieses Teilsatzes in einer speziellen Form. Diese Form wird durch angehängtes *mögen* de-kodiert.

étrangère comme vous avez été exposé à votre language
fremden wie ihr habt gewesen ausgesetzt zu euerer Sprache

maternelle lorsque vous étiez enfant.
mütterlichen anläßlich-daß[9] ihr wart Kind.

14 Sophie: Vous faites donc l'apprentissage de la langue étrangère
Ihr macht also das-Lernen von der Sprache fremden

à peu près comme pour votre langue maternelle étant
zu [ein] bißchen nahe wie für euere Sprache mütterliche seiend

petit, en laissant votre subconscient faire la majeure
klein, durch lassend euer Unterbewußtsein machen den größten

partie du véritable travail d'apprentissage.
Teil von-der wirklichen Arbeit von-Lernen.

15 Michel: Et ce n'est que lorsque vous vous êtes
Und dies nicht-ist [anders] als[10] anläßlich-daß ihr euch seid

familiarisé avec la langue que vous entamez les phases
vertraut-gemacht mit der Sprache daß ihr angeht die Phasen

d'entraînement actives telles que la conversation, la lecture ou
von-Training aktivem solchen wie die Unterhaltung, das Lesen oder

l'écriture, en fonction de vos priorités.
das-Schreiben, in [dem] Einklang von eueren Prioritäten.

16 Sophie: Car la compréhension, dans le sens d'appréhension,
Denn das Verständnis, in dem Sinn von-Hörverständnis,

c'est-à-dire la base, vous l'avez acquise au
dies-ist-zu-sagen die Grundlage, ihr sie-habt erworben an-dem

stade de l'écoute active et passive, le plus
Stadium von dem-Zuhören aktiven und passiven, das meist

souvent sans y prêter attention, c'est-à-dire sans
oftmalige ohne da [zu] leihen Aufmerksamkeit[11], dies-ist-zu-sagen ohne

9 *anläßlich-daß = wenn, als*

10 Anstatt *Ich fahre nur Fahrrad., Du kommst erst morgen,* usw. sagt man im Französischen oft *Ich nicht fahre [anderes] als Fahrrad., Du nicht kommst [anders] als morgen,* usw. Das *nur* bzw. *erst* wird also durch *nicht [ander(e)s] als* umschrieben.

11 *Aufmerksamkeit leihen = aufpassen*

perte de temps!
Verlust von Zeit!

17 Michel: Admettons que vous vouliez seulement comprendre … la
Annehmen[-wir] daß ihr wollen-möget[12] nur verstehen … das

télévision par exemple. Alors, les phases d'écoute passive et
Fernsehen durch Beispiel. Dann, die Phasen von-Zuhören passivem und

active vous suffisent amplement.
aktivem euch ausreichen umfassend.

18 Sophie: Mais les gens veulent aussi savoir parler afin de
Aber die Leute wollen auch wissen [zu] sprechen zu-dem-Zweck von

pouvoir converser … Nous pourrions alors vous recommander,
können[13] reden … Wir können-würden dann euch empfehlen,

comme exercice actif, de «parler en chœr» …
als Übung aktive, von „Sprechen in [dem] Chor" …

19 Michel: … c'est-à-dire que vous parlez en chœr avec les
… dies-ist-zu-sagen daß ihr sprecht in [dem] Chor mit den

voix du CD ou de la cassette.
Stimmen von-der CD oder von der Kassette.

20 Sophie: Mais seulement lorsque la matière correspondante vous est
Aber erst anläßlich-daß die Materie entsprechende euch ist

vraiment familière.
wahrlich vertraut.

21 Michel: Plus vous consacrez de temps au début à l'écoute
[Je] mehr ihr widmet von Zeit an-dem Anfang zu dem-Zuhören

passive et active, plus vous gagnerez de temps
passiven und aktiven, [desto] mehr ihr gewinnen-werdet von Zeit

[12] In Sätzen des Typus *Ich erwarte, daß …, Es ist nötig, daß …, Es bedeutet nicht, daß …* u.a. steht das Zeitwort im Daß-Satz ebenfalls in der Form, die durch angehängtes *mögen* de-kodiert wird.

[13] Im Französischen werden zwei Arten von Können unterschieden, nämlich
a) *Können* aufgrund äußerer Umstände, welches durch *können* de-kodiert wird und
b) *Können* aufgrund eigener Fähigkeiten, welches durch *wissen [zu]* de-kodiert wird.

par la suite lorsque vous passerez à la
in der Fortsetzung anläßlich-daß ihr übergehen-werdet zu der

phase d'entraînement actif.
Phase von-Training aktivem.

22 Sophie: Vous voyez, c'est vraiment facile. Si vous ne connaissez
Ihr seht, dies-ist wahrlich leicht. Falls ihr nicht kennt

pas encore la méthode Birkenbihl, nous vous conseillons de
nicht[14] noch die Methode Birkenbihl, wir euch raten von

lire le mode d'emploi.
lesen den Modus von-Anwendung[15].

23 Michel: Sinon vous serez comme le propriétaire d'une Ferrari qui
Sonst ihr sein-werdet wie der Eigner von-einem Ferrari der

ne saurait passer que la première ou la
nicht wissen-würde [zu] fahren [anders] als die erste oder die

deuxième vitesse.
zweite Geschwindigkeit[16].

24 Sophie: Votre cerveau est performant … si vous l'utilisez à bon
Euer Gehirn ist leistungsfähig … falls ihr es-benutzt zu guter

escient.
Überlegung.

25 Michel: Vous l'avez prouvé lors de l'apprentissage de votre
Ihr es-habt bewiesen anläßlich von dem-Lernen von euerer

langue maternelle, n'est-ce pas?
Sprache mütterlichen, nicht-ist-dies nicht?

26 Sophie: Dans ce cours, nous abordons tous les thèmes possibles et
In diesem Kurs, wir angehen all die Themen möglichen und

imaginables, …
vorstellbaren, …

[14] Im Französischen verneint man immer doppelt!

[15] *Modus von-Anwendung = Gebrauchsanweisung*

[16] *die erste oder die zweite Geschwindigkeit = der erste oder zweite Gang*

27 Michel: … l'ameublement, …
… die-Möblierung, …

28 Sophie: … les loisirs …
… die Freizeitbeschäftigungen …

29 Michel: … ou bien l'art et la manière d'entraîner sa
… oder aber die-Kunst und die Art von-trainieren sein

mémoire!
Gedächtnis!

30 Sophie: Concentrez-vous essentiellement sur les domaines dont la
Konzentriert-euch wesentlicherweise auf die Gebiete wovon die

thématique vous intéresse tout particulièrement.
Thematik euch interessiert ganz besonders.

31 Michel: Ce sera peut-être une leçon dans son ensemble …
Dies sein-wird vielleicht eine Lektion in ihrer Gesamtheit …

32 Sophie: … ou seulement une partie d'une leçon.
… oder nur ein Teil von-einer Lektion.

33 Michel: Cela vous permet d'établir la base sur laquelle
Dies-da euch erlaubt von-errichten die Grundlage auf der-welcher

vous pourrez plus tard d'autant plus facilement aborder les
ihr können-werdet mehr spät von-soviel mehr leicht[17] **angehen die**

thèmes qui vous intéressent.
Themen die euch interessieren.

34 Sophie: Simultanément, vous améliorez votre capacité de compréhension,
Gleichzeitig, ihr verbessert euere Fähigkeit von Verständnis,

c'est-à-dire que vous comprenez de mieux en mieux et de
dies-ist-zu-sagen daß ihr versteht von besser zu besser[18] **und von**

plus en plus vite ce dont les autres veulent parler
mehr zu mehr geschwind dies wovon die anderen wollen sprechen

avec vous.
mit euch.

[17] *von-soviel mehr leicht = um so leichter*
[18] *von besser zu besser = immer besser*

35 Michel: Répétons-le, vous aurez plaisir à apprendre, vous
Wiederholen [-wir]-es, ihr haben-werdet Vergnügen zu lernen, ihr

aurez conscience de faire des progrès et
haben-werdet Bewußtsein von machen von-den Fortschritten und

cela vous incitera à continuer.
dies-da euch anregen-wird zu weitermachen.

36 Sophie: Chaque quart d'heure d'apprentissage actif vous
Jedes Viertel von-Stunde von-Lernen aktivem euch

rapprochera de votre objectif: premièrement, bien
annähern-wird von euerem Ziel: erstens, gut

comprendre …
[zu] verstehen …

37 Michel: … deuxièmement, pouvoir tout dire dans la langue de
… zweitens, [zu] können alles sagen in der Sprache von

votre choix …
euerer Wahl …

38 Sophie: … troisièmement et quatrièmement, lire et écrire
… drittens und viertens, [zu] lesen und [zu] schreiben

dans cette langue – si vous voulez aussi en faire
in dieser Sprache – falls ihr wollt auch davon machen

l'apprentissage.
das-Lernen.

39 Michel: Car souvenez-vous que vous n'apprenez que ce que vous
Denn erinnert-euch daß ihr nicht-lernt [anderes] als dies was ihr

voulez véritablement maîtriser.
wollt wirklich meistern.

40 Sophie: Pour la plupart des gens, cela consiste essentiellement
Für den Großteil von-den Leuten, dies-da besteht wesentlicherweise

à écouter et à parler, donc à communiquer dans la
zu zuhören und zu sprechen, also zu kommunizieren in dem

vie de tous les jours.
Leben von all den Tagen.

41 Michel: Allons-y. Venez avec moi faire une visite
Gehen[-wir]-dahin. Kommt mit mir[zu] machen einen Besuch[von]

surprise à Sophie …
Überraschung zu Sophie …

➤ *Dies war der erste französische Dialog – zumindest dieses Kurses –, den Sie ohne Vokabellisten und Grammatikregeln gelernt haben. Nun fällt Ihnen mit jeder Lektion das Lernen leichter!*

Prolog Französisch

Prologue

1 Michel: Bonjour, et bienvenue à la première partie de notre cours de «Français pour élèves avancés».

2 Sophie: Bienvenue et bravo, puisque vous avez décidé de poursuivre votre voyage à travers la langue française avec nous.

3 Michel: Peu importe la façon dont vous avez acquis vos bases de français …

4 Sophie: … que vous nous ayez accompagnés lors des cours numéro Un et numéro Deux du «Français pour débutants» …

5 Michel: … ou que vous ayez bénéficié – plus ou moins obligatoirement – du français scolaire …

6 Sophie: … ou bien que vous ayez choisi de suivre les cours d'une école de langues, d'une université ou d'une université interâge …

7 Michel: … dans tous les cas, ce cours est fait pour vous!

8 Sophie: Dans ce cours, nous irons plus avant, sur le mode ludique, dans différentes régions thématiques.

9 Michel: Par «ludique», Sophie entend bien sûr «cerveauphile».

10 Sophie: Exactement. Et «cerveauphile» signifie que l'on tient compte de la façon dont fonctionne notre cerveau. L'apprentissage devient alors facile, il fait plaisir, et les succès remportés nous encouragent à continuer.

11 Michel: En progressant de manière cerveauphile l'apprentissage est plus facile, et ce qui est plus facile fait davantage plaisir. Vous voyez?

12 Sophie: Michel et moi, nous allons nous entretenir de nombreux sujets. De votre côté, vous vous contentez d'écouter, vous effectuez les répétitions actives jusqu'à ce que vous compreniez tout, puis vous laissez le travail d'appren-

tissage proprement dit à votre subconscient en écoutant le plus possible de façon passive (c'est-à-dire, sans vous concentrer).

13 Michel: De cette manière, vous vous exposez fréquemment à la langue étrangère comme vous avez été exposé à votre langue maternelle lorsque vous étiez enfant.

14 Sophie: Vous faites donc l'apprentissage de la langue étrangère à peu près comme pour votre langue maternelle étant petit, en laissant votre subconscient faire la majeure partie du véritable travail d'apprentissage.

15 Michel: Et ce n'est que lorsque vous vous êtes familiarisé avec la langue que vous entamez les phases d'entraînement actives telles que la conversation, la lecture ou l'écriture, en fonction de vos priorités.

16 Sophie: Car la compréhension, dans le sens d'appréhension, c'est-à-dire la base, vous l'avez acquise au stade de l'écoute active et passive, le plus souvent sans y prêter attention, c'est-à-dire sans perte de temps!

17 Michel: Admettons que vous vouliez seulement comprendre … la télévision par exemple. Alors, les phases d'écoute passive et active vous suffisent amplement.

18 Sophie: Mais les gens veulent aussi savoir parler afin de pouvoir converser … Nous pourrions alors vous recommander, comme exercice actif, de «parler en chœur» …

19 Michel: … c'est-à-dire que vous parlez en chœur avec les voix du CD ou de la cassette.

20 Sophie: Mais seulement lorsque la matière correspondante vous est vraiment familière.

21 Michel: Plus vous consacrez de temps au début à l'écoute passive et active, plus vous gagnerez de temps par la suite lorsque vous passerez à la phase d'entraînement actif.

22 Sophie: Vous voyez, c'est vraiment facile. Si vous ne connaissez pas encore la méthode Birkenbihl, nous vous conseillons de lire le mode d'emploi.

23 Michel: Sinon vous serez comme le propriétaire d'une Ferrari qui ne saurait passer que la première ou la deuxième vitesse.

24 Sophie: Votre cerveau est performant… si vous l'utilisez à bon escient.

25 Michel: Vous l'avez prouvé lors de l'apprentissage de votre langue maternelle, n'est-ce pas?

26 Sophie: Dans ce cours, nous abordons tous les thèmes possibles et imaginables, …

27 Michel: … l'ameublement, …

28 Sophie: … les loisirs …

29 Michel: … ou bien l'art et la manière d'entraîner sa mémoire!

30 Sophie: Concentrez-vous essentiellement sur les domaines dont la thématique vous intéresse tout particulièrement.

31 Michel: Ce sera peut-être une leçon dans son ensemble …

32 Sophie: … ou seulement une partie d'une leçon.

33 Michel: Cela vous permet d'établir la base sur laquelle vous pourrez plus tard d'autant plus facilement aborder les thèmes qui vous intéressent.

34 Sophie: Simultanément, vous améliorez votre capacité de compréhension, c'est-à-dire que vous comprenez de mieux en mieux et de plus en plus vite ce dont les autres veulent parler avec vous.

35 Michel: Répétons-le, vous aurez plaisir à apprendre, vous aurez conscience de faire des progrès et cela vous incitera à continuer.

36 Sophie: Chaque quart d'heure d'apprentissage actif vous rapprochera de votre objectif: premièrement, bien comprendre …

37 Michel: … deuxièmement, pouvoir tout dire dans la langue de votre choix …

38 Sophie: … troisièmement et quatrièmement, lire et écrire dans cette langue – si vous voulez aussi en faire l'apprentissage.

39 Michel: Car souvenez-vous que vous n'apprenez que ce que vous voulez véritablement maîtriser.

40 Sophie: Pour la plupart des gens, cela consiste essentiellement à écouter et à parler, donc à communiquer dans la vie de tous les jours.

41 Michel: Allons-y. Venez avec moi faire une visite surprise à Sophie …

LEÇON 21

Lektion Einundzwanzig: Wohnung (Anfang)

Es ist Samstag, ca. halb zwei Uhr mittags. Sophie sitzt im Wohnzimmer ihrer Wohnung und sieht fern. Es klingelt. Sie geht zur Tür und öffnet. Der Fernseher ist im Hintergrund noch zu hören.

42 Sophie: Oh, Michel! Was für eine Überraschung! Wie schön, daß Sie mal wieder bei mir vorbeischauen.

43 Michel: Ich hatte heute mittag ein Geschäftsessen ganz in der Nähe, und da dachte ich … Ich hoffe, ich halte Sie nicht von irgend etwas ab?

44 Sophie: Nein, nein. Sie stören überhaupt nicht. Ich habe nur ferngesehen.

Michel überreicht Sophie einen Strauß Blumen.

45 Michel: Ich hatte gehofft, Sie wären zu Hause. Sonst hätte ich Ihnen die Blumen vor die Tür gelegt.

46 Sophie: Oh! Das ist lieb von Ihnen. Vielen Dank!

47 Michel: Angenommen, Sie hätten die Blumen später vor Ihrer Tür gefunden …

48 Sophie: … dann hätte ich mich die ganze Nacht schlaflos im Bett gewälzt und mich gefragt, wer sie wohl da hingelegt haben könnte …

49 Michel: Sie meinen, welcher Ihrer Verehrer sie wohl da hingelegt haben könnte …

50 Sophie: Ja, klar! Aber kommen Sie doch herein und legen Sie ab!

Michel betritt die Wohnung, schließt die Tür hinter sich und legt ab. Sophie schaltet den Fernseher aus und verschwindet in der Küche, um die Blumen in eine Vase zu stellen. Michel folgt ihr. Sie läßt Wasser in die Vase laufen und gibt die Blumen hinein.

51 Sophie: Das ist wirklich ein wunderschöner Strauß. Er ist auch sehr hübsch arrangiert. Danke nochmals!

52 Michel: Gern geschehen. Ich hatte auch das Gefühl, die Floristin versteht ihr Handwerk. Allerdings muß ich gestehen, ich habe keine Ahnung, was das für Blumen sind.

53 Sophie: Alle kenne ich auch nicht. Die blaue hier ist eine Anemone; dies hier ist eine Gerbera, und diese wunderbaren roten sind Nelken.

54 Michel: Außer Margeriten und Tulpen kenne ich so gut wie keine Blumen …

55 Sophie: Da geht es Ihnen wie den meisten Männern.

56 Michel: Ich schlage vor, das Thema zu wechseln.

57 Sophie: Einverstanden. Was möchten Sie trinken? Kaffee, Tee, Mineralwasser, Cola, Saft, Bier? Oder vielleicht …

58 Michel: Stop! Mineralwasser klingt gut.

59 Sophie: Sie kennen sich aus …

60 Michel: Klar …

Michel öffnet den Kühlschrank.

61 Michel: Kaltes Wasser ist im Kühlschrank, und wenn ich mich richtig erinnere, müßten hier die Gläser sein.

Michel öffnet einen Küchenschrank.

62 Sophie: Ist Ihnen eigentlich etwas aufgefallen?

63 Michel: Was meinen Sie?

64 Sophie: Lassen Sie mal Ihre Blicke schweifen …

65 Michel: Sie haben die Küche renoviert!

66 Sophie: Naja, sagen wir, die Handwerker haben die Küche renoviert. Mein Beitrag war nur die Auswahl der Materialien.

67 Michel: Ja, aber wenn man schlecht auswählt, nützt auch die beste Installation nichts. Mir gefällt es jedenfalls.

68 Sophie: Wollen wir mal sehen, ob Sie erkennen, was in meiner Wohnung alles neu ist.

69 Michel: Sie wollen mein visuelles Gedächtnis testen? Nun gut, schauen wir mal! Also, erstens ist die Küche neu gestrichen worden …

70 Sophie: Stimmt! Mir gefiel das alte Weiß einfach nicht mehr, und es war ja im Laufe der Jahre eh schon grau geworden.

71 Michel: Der Eßtisch ist irgendwie anders … die Eckbank und die Stühle sind hingegen eindeutig neu …

72 Sophie: Richtig! Die Eckbank und die Stühle sind tatsächlich neu gekauft. Und den Tisch habe ich vor kurzem von einer Tante geerbt.

73 Michel: Aha! Dann scheinen mir die Küchenarmaturen irgendwie anders zu sein … sind sie auch neu?

74 Sophie: Ja, die alten Armaturen hatten einfach schon zu viele Flecken und Kratzer.

75 Michel: Neben dem Herd sehe ich jetzt einen Geschirrspüler.

76 Sophie: Genau! Ich hatte einfach keine Lust mehr, Teller und Gläser von Hand zu spülen.

77 Michel: Vergessen Sie bloß Messer, Gabeln und Löffel nicht!

78 Sophie: Also, Sie nehmen bitte Flasche und Glas, ich nehme die Blumen, und wir gehen ins Wohnzimmer, einverstanden?

79 Michel: Ins ebenfalls renovierte Wohnzimmer …?

80 Sophie: Lassen Sie sich überraschen!

Sie gehen ins Wohnzimmer. Sophie stellt die Vase mit den Blumen auf den Tisch.

Lektion 21 Wort für Wort

Leçon Vingt et un: Appartement (Début)
Lektion Zwanzig und eins: Wohnung (Anfang)

(…)[1]

42 Sophie: Oh, Michel! Quelle surprise! Comme c'est gentil de
Oh, Michel! Welche Überraschung! Wie dies-ist liebenswürdig von

passer me voir.
vorbeikommen mich sehen.

43 Michel: J'avais un repas d'affaires ce midi tout près
Ich-hatte eine Mahlzeit von-Geschäften diesen Mittag ganz nahe

d'ici, alors je me suis dit que … J'espère que je ne
von-hier, dann ich mir bin gesagt daß … Ich-hoffe daß ich nicht

vous dérange pas?
euch stören-möge nicht?

44 Sophie: Non, non, pas du tout. J'étais devant la télé.
Nein, nein, nicht von-dem Ganzen[2]. Ich-war vor dem Fernseher.

(…)

1 Das Symbol (…) deutet Szenerie- oder Handlungsbeschreibungen im deutschen Text an.

2 *nicht von-dem Ganzen = überhaupt nicht*

45 Michel: J'espérais bien que vous seriez là. Sinon, j'aurais
Ich-hoffte wohl daß ihr sein-würdet da. Sonst, ich-haben-würde

laissé ce bouquet à la porte.
gelassen diesen Strauß an der Tür.

46 Sophie: Oh, c'est très gentil. Merci beaucoup!
Oh, dies-ist sehr liebenswürdig. Danke viel!

47 Michel: Admettons que vous l'ayez trouvé devant votre
Annehmen[-wir] daß ihr ihn-haben-möget gefunden vor euerer

porte …
Tür …

48 Sophie: … j'aurais sans doute passé toute la nuit à me
… ich-haben-würde ohne Zweifel verbracht all die Nacht zu mir

creuser la tête pour savoir qui avait bien pu …
aushöhlen den Kopf für wissen wer hatte wohl gekonnt …

49 Michel: Vous voulez sans doute dire lequel de vos nombreux
Ihr wollt ohne Zweifel sagen der-welcher von eueren zahlreichen

admirateurs aurait pu …
Bewunderern haben-würde gekonnt …

50 Sophie: Bien sûr! Mais entrez, je vous en prie, et mettez-vous à
Natürlich! Aber eintretet, ich euch davon bitte, und stellt-euch zu

l'aise!
der-Bequemlichkeit[3]!

(…)

51 Sophie: C'est vraiment un très joli bouquet, et merveilleusement
Dies-ist wahrlich ein sehr hübscher Strauß, und wunderbar

composé. Merci encore.
zusammengestellt. Danke nochmals.

52 Michel: Je vous en prie. J'ai eu l'impression que la
Ich euch davon bitte. Ich-habe gehabt den-Eindruck daß die

[3] *sich zu der-Bequemlichkeit stellen = ablegen, es sich bequem machen*

fleuriste connaissait bien son métier. Pour ma part, j'avoue
Floristin kannte gut ihr Metier. Für meinen Teil, ich-gestehe

que j'ignore totalement de quelles fleurs il s'agit.
daß ich-nicht-weiß total von welchen Blumen es sich-handelt.

53 Sophie: Je ne les connais pas toutes, moi non plus. La bleue ici,
Ich nicht sie kenne nicht alle, ich ebensowenig. Die blaue hier,

c'est une anémone de Caen; celle-ci, c'est une gerbera,
dies-ist eine Anemone von Caen; diese-hier, dies-ist eine Gerbera,

et celles-ci, de ce merveilleux rouge, ce sont des
und diese-hier, von diesem wunderbaren Rot, dies sind von-den

œillets.
Nelken.

54 Michel: Personnellement, à part les marguerites et les tulipes, je ne
Persönlich, bei Seite die Margeriten und die Tulpen, ich nicht

m'y connais pas vraiment en fleurs ...
mich-darin kenne nicht wahrlich in Blumen[4] ...

55 Sophie: Vous n'êtes pas différent de la plupart des
Ihr nicht-seid nicht verschieden von dem Großteil von-den

hommes ...
Männern ...

56 Michel: Je propose de changer de sujet.
Ich vorschlage von wechseln von Thema.

57 Sophie: Si vous voulez. Que puis-je vous offrir? Café, thé, eau
Falls ihr wollt. Was kann-ich euch anbieten? Kaffee, Tee, Wasser

minérale, coca, jus de fruit, bière, ou bien ...
mineralisches, Coke, Saft von Frucht, Bier, oder aber ...

58 Michel: Stop, stop. Une eau minérale, ça
Stop, stop. Ein Wasser mineralisches, dies-da

ira.
gehen-wird.

[4] *Ich nicht mich-darin kenne nicht wahrlich in Blumen. = Bei Blumen kenne ich mich wirklich nicht aus.*

59 Sophie: Vous savez où elle se trouve …
Ihr wißt wo es sich findet …

60 Michel: Bien sûr …
Natürlich …

(...)

61 Michel: L'eau froide se trouve dans le réfrigérateur, et, si je
Das-Wasser kalte sich findet in dem Kühlschrank, und, falls ich

me souviens bien, les verres devraient être là.
mich erinnere gut, die Gläser sollen-würden sein da.

(…)

62 Sophie: Au fait, vous n'avez rien remarqué?
Zu-dem Übrigen, ihr nicht-habt nichts[5] bemerkt?

63 Michel: Que voulez-vous dire?
Was wollt-ihr sagen?

64 Sophie: Regardez autour de vous …
Schaut ringsherum von euch …

65 Michel: Ah, vous avez rénové la cuisine!
Ah, ihr habt renoviert die Küche!

66 Sophie: Disons plutôt que j'ai fait rénover la cuisine.
Sagen[-wir] eher daß ich-habe gemacht renovieren[6] die Küche.

Ma contribution s'est limité au choix des matériaux.
Mein Beitrag sich-ist begrenzt zu-der Wahl von-den Materialien.

67 Michel: Peut-être, mais la meilleure installation ne sauvera jamais
Vielleicht, aber die beste Installation nicht retten-wird niemals

un mauvais choix. En tout cas, cela me plaît beaucoup.
eine schlechte Wahl. In allem Fall[7], dies-da mir gefällt viel.

[5] Tauchen in einem Satz Wörter wie *nichts, niemand, nie, nirgendwo, nicht einer …* auf, so muß in diesem Satz ein zusätzliches *nicht* stehen.

[6] Anstatt *lassen* sagt man im Französischen oft *machen*.

[7] *in allem Fall = jedenfalls*

68 Sophie: Voyons si vous êtes capable de reconnaître tout ce qu'il y
Sehen[-wir] ob ihr seid fähig von erkennen all dies was-es da

a de neuf dans l'appartement.
hat[8] von neuem in der-Wohnung.

69 Michel: Vous voulez tester ma mémoire visuelle, c'est cela? Eh
Ihr wollt testen mein Gedächtnis visuelles, dies-ist dies-da? Nun

bien, allons-y … Premièrement: la cuisine a été
gut, gehen[-wir]-dahin … Erstens: die Küche hat gewesen

repeint …
neugestrichen …

70 Sophie: Effectivement! L'ancien blanc ne me plaisait plus,
In-der-Tat! Das-vorherige Weiß nicht mir gefiel mehr,

et d'ailleurs, au fil des années, il était devenue
und von-übrigens, an-dem Faden von-den Jahren[9], es war geworden

plutôt gris.
eher grau.

71 Michel: La table – elle est différente quelque part … et puis
Der Tisch – er ist verschieden irgendeinen Teil[10] … und dann

le banc et les chaises – vous les avez changés, manifestement …
die Bank und die Stühle – ihr sie habt gewechselt, offenkundig …

72 Sophie: C'est vrai! Le banc est neuf et les chaises aussi. Quant à
Dies-ist wahr! Die Bank ist neu und die Stühle auch. Wieviel zu[11]

la table, je viens de l'hériter d'une de mes
dem Tisch, ich komme von ihn-erben[12] von-einer von meinen

tantes.
Tanten.

[8] *es da hat = es gibt*

[9] *an-dem Faden von den Jahren = im Laufe der Jahre*

[10] *irgendeinen Teil = irgendwie*

[11] *wieviel zu … = was … betrifft*

[12] Anstatt *Ich habe gerade gelesen., Du hast gerade geschrieben., Er hat gerade geraucht,* u.ä. sagt man im Französischen *Ich komme von lesen., Du kommst von schreiben., Er kommt von rauchen, usw.*

73 Michel: Ah! La robinetterie aussi, elle me semble différente … elle est
Ah! Die Armatur auch, sie mir scheint verschieden … sie ist

neuve, elle aussi?
neu, sie auch?

74 Sophie: Oui. L'ancienne était pleine de taches et de rayures.
Ja. Die-vorherige war voll von Flecken und von Kratzern.

75 Michel: A côté de la cuisinière, il y a maintenant un
An [der] Seite von dem Herd, es da hat jetzt einen

lave-vaisselle.
Geschirrspüler.

76 Sophie: Exact! J'en avais par-dessus la tête de laver tous ces
Genau! Ich-davon hatte bis-oben den Kopf von waschen all diese

verres et toutes ces assiettes à la main!
Gläser und all diese Teller zu der Hand!

77 Michel: Vous oubliez les couteaux, les fourchettes et les cuillères!
Ihr vergeßt die Messer, die Gabeln und die Löffel!

78 Sophie: Bon, prenez votre bouteille et votre verre, je me charge des
Gut, nehmt euere Flasche und euer Glas, ich mich belade von-den

fleurs et nous allons dans le séjour,
Blumen und wir gehen in das Wohnzimmer,

d'accord?
von-Übereinstimmung[13]?

79 Michel: Un séjour rénové, lui aussi …?
Ein Wohnzimmer renoviertes, es auch …?

80 Sophie: Vous verrez bien!
Ihr sehen-werdet wohl!

(…)

➤ *Achten Sie bitte immer darauf, das Wort mit einem Bild zu verbinden, damit Sie das Potential beider Gehirnhälften nutzen.*

[13] *von-Übereinstimmung = einig, einverstanden*

Lektion 21 Französisch

Leçon Vingt et un: Appartement (Début)

(…)

42 Sophie: Oh, Michel! Quelle surprise! Comme c'est gentil de passer me voir.

43 Michel: J'avais un repas d'affaires ce midi tout près d'ici, alors je me suis dit que … J'espère que je ne vous dérange pas?

44 Sophie: Non, non, pas du tout. J'étais devant la télé.

(…)

45 Michel: J'espérais bien que vous seriez là. Sinon, j'aurais laissé ce bouquet à la porte.

46 Sophie: Oh, c'est très gentil. Merci beaucoup!

47 Michel: Admettons que vous l'ayez trouvé devant votre porte …

48 Sophie: … j'aurais sans doute passé toute la nuit à me creuser la tête pour savoir qui avait bien pu …

49 Michel: Vous voulez sans doute dire lequel de vos nombreux admirateurs aurait pu …

50 Sophie: Bien sûr! Mais entrez, je vous en prie, et mettez-vous à l'aise!

(…)

51 Sophie: C'est vraiment un très joli bouquet, et merveilleusement composé. Merci encore.

52 Michel: Je vous en prie. J'ai eu l'impression que la fleuriste connaissait bien son métier. Pour ma part, j'avoue que j'ignore totalement de quelles fleurs il s'agit.

53 Sophie: Je ne les connais pas toutes, moi non plus. La bleue ici, c'est une anémone de Caen; celle-ci, c'est une gerbera, et celles-ci, de ce merveilleux rouge, cesont des œillets.

54 Michel: Personnellement, à part les marguerites et les tulipes, je ne m'y connais pas vraiment en fleurs …

55 Sophie: Vous n'êtes pas différent de la plupart des hommes …

56 Michel: Je propose de changer de sujet.

57 Sophie: Si vous voulez. Que puis-je vous offrir? Café, thé, eau minérale, coca, jus de fruit, bière, ou bien …

58 Michel: Stop, stop. Une eau minérale, ça ira.

59 Sophie: Vous savez où elle se trouve …

60 Michel: Bien sûr …

(…)

61 Michel: L'eau froide se trouve dans le réfrigérateur, et, si je me souviens bien, les verres devraient être là.

(…)

62 Sophie: Au fait, vous n'avez rien remarqué?

63 Michel: Que voulez-vous dire?

64 Sophie: Regardez autour de vous …

65 Michel: Ah, vous avez rénové la cuisine!

66 Sophie: Disons plutôt que j'ai fait rénover la cuisine. Ma contribution s'est limitée au choix des matériaux.

67 Michel: Peut-être, mais la meilleure installation ne sauvera jamais un mauvais choix. En tout cas, cela me plaît beaucoup.

68 Sophie: Voyons si vous êtes capable de reconnaître tout ce qu'il y a de neuf dans l'appartement.

69 Michel: Vous voulez tester ma mémoire visuelle, c'est cela? Eh bien, allons-y … Premièrement: la cuisine a été repeinte …

70 Sophie: Effectivement! L'ancien blanc ne me plaisait plus, et d'ailleurs, au fil des années, il était devenu plutôt gris.

71 Michel: La table – elle est différente quelque part… et puis le banc et les chaises – vous les avez changés, manifestement …

72 Sophie: C'est vrai! Le banc est neuf et les chaises aussi. Quant à la table, je viens de l'hériter d'une de mes tantes.

73 Michel: Ah! La robinetterie aussi, elle me semble différente … elle est neuve, elle aussi?

74 Sophie: Oui. L'ancienne était pleine de taches et de rayures.

75 Michel: A côté de la cuisinière, il y a maintenant un lave-vaisselle.

76 Sophie: Exact! J'en avais par-dessus la tête de laver tous ces verres et toutes ces assiettes à la main.

77 Michel: Vous oubliez les couteaux, les fourchettes et les cuillères!

78 Sophie: Bon, prenez votre bouteille et votre verre, je me charge des fleurs et nous allons dans le séjour, d'accord?

79 Michel: Un séjour rénové, lui aussi ...?

80 Sophie: Vous verrez bien!

(...)

LEÇON 22

Lektion Zweiundzwanzig: Wohnung (Ende)

81 Michel: Wow! Bei der Gestaltung dieses Raumes ist Ihnen der große Wurf gelungen!

82 Sophie: Finden Sie? Dabei hat sich doch gar nicht so viel geändert.

83 Michel: Wieso habe ich das nicht schon eben bemerkt?

84 Sophie: Weil wenige Männer den Blick dafür haben.

85 Michel: Das ist schon das zweite Mal, daß Sie so eine Bemerkung gemacht haben, Sophie.

86 Sophie: Das hat mit meinem Beruf zu tun. Wenn Paare bei mir einen Vorhang oder einen Teppich kaufen, dann interessiert sich die Dame in der Regel dafür, ob er zum Rest der Einrichtung paßt, während der Herr sich mehr für das Preis-Leistungs-Verhältnis interessiert.

87 Michel: Ich glaube, Sie haben recht. Normalerweise nehme ich Möbel und Einrichtungsaspekte wirklich nicht sehr bewußt wahr!

88 Sophie: Oder Blumen?

89 Michel: Oder Blumen …

90 Sophie: Oder Kleidungsstücke?

91 Michel: Richtig. Wenn sie nicht vollkommen unüblich sind, wie bei meinem Geschäftsfreund von vorhin.

92 Sophie: Interessant! Was hatte er denn an?

93 Michel: Total formal, und das am Samstag um die Mittagszeit.

94 Sophie: Wahrscheinlich wollte er nach dem Treffen noch woanders hin.

95 Michel: Sie haben es erraten! Er mußte zu einer Vorstandssitzung. Aber wenn er normal gekleidet gewesen wäre, hätte ich jetzt wahrscheinlich nicht gewußt, was genau er trug. Sind alle Männer so blind?

96 Sophie: Nicht blind, Michel. Männer interessieren sich in der Regel nur für andere Aspekte Dinge, die wir Frauen wiederum nicht so bewußt registrieren.

97 Michel: Zum Beispiel?

98 Sophie: Autos, Flugzeuge, Maschinen, Computer …

99 Michel: Also technische Geräte?

100 Sophie: Ja, während Frauen sich mehr für alles interessieren, was mit dem Leben zu tun hat

101 Michel: Angefangen bei Blumen?

102 Sophie: Ja, Blumen, Tiere und natürlich Menschen.

103 Michel: Ist das das Ergebnis der Erziehung?

104 Sophie: Das dachte man früher. Aber in den letzten Jahrzehnten hat die Forschung herausgefunden, daß es auch biologische Unterschiede gibt. Das hat sich z.B. in den Kibuzzim in Israel gezeigt, wo man sich seit Ende des Zweiten Weltkriegs bewußt darum bemüht hatte, Jungen und Mädchen gleich zu erziehen.

105 Michel: Interessant! Es sind also nicht nur chauvinistische Vorurteile, die von Generation zu Generation weitergegeben werden?

106 Sophie: Sicher mögen die auch eine Rolle spielen, aber … vielleicht sollten wir das Thema ein anderes Mal wieder aufgreifen. Im Augenblick interessiert mich Ihre Reaktion auf mein neues Wohnzimmer weit mehr!

107 Michel: Also, ich finde es super!

108 Sophie: Ja, und …?

109 Michel: Wie bitte?

110 Sophie: Naja, Sie können sich doch sonst so gut ausdrücken.

111 Michel: Ich verstehe, was Sie meinen. Ich bin mal wieder typisch Mann und kümmere mich zu wenig um die Details.

112 Sophie: Naja, die meisten Männer interessiert Inneneinrichtung eben nicht so sehr.

113 Michel: Helfen Sie mir ein bißchen, Sophie. Ich möchte mich für alles interessieren, was Sie interessiert!

114 Sophie: Also, ich habe frisch tapezieren lassen.

115 Michel: Himmel! Jetzt sehe ich es auf einmal! Gefallt mir sehr. Die neue Tapete schafft eine sehr angenehme Atmosphäre.

116 Sophie: Dann habe ich die Sessel und den Lampenschirm neu beziehen lassen.

117 Michel: Lassen Sie mich mal genau hinsehen … Aha, es ist der gleiche Stoff, aus dem auch die Vorhänge sind.

118 Sophie: Bravo!

119 Michel: Sie sehen, ich bin doch lernfähig!

120 Sophie: Das ist einer der Gründe, warum ich Sie mag!

121 Michel: Sie wissen, ich mag Sie auch, Sophie.

Sie schauen einander tief in die Augen.

122 Michel: Übrigens, Sophie …

123 Sophie: Mmmm …?

124 Michel: Als ich gerade so an Ihnen heruntergeblickt habe, da ist mir etwas aufgefallen.

125 Sophie: Jaaa … was denn?

126 Michel: Der Teppich ist auch neu!

127 Sophie: Oh … Ich hatte gedacht, jetzt sagen Sie etwas über mich.

128 Michel: Aber Sie wissen doch, daß wir Männer uns im Zweifelsfall mehr für Dinge als für Menschen interessieren …

129 Sophie: Natürlich!

130 Michel: Auf der anderen Seite sollte es Sie freuen, daß ich meinen Blick für Ihre Einrichtung geschärft habe. Normalerweise hätte ich den neuen Teppich nämlich nicht bemerkt.

131 Sophie: Insbesondere, da seine Grundfarbe der Farbe des alten ähnelt.

132 Michel: Jetzt, wo Sie es sagen, sehe ich es auch.

133 Sophie: Da ich Rabatt in meinem Geschäft bekomme, dachte ich, ich gönne ihn mir!

134 Michel: Die Farben harmonieren hundertprozentig mit Sofa und Sessel. Sie haben eben einen vorzüglichen Geschmack, Sophie.

135 Sophie: Naja, über Geschmack läßt sich bekanntlich nicht streiten. Niemand streitet ab, daß es keinen eindeutigen guten Geschmack gibt. Es freut mich jedenfalls, daß unser Geschmack ähnlich ist …

136 Michel: … weshalb ich Ihren Geschmack als guten Geschmack empfinde?

137 Sophie: Genau! Wenn Leute ähnliche Dinge mögen, dann neigen sie dazu, den Geschmack oder die Meinung des anderen gut zu finden …

Michel schaut sich weiter im Wohnzimmer um.

138 Michel: Der Fernseher ist aber noch der alte.

139 Sophie: Stimmt. Und die Stereoanlage auch.

140 Michel: Jedenfalls ist es Ihnen gelungen, das Neue mit dem Alten harmonisch zu verbinden.

141 Sophie: Schön, daß Sie das sagen. Es freut mich, daß es Ihnen gefällt.

Lektion 22 Wort für Wort

Leçon	Vingt-deux:	Appartement	(Fin)
Lektion	**Zwanzig-zwei:**	**Wohnung**	**(Ende)**

81 Michel: Oh! Pour une pièce réussie, c'est une pièce réussie.
Oh! Für ein Stück gelungenes, dies-ist ein Stück gelungenes.

82 Sophie: Vous trouvez? Pourtant, il n'y a pas grand chose de
Ihr findet? Doch, es nicht-da hat nicht große Sache von

changé.
Geändertem.

83 Michel: Comment ai-je fait pour ne pas m'en apercevoir
Wie habe-ich gemacht für nicht nicht mich-davon wahrnehmen

tout à l'heure?
vorhin?

84 Sophie: Parce que les hommes n'ont pas toujours l'œil.
Durch-dies daß[1] die Männer nicht-haben nicht immer das-Auge.

85 Michel: C'est la deuxième fois que vous faites ce genre de
Dies-ist das zweite Mal daß ihr macht dieses Genre von

remarque, Sophie.
Bemerkung, Sophie.

86 Sophie: Cela tient à mon métier. Lorsque des couples
Dies-da hängt an meinem Metier. Anläßlich-daß von-den Ehepaaren

viennent acheter un rideau ou un tapis, en
kommen [zu] kaufen einen Vorhang oder einen Teppich, in [dem]

général, la femme se demande si la nouvelle acquisition
allgemeinen, die Frau sich fragt ob die neue Erwerbung

ira avec le reste de l'ameublement tandis que
gehen-wird mit dem Rest von der-Möblierung wohingegen daß

l'homme s'intéresse davantage au rapport
der-Mann sich-interessiert mehr zu-dem Zusammenhang

[1] *durch-dies daß = weil*

qualité/prix.
Qualität/Preis.

87 Michel: Je crois que vous avez raison. En général, les meubles
Ich glaube daß ihr habt Recht. In [dem] allgemeinen, die Möbel

ou les aménagements intérieurs font partie des choses que
oder die Einrichtungen inneren machen Teil von-den Sachen die

je ne vois pas.
ich nicht sehe nicht.

88 Sophie: Les fleurs aussi?
Die Blumen auch?

89 Michel: Les fleurs aussi …
Die Blumen auch …

90 Sophie: Et les vêtements.
Und die Kleidungen.

91 Michel: C'est vrai. Sauf quand ils sortent complètement de
Dies-ist wahr. Außer wenn sie herausgehen vollkommen von

l'ordinaire, comme dans le cas de mon rendez-vous
dem-Gewöhlichen, wie in dem Fall von meinem Rendezvous

d'affaires, tout à l'heure.
von-Geschäften, vorhin.

92 Sophie: Intéressant. Comment était-il?
Interessant. Wie war-er?

93 Michel: Très officiel. Un samedi midi!
Sehr offiziell. Einen Samstag Mittag!

94 Sophie: Il avait peut-être autre chose après vous avoir rencontré.
Er hatte vielleicht[2] andere Sache nach euch [zu] haben getroffen.

95 Michel: Vous avez deviné! Il avait une réunion de comité
Ihr habt erraten! Er hatte eine Versammlung von Kommitee

directeur. Mais s'il avait été habillé normalement,
leitendem[3]. Aber falls-er hatte gewesen gekleidet normal,

[2] *peut-être = wörtlich: kann sein (= vielleicht)*

je n'aurais sans doute même pas vu ce qu'il
ich nicht-haben-würde ohne Zweifel sogar nicht gesehen dies was-er

portait. Tous les hommes sont-il
trug. All die Männer sind-sie

aveugles?
blind?

96 Sophie: Non, Michel, ils ne sont pas aveugles. Mais dans leur
Nein, Michel, sie nicht sind nicht blind. Aber in ihrer

majorité, ils s'intéressent à des choses que les femmes
Mehrheit, sie sich-interessieren zu von-den Sachen die die Frauen

ont tendance à ne pas voir.
haben Neigung zu nicht nicht sehen.

97 Michel: Par exemple?
Durch Beispiel?

98 Sophie: Les voitures, les avions, la mécanique, les ordinateurs
Die Wagen, die Flugzeuge, die Mechanik, die Rechner

99 Michel: La technique?
Die Technik?

100 Sophie: Oui, tandis que les femmes s'intéressent davantage à
Ja, wohingegen daß die Frauen sich-interessieren mehr zu

ce qui touche à la vie …
diesem was berührt zu dem Leben …

101 Michel: A commencer par les fleurs?
Zu beginnen durch die Blumen?

102 Sophie: Oui, les fleurs, les animaux et, bien entendu, les humains.
Ja, die Blumen, die Tiere und, wohl verstanden, die Menschen.

103 Michel: Est-ce le produit de l'éducation?
Ist-dies das Produkt von der-Erziehung?

104 Sophie: On l'a dit. Mais ces dernières années, les chercheurs ont
Man es-hat gesagt. Aber diese letzten Jahre, die Forscher haben

[3] *Versammlung von Kommitee leitendem = Vorstandssitzung*

découvert qu'il existe également des différences
entdeckt daß-es existiert gleichermaßen von-den Unterschieden

biologiques. On l'a constaté par exemple en Israël, dans les
biologischen. Man es-hat festgestellt durch Beispiel in Israel, in den

kibboutz, où l'on s'est efforcé, depuis la fin de la
Kibuzzim, wo man sich-ist angestrengt, seit dem Ende von dem

guerre, d'éduquer les filles et les garçons exactement de la
Krieg, von-erziehen die Mädchen und die Jungen genau von der

même façon.
selben Fasson.

105 Michel: Voilà qui est intéressant. Il ne s'agit donc pas
Sieh-da was ist interessant. Es nicht sich-handelt also nicht

seulement de préjugés sexistes qui se transmettent de
nur von Vorurteilen sexistischen die sich übertragen von

génération en génération?
Generation zu Generation?

106 Sophie: Leur rôle n'est peut-être pas à négliger, mais … nous
Ihre Rolle nicht-ist vielleicht nicht zu vernachlässigen, aber … wir

pourrions peut-être parler de cela une autre fois.
können-würden vielleicht sprechen von diesem-da ein anderes Mal.

Pour l'instant, ce qui m'intéresse, c'est ce que
Für den-Augenblick, dies was mich-interessiert, dies-ist dies was

vous pensez de mon nouveau séjour!
ihr denkt von meinem neuen Wohnzimmer!

107 Michel: Je le trouve super!
Ich es finde super!

108 Sophie: Oui, et alors …?
Ja, und dann …?

109 Michel: Comment – et alors?
Wie – und dann?

110 Sophie: Eh bien, d'habitude, vous avez les mots pour dire ce que
Nun gut, von-Gewohnheit, ihr habt die Worte für sagen dies was

vous pensez.
ihr denkt.

111 Michel: Je vois ce que vous voulez dire. J'ai une fois de plus
Ich sehe dies was ihr wollt sagen. Ich-habe ein Mal von mehr

le comportement typique de l'homme, je fais trop peu
die Verhaltensweise typische von dem-Mann, ich mache zu-sehr wenig

de cas des détails.
von Fall von-den Details.

112 Sophie: Il faut avouer que la plupart des hommes ne
Es nötig-ist [zu] gestehen daß der Großteil von-den Männern nicht

s'intéressent pas beaucoup à l'aménagement des
sich-interessieren-möge nicht viel zu der-Einrichtung von-den

intérieurs.
Innenräumen.

113 Michel: Aidez-moi un peu, Sophie. J'aimerais
Unterstützt-mich ein bißchen, Sophie. Ich-lieben-würde[4] [zu]

m'intéresser à toutce qui vous intéresse.
mich-interessieren zu all diesem was euch interessiert.

114 Sophie: Eh bien, par exemple, j'ai fait poser de nouveaux
Nun gut, durch Beispiel, ich-habe gemacht setzen von neuen

papiers peints.
Tapeten bemalten.

115 Michel: Mais c'est vrai! Je le remarque aussi tout à coup! Ça me
Aber dies-ist wahr! Ich es bemerke auch plötzlich! Dies-da mir

plaît beaucoup. Ce nouveau papier crée une atmosphère très
gefällt viel. Diese neue Tapete schafft eine Atmosphäre sehr

agréable.
angenehme.

4 Anstatt *etwas* oder *jemanden mögen* sagt man im Französischen *etwas* oder *jemanden lieben.*

116 Sophie: J'ai aussi fait recouvrir les fauteuils et
Ich-habe auch gemacht neubeziehen die Sessel und

l'abat-jour.
den-Lampenschirm.

117 Michel: Que je vois cela de près … Ah oui – c'est la
Daß ich sehen-möge dies-da von nahe … Ah ja – dies-ist der

même étoffe que les rideaux.
selbe Stoff wie die Vorhänge.

118 Sophie: Bravo!
Bravo!

119 Michel: Vous voyez qu'il n'est jamais trop tard pour apprendre!
Ihr seht daß-es nicht-ist niemals zu-sehr spät für lernen!

120 Sophie: C'est aussi pour cela que je vous aime bien.
Dies-ist auch für dies-da daß ich euch liebe wohl.

121 Michel: Vous savez que moi aussi, je vous aime bien, Sophie.
Ihr wißt daß ich auch, ich euch liebe wohl, Sophie.

(…)

122 Michel: A propos, Sophie
Zu [dem] Gesprächsthema, Sophie

123 Sophie: Hm…?
Hm…?

124 Michel: En vous regardant à l'instant de la tête aux
Bei euch anschauend an dem-Augenblick von dem Kopf zu-den

pieds, j'ai remarqué quelque chose.
Füßen, ich-habe bemerkt irgendeine Sache.

125 Sophie: Ah, oui … Quoi donc?
Ah, ja … Was also?

126 Michel: Que le tapis aussi est neuf!
Daß der Teppich auch ist neu!

127 Sophie: Ah … Je m'attendais à une remarque me concernant.
Ah … Ich mich-erwartete zu einer Bemerkung mich betreffend.

128 Michel: Mais vous saviez bien que dans le doute, les hommes
Aber ihr wußtet wohl daß in dem Zweifel, die Männer

s'intéressent davantage aux objets qu'aux personnes
sich-interessieren mehr zu-den Objekten als-zu-den Personen

129 Sophie: C'est évident!
Dies-ist offensichtlich!

130 Michel: D'un autre côté, vous devriez être heureuse de
Von-einer anderen Seite, ihr müssen-würdet sein glücklich von

voir que j'ai l'œil désormais pour votre décoration
sehen daß ich-habe das-Auge ab-jetzt für euere Raumausstattung

intérieure. Normalement, je n'aurais pas remarqué
innere. Normalerweise, ich nicht-haben-würde nicht bemerkt

l'existence du nouveau tapis.
die-Existenz von-dem neuen Teppich.

131 Sophie: D'autant que sa tonalité générale est la même que celle
Von-soviel daß seine Tonalität allgemeine ist die selbe als diese

de l'ancien.
von dem-vorherigen.

132 Michel: Ah, maintenant que vous le dites, je le vois aussi.
Ah, jetzt daß ihr es sagt, ich es sehe auch.

133 Sophie: Je me suis dit que je pouvais me le permettre, puisque
Ich mir bin gesagt daß ich konnte mir es erlauben, da

j'ai droit à un pourcentage au magasin.
ich-habe [das] Recht zu einem Rabatt an-dem Geschäft.

134 Michel: La couleur va parfaitement avec le canapé et les fauteuils.
Die Farbe geht perfekt mit dem Kanapee und den Sesseln.

Vous avez un goût tout simplement extraordinaire,
Ihr habt einen Geschmack ganz einfach außergewöhnlichen,

Sophie.
Sophie.

135 Sophie: Il en va des goûts comme des couleurs,
Es davon geht von-den Geschmäckern wie von-den Farben,

c'est bien connu. Et personne n'ignore non plus que
dies-ist wohl bekannt. Und niemand nicht-abstreitet ebensowenig daß

le bon goût n'existe pas. En tout cas, je suis
der gute Geschmack nicht-existiert nicht. In allem Fall, ich bin

heureuse de voir que nous avons les mêmes goûts …
glücklich von sehen daß wir haben die selben Geschmäcker …

136 Michel: … et c'est la raison pour laquelle je trouve que votre
… und dies-ist die Ursache für die-welche ich finde daß euer

goût est le bon.
Geschmack ist der gute.

137 Sophie: C'est cela. Lorsque des gens aiment les mêmes
Dies-ist dies-da. Anläßlich-daß von-den Leuten lieben die selben

choses, ils ont tendance à trouver bon le goût de
Sachen, sie haben Neigung zu finden gut den Geschmack von

l'autre et à se ranger à son avis
dem-anderen und zu sich anschließen zu seiner Ansicht

(…)

138 Michel: Le téléviseur, lui, n'a pas changé.
Der Fernseher, er, nicht-hat nicht gewechselt.

139 Sophie: C'est vrai. La chaîne stéréo non plus.
Dies-ist wahr. Die Anlage [von] Stereo ebensowenig.

140 Michel: En tout cas, vous avez réussi à harmoniser l'ancien
In allem Fall, ihr habt geschafft zu harmonisieren das-Vorherige

et le neuf.
und das Neue.

141 Sophie: C'est gentil de dire cela. Je suis heureuse que
Dies-ist liebenswürdig von sagen dies-da. Ich bin glücklich daß

cela vous plaise.
dies-da euch gefallen-möge.

➤ *Da Sie zum Beispiel schon Lektion 23 auf deutsch lesen können, während Sie Lektion 22 passiv hören, erweisen sich farbige Büroklammern als praktische Hilfe, um die aktuelle Lektion schnell wiederzufinden.*

Lektion 22 Französisch

Leçon Vingt-deux: Appartement (Fin)

81 Michel: Oh! Pour une pièce réussie, c'est une pièce réussie.

82 Sophie: Vous trouvez? Pourtant, il n'y a pas grand chose de changé.

83 Michel: Comment ai-je fait pour ne pas m'en apercevoir tout à l'heure?

84 Sophie: Parce que les hommes n'ont pas toujours l'œil.

85 Michel: C'est la deuxième fois que vous faites ce genre de remarque, Sophie.

86 Sophie: Cela tient à mon métier. Lorsque des couples viennent acheter un rideau ou un tapis, en général, la femme se demande si la nouvelle acquisition ira avec le reste de l'ameublement tandis que l'homme s'intéresse davantage au rapport qualité/prix.

87 Michel: Je crois que vous avez raison. En général, les meubles ou les aménagements intérieurs font partie des choses que je ne vois pas.

88 Sophie: Les fleurs aussi?

89 Michel: Les fleurs aussi …

90 Sophie: Et les vêtements.

91 Michel: C'est vrai. Sauf quand ils sortent complètement de l'ordinaire, comme dans le cas de mon rendez-vous d'affaires, tout à l'heure.

92 Sophie: Intéressant. Comment était-il?

93 Michel: Très officiel. Un samedi midi!

94 Sophie: Il avait peut-être autre chose après vous avoir rencontré.

95 Michel: Vous avez deviné! Il avait une réunion de comité directeur. Mais s'il avait été habillé normalement, je n'aurais sans doute même pas vu ce qu'il portait. Tous les hommes sont-il aveugles?

96 Sophie: Non, Michel, ils ne sont pas aveugles. Mais dans leur majorité, ils s'intéressent à des choses que les femmes ont tendance à ne pas voir.

97 Michel: Par exemple?

98 Sophie: Les voitures, les avions, la mécanique, les ordinateurs …

99 Michel: La technique?

100 Sophie: Oui, tandis que les femmes s'intéressent davantage à ce qui touche à la vie …

101 Michel: A commencer par les fleurs?

102 Sophie: Oui, les fleurs, les animaux et, bien entendu, les humains.

103 Michel: Est-ce le produit de l'éducation?

104 Sophie: On l'a dit. Mais ces dernières années, les chercheurs ont découvert qu'il existe également des différences biologiques. On l'a constaté par exemple en Israël, dans les kibboutz, où l'on s'est efforcé, depuis la fin de la guerre, d'éduquer les filles et les garçons exactement de la même façon.

105 Michel: Voilà qui est intéressant. Il ne s'agit donc pas seulement de préjugés sexistes qui se transmettent de génération en génération?

106 Sophie: Leur rôle n'est peut-être pas à négliger, mais … nous pourrions peut-être parler de cela une autre fois. Pour l'instant, ce qui m'intéresse, c'est ce que vous pensez de mon nouveau séjour!

107 Michel: Je le trouve super!

108 Sophie: Oui, et alors …?

109 Michel: Comment – et alors?

110 Sophie: Eh bien, d'habitude, vous avez les mots pour dire ce que vous pensez.

111 Michel: Je vois ce que vous voulez dire. J'ai une fois de plus le comportement typique de l'homme, je fais trop peu de cas des détails.

112 Sophie: Il faut avouer que la plupart des hommes ne s'intéressent pas beaucoup à l'aménagement des intérieurs.

113 Michel: Aidez-moi un peu, Sophie. J'aimerais m'intéresser à tout ce qui vous intéresse.

114 Sophie: Eh bien, par exemple, j'ai fait poser de nouveaux papiers peints.

115 Michel: Mais c'est vrai! Je le remarque aussi tout à coup! Ça me plaît beaucoup. Ce nouveau papier crée une atmosphère très agréable.

116 Sophie: J'ai aussi fait recouvrir les fauteuils et l'abat-jour.

117 Michel: Que je vois cela de près … Ah oui – c'est la même étoffe que les rideaux.

118 Sophie: Bravo!

119 Michel: Vous voyez qu'il n'est jamais trop tard pour apprendre!

120 Sophie: C'est aussi pour cela que je vous aime bien.

121 Michel: Vous savez que moi aussi, je vous aime bien, Sophie.

(...)

122 Michel: A propos, Sophie ....

123 Sophie: Hm ...?

124 Michel: En vous regardant à l'instant de la tête aux pieds, j'ai remarqué quelque chose.

125 Sophie: Ah, oui... Quoi donc?

126 Michel: Que le tapis aussi est neuf!

127 Sophie: Ah ... Je m'attendais à une remarque me concernant.

128 Michel: Mais vous saviez bien que dans le doute, les hommes s'intéressent davantage aux objets qu'aux personnes ...

129 Sophie: C'est évident!

130 Michel: D'un autre côté, vous devriez être heureuse de voir que j'ai l'œil désormais pour votre décoration intérieure. Normalement, je n'aurais pas remarqué l'existence du nouveau tapis.

131 Sophie: D'autant que sa tonalité générale est la même que celle de l'ancien.

132 Michel: Ah, maintenant que vous le dites, je le vois aussi.

133 Sophie: Je me suis dit que je pouvais me le permettre, puisque j'ai droit à un pourcentage au magasin.

134 Michel: La couleur va parfaitement avec le canapé et les fauteuils. Vous avez un goût tout simplement extraordinaire, Sophie.

135 Sophie: Il en va des goûts comme des couleurs, c'est bien connu. Et personne n'ignore non plus que le bon goût n'existe pas. En tout cas, je suis heureuse de voir que nous avons les mêmes goûts ...

136 Michel: ... et c'est la raison pour laquelle je trouve que votre goût est le bon.

137 Sophie: C'est cela. Lorsque des gens aiment les mêmes choses, ils ont tendance à trouver bon le goût de l'autre et à se ranger à son avis ...

(...)

138 Michel: Le téléviseur, lui, n'a pas changé.

139 Sophie: C'est vrai. La chaîne stéréo non plus.

140 Michel: En tout cas, vous avez réussi à harmoniser l'ancien et le neuf.

141 Sophie: C'est gentil de dire cela. Je suis heureuse que cela vous plaise.

➤ *Konzentrieren Sie sich nicht auf den Text, wenn Sie ihn passiv hören. Gewöhnen Sie sich nur an die Sprachmelodie. Ihr Sprachgefühl entwickelt sich dann ganz von allein.*

LEÇON 23

Lektion Dreiundzwanzig: Freizeit

142 Sophie: Setzen Sie sich doch.

143 Michel: Auf die Fernsehzeitschrift?

144 Sophie: Oh! Legen Sie sie bitte auf das Tischchen!

Michel tut wie geheißen und setzt sich.

145 Michel: Was haben Sie denn vorhin für eine Sendung gesehen?

146 Sophie: Ich habe mir nur die Mittagsnachrichten angeschaut. Wissen Sie, ich sitze selten lange vor dem Fernseher, denn die wenige Zeit, die mir neben Beruf und Haushalt bleibt, möchte ich besser nutzen.

147 Michel: Was treiben Sie denn so in Ihrer Freizeit?

148 Sophie: Also, am liebsten lese ich; ich gehe auch gerne zu Vorträgen; gleich hier in der Nähe ist eine Volkshochschule.

149 Michel: Meine Schwester schneidert und strickt furchtbar gerne.

150 Sophie: Oh ja, das mag ich auch. Und ich koche leidenschaftlich gern. Und Sie? Was ist Ihre Lieblingsfreizeitbeschäftigung?

151 Michel: Also, auch ich lese gern, aber ich habe nie die Zeit, alles zu lesen, was mich interessieren würde. Deshalb höre ich viel …

152 Sophie: Sie hören? Wie das?

153 Michel: Naja, heutzutage gibt es ja die tollsten Hörbücher – von Literatur bis zu allen möglichen Sachthemen. Und auf Reisen kann man mit einem Walkman überall gut hören …

154 Sophie: Außerdem hört man anders, als man liest.

155 Michel: Stimmt genau. Irgendwie wirken Informationen anders, wenn man sie hört, als wenn man sie liest.

156 Sophie: Und man kann im Auto die morgendlichen und abendlichen Stauzeiten toll nutzen.

157 Michel: Die praktischen Amerikaner haben das geradezu perfektioniert; sie sprechen von der Auto-Universität. Der Durchschnittspendler dort hat ungefähr so viele Kassettenprogramme im Auto, wie viele Leute bei uns an Büchern zu Hause stehen haben.

158 Sophie: Ich höre gerne Kassetten bei der Hausarbeit oder beim Bügeln.

159 Michel: Und ich beim Sport. Abends, wenn ich von der Arbeit heimkomme, treibe ich gewöhnlich erst einmal eine halbe Stunde Sport, um einen Ausgleich zu meiner Arbeit zu bekommen.

160 Sophie: Welche Sportarten?

161 Michel: Ich jogge, fahre Rad und ich spiele Tennis.

162 Sophie: Ich sehe Sie gerade mit Walkman und Kopfhörern – beim Tennisspielen …

163 Michel: Übrigens lerne ich auch noch Geige spielen und gehe gerne in Konzerte.

164 Sophie: Oh, das hatte ich vorhin vergessen, als ich sagte, ich ginge gerne zu Vorträgen. Ich gehe auch gern zu Konzerten!

165 Michel: Dann sollten wir uns bald ein interessantes Programm aussuchen. Man muß ja heutzutage nicht nur seine beruflichen Termine, sondern auch seine Freizeitprojekte regelrecht planen, nicht wahr? Vor allem, wenn man gemeinsam mit anderen etwas unternehmen will. Regelrechtes Zeitmanagement …

166 Sophie: Apropos, Sie sollten mal das Zeitmanagement meines Neffen Marc sehen. Wie Sie wissen, ist er vor kurzem neun Jahre alt geworden. Wenn er von der Schule nach Hause kommt, macht er zuerst Hausaufgaben. Dann übt er mindestens eine halbe Stunde Klavier. Montags, mittwochs und freitags geht er anschließend zum Fußballtraining. Dienstags und donnerstags engagiert er sich in einem Jugendklub. Nur samstags und sonntags hat er sozusagen frei. Er hat einen Terminkalender wie ein Manager.

167 Michel: Ich glaube, wenn er nicht von Erwachsenen unter Druck gesetzt wird und wenn ihm seine Aktivitäten wirklich Freude bereiten, sollte man ihn seine Freizeit ruhig so verbringen lassen. Durch das Fußballspielen beispielsweise bleibt er körperlich fit, und durch sein Engagement im Jugendklub lernt er, sich in eine Gruppe einzubringen.

168 Sophie: Ja, und durch das Klavierspielen entwickelt er seine Musikalität und lernt zugleich, ein Ziel hartnäckig zu verfolgen.

169 Michel: Nicht nur das! Ich las neulich, daß Musikausübung ganz allgemein sämtliche intellektuellen Fähigkeiten stärkt. Kinder, die Musik machen, sind in Mathematik und Grammatik besser, sie können sich besser ausdrücken und lernen leichter!

170 Sophie: Nur Kinder?

171 Michel: Nicht nur, aber zunächst hat ein Professor in Hamburg das für Kinder nachgewiesen. Inzwischen haben andere Untersuchungen gezeigt, daß das für Erwachsene auch zutrifft.

172 Sophie: Gilt das nur für das Spielen von Instrumenten?

173 Michel: Nein. Es beginnt bei einfachem Singen und regelmäßigem aktiven Musikhören, aber es gilt in höherem Maße für das Spielen eines Instrumentes. Das ist einer der Gründe, warum ich wieder mit Geigespielen angefangen habe.

174 Sophie: Also, ich finde das faszinierend! Vielleicht sollte ich das alte Keyboard wieder aus dem Keller holen …

175 Michel: Sie spielen Keyboard?

176 Sophie: Naja, ich hatte mal damit angefangen und dann wieder aufgehört.

177 Michel: Ich fände es toll, wenn Sie wieder anfangen würden …

178 Sophie: Vielleicht werde ich das wirklich … Allerdings müßte ich mir neue Noten kaufen, die alten sind beim Umzug hierher verlorengegangen. Dabei fällt mir ein, ich habe ja ganz vergessen, daß ich noch einkaufen gehen wollte …

179 Michel: Ich würde Sie gerne begleiten.

180 Sophie: Schön … Warten Sie, ich mache noch kurz eine Einkaufsliste …

Lektion 23 Wort für Wort

Leçon Vingt-trois: Loisirs
Lektion Zwanzig-drei: Freizeitbeschäftigungen

142 Sophie: Mais, asseyez-vous, je vous prie.
Aber, setzt-euch, ich euch bitte.

143 Michel: Sur le magazine télé?
Auf die Zeitschrift[von] Fernsehen?

144 Sophie: Oh! Pardon! Vous pouvez le mettre sur la table basse.
Oh! Vergebung! Ihr könnt sie legen auf den Tisch niedrigen.

(…)

145 Michel: Quelle émission regardiez-vous?
Welche Sendung anschautet-ihr?

146 Sophie: Ce n'était que le journal télévisé
Dies nicht-war [anderes] als das Journal ferngesendete

de la mi-journée. Je ne suis pas toujours devant le poste,
von dem Mittag. Ich nicht bin nicht immer vor dem Gerät,

vous savez. J'ai mieux à faire du peu de temps
ihr wißt. Ich-habe besseres zu machen von-dem bißchen von Zeit

que me laissent mon travail et le ménage.
das mir lassen meine Arbeit und die Hausarbeit.

147 Michel: Que faites-vous de votre temps libre?
Was macht-ihr von euerer Zeit freien?

148 Sophie: De préférence, je lis. J'aime aussi aller à des
Von Vorliebe, ich lese. Ich-liebe auch [zu] gehen zu von-den

conférences. Tout près d'ici, il y a une université
Vorträgen. Ganz nahe von-hier, es da hat eine Universität

interâge.
volksbildungsmäßige.

149 Michel: J'ai une sœur qui adore tout ce qui est couture
Ich-habe eine Schwester die anbetet all dies was ist Schneiderei

et tricot.
und Strickerei.

150 Sophie: Oh, moi aussi, j'aime ça. Mais j'ai une passion: la
Oh, ich auch, ich-liebe dies-da. Aber ich-habe eine Leidenschaft: die

cuisine. Et vous, quel est votre passe-temps favori?
Kochkunst[1]. Und ihr, welches ist euer Zeitvertreib bevorzugter?

151 Michel: J'aime lire, mais je n'ai jamais le temps de lire
Ich-liebe [zu] lesen, aber ich nicht-habe niemals die Zeit von lesen

tout ce qui m'intéresse. Alors, j'écoute …
all dies was mich-interessiert. Dann, ich-zuhöre …

152 Sophie: Vous écoutez, comment cela?
Ihr zuhört, wie dies-da?

153 Michel: Eh bien, vous savez qu'aujourd'hui tous les bons
Nun gut, ihr wißt daß-an-dem-Tag-von-heute[2] all die guten

livres sont sur cassette, de la littérature au livre
Bücher sind auf Kassette, von der Literatur zu-dem Buch

[1] *cuisine = Küche, Kochkunst*
[2] *an-dem-Tag-von-heute = heute*

spécialisé, et quand on est en déplacement, avec un
spezialisierten[3], und wenn man ist in Versetzung, mit einem

bon baladeur, on est toujours à la page …
guten Walkman, man ist immer an der Seite …

154 Sophie: D'autant qu'on entend différemment qu'on lit.
Von-soviel daß-man hört verschieden als-man liest.

155 Michel: C'est vrai. On perçoit les informations différemment
Dies-ist wahr. Man wahrnimmt die Informationen verschieden

lorsqu'on les entend.
anläßlich-daß-man sie hört.

156 Sophie: Et en voiture par exemple, on met à profit le
Und in [dem] Wagen durch Beispiel, man setzt zu [dem] Profit die

temps perdu dans les bouchons des heures de pointe.
Zeit verlorene in den Staus von-den Stunden von Spitze[5].

157 Michel: Les Américains, qui sont des esprits pratiques, ont
Die Amerikaner, die sind von-den Geistern praktischen, haben

perfectionné la chose: ils parlent d'une université
perfektioniert die Sache: sie sprechen von-einer Universität

automobile. Là-bas, le banlieusard moyen a autant de
automobilen. Da-drüben, der Pendler mittlere hat soviel von

livres audio dans sa voiture que beaucoup de gens
Büchern [von] Audio in seinem Wagen als viele von Leuten

ici ont de livres papier dans leur bibliothèque.
hier haben von Büchern [von] Papier in ihrer Bibliothek.

158 Sophie: J'aime écouter des cassettes en faisant le ménage
Ich-liebe [zu] anhören von-den Kassetten bei machend die Hausarbeit

ou en repassant.
oder bei bügelnd.

3 *Buch spezialisiertes = Fachbuch*

4 *in Versetzung sein = auf Reisen sein*

5 *die Stunden von Spitze = die Stoßzeiten*

159 Michel: Et moi, en faisant du sport. Le soir, en
Und ich, bei machend von-dem Sport. Den Abend, bei

rentrant, j'aime faire une petite demie heure de
zurückkehrend, ich-liebe [zu] machen eine kleine halbe Stunde von

sport, comme compensation à mon activité professionnelle.
Sport, als Ausgleich zu meiner Aktivität beruflichen.

160 Sophie: Quels sports?
Welche Sportarten?

161 Michel: Je fais du jogging, de la bicyclette, et du
Ich mache von-dem Jogging, von dem Fahrrad, und von-dem

tennis.
Tennis.

162 Sophie: Je vous vois bien avec un baladeur et des écouteurs,
Ich euch sehe gut mit einem Walkman und von-den Kopfhörern,

surtout au tennis …
vor-allem an-dem Tennis …

163 Michel: A propos, je prends aussi des
Zu [dem] Gesprächsthema, ich nehme auch von-den

cours de violon et je vais au concert.
Unterrichtsstunden von Geige und ich gehe zu-dem Konzert.

164 Sophie: J'ai oublié de le préciser tout à l'heure en disant que
Ich-habe vergessen von es präzisieren vorhin bei sagend daß

j'aime aller à des conférences. J'aime aussi aller
ich-liebe [zu] gehen zu von-den Vorträgen. Ich-liebe auch [zu] gehen

au concert!
zu-dem Konzert!

165 Michel: Eh bien, nous devrions bientôt faire quelque chose
Nun gut, wir sollen-würden bald machen irgendeine Sache

d'intéressant ensemble. Car de nos jours, il faut
von-interessantem zusammen. Denn von unseren Tagen[6], es nötig-ist

[6] *von unseren Tagen = heutzutage*

tout planifier, n'est-ce pas? Pas seulement sa vie
alles [zu] planen, nicht-ist-dies nicht? Nicht nur sein Leben

professionnelle, mais également ses loisirs.
berufliches, aber gleichermaßen seine Freizeitbeschäftigungen.

Surtout lorsqu'on souhaite sortir à plusieurs. Il
Vor-allem anläßlich-daß-man wünscht [zu] ausgehen zu mehreren. Es

faut savoir gérer son calendrier ...
nötig-ist [zu] wissen [zu] verwalten seinen Kalender ...

166 Sophie: A ce propos, vous devriez voir le calendrier
Zu diesem Gesprächsthema, ihr sollen-würdet sehen den Kalender

de mon neveu Marc. Vous savez qu'il vient d'avoir neuf
von meinem Neffen Marc. Ihr wißt daß-er kommt von-haben neun

ans. Lorsqu'il rentre de l'école, il commence
Jahre. Anläßlich-daß-er zurückkehrt von der-Schule, er beginnt

par faire ses devoirs. Puis il fait au moins une
durch machen seine Hausaufgaben. Dann er macht zumindest eine

demie heure de piano. Ensuite, le lundi, le mercredi et
halbe Stunde von Klavier. Infolge, den Montag, den Mittwoch und

le vendredi, il va au football. Le mardi et le
den Freitag, er geht zu-dem Fußball. Den Dienstag und den

jeudi, il s'investit dans un club de jeunes. Il
Donnerstag, er sich-engagiert in einem Klub von Jugendlichen. Es

ne lui reste que le samedi et le dimanche comme
nicht ihm bleibt[anderes] als der Samstag und der Sonntag als

temps à peu près libre ... un agenda de
Zeit zu bißchen nahe frei ... ein Terminkalender von

président-directeur général ...
Präsident-Direktor generalmäßigem[7] ...

167 Michel: A mon avis, s'il n'est soumis à aucune
Zu meiner Ansicht, falls-er nicht-ist unterworfen zu nicht-einem

pression de la part des adultes et si ses
Druck von der Seite von-den Erwachsenen und falls seine

7 *Präsident-Direktor generalmäßiger = Generaldirektor*

activités lui font vraiment plaisir, il faut le
Aktivitäten ihm machen wahrlich Vergnügen, es nötig-ist ihn [zu]

laisser occuper ses loisirs comme il le fait
lassen besetzen seine Freizeitbeschäftigungen wie er es macht

jusqu'à maintenant. Regardez, le football lui permet d'être en
bis-zu jetzt. Schaut, der Fußball ihm erlaubt von-sein in

forme physiquement et par son engagement dans un club de
Form körperlich und durch sein Engagement in einem Klub von

jeunes, il apprend à s'intégrer dans un groupe.
Jugendlichen, er lernt zu sich-integrieren in einer Gruppe.

168 Sophie: Et grâce au piano, il développe sa musicalité et
Und dank zu-dem Klavier, er entwickelt seine Musikalität und

apprend en même temps à poursuivre un objectif avec
lernt in [der] selben Zeit zu verfolgen ein Ziel mit

ténacité.
Zähigkeit.

169 Michel: Mieux encore! J'ai lu récemment que, de façon
Besser noch! Ich-habe gelesen kürzlich daß, von Fasson

générale, la musique renforce toutes les aptitudes
allgemeiner[8]**, die Musik verstärkt all die Fähigkeiten**

intellectuelles. Les enfants qui font de la musique sont
intellektuellen. Die Kinder die machen von der Musik sind

meilleurs en mathématiques et en grammaire, ils savent
besser in mathematischen-Studien und in Grammatik, sie wissen

mieux s'exprimer et apprennent plus facilement!
besser [zu] sich-ausdrücken und lernen mehr leicht!

170 Sophie: Seulement les enfants?
Nur die Kinder?

171 Michel: Non, mais un professeur de Hambourg en a apporté la
Nein, aber ein Professor von Hamburg davon hat hergetragen den

preuve d'abord chez les enfants. Entre temps,
Beweis von-zuerst bei den Kindern. Zwischen [der] Zeit,

[8] *von Fasson allgemeiner = ganz allgemein*

d'autres études ont montré que cela vaut aussi pour les
von-anderen Studien haben gezeigt daß dies-da gilt auch für die

adultes.
Erwachsenen.

172 Sophie: Cela concerne-t-il uniquement les instruments de musique?
Dies-da betrifft-es einzig die Instrumente von Musik?

173 Michel: Non. Cela commence par le chant tout simple et
Nein. Dies-da beginnt durch den Gesang ganz einfachen und

l'écoute active et régulière de musique, mais cela vaut
das-Anhören aktive und regelmäßige von Musik, aber dies-da gilt

surtout pour les instruments. C'est une des raisons pour
vor-allem für die Instrumente. Dies-ist eine von-den Ursachen für

lesquelles j'ai repris le violon.
die-welche ich-habe wiedergenommen die Geige.

174 Sophie: Je trouve cela fascinant! Je devrais peut-être
Ich finde dies-da faszinierend! Ich sollen-würde vielleicht

ressortir le vieil orgue électrique de la cave …
wiederhervorholen die alte Orgel elektrische von dem Keller …

175 Michel: Vous jouez de l'orgue électrique?
Ihr spielt von der-Orgel elektrischen?

176 Sophie: C'est beaucoup dire – j'avais commence, mais j'ai
Dies-ist viel [zu] sagen[9] – ich-hatte begonnen, aber ich-habe

arrêté.
aufgehört.

177 Michel: Je trouverais cela formidable si vous recommenciez …
Ich finden-würde dies-da fabelhaft falls ihr wiederanfingt …

178 Sophie: Je vais peut-être vraiment le faire … Mais je
Ich gehe vielleicht wahrlich es [zu] machen … Aber ich

devrais acheter de nouvelles partitions, les anciennes ont
müssen-würde kaufen von neuen Noten, die vorherigen haben

[9] *dies-ist viel [zu] sagen = das wäre zuviel gesagt*

disparu dans le déménagement. A propos,
verschwunden in dem Umzug. Zu [diesem] Gesprächsthema,

j'ai complètement oublié que je voulais faire mes
ich-habe vollkommen vergessen daß ich wollte machen meine

courses …
Einkäufe …

179 Michel: J'aimerais vous accompagner.
Ich-lieben-würde euch [zu] begleiten.

180 Sophie: Volontiers … Un instant, je me fais une liste en
Gerne … Einen Augenblick, ich mir mache eine Liste in

vitesse …
Geschwindigkeit …

➤ *Benutzen Sie dieses Buch als Arbeitsmittel. Unterstreichen Sie Wörter, markieren Sie Satzteile farbig, schreiben Sie eventuelle Fragen an den Rand. Je aktiver Sie mit dieser De-Kodierung umgehen, desto länger bleibt das Gelernte in Ihrem Gedächtnis.*

Lektion 23 Französisch

Leçon Vingt-trois: Loisirs

142 Sophie: Mais, asseyez-vous, je vous prie.

143 Michel: Sur le magazine télé?

144 Sophie: Oh! Pardon! Vous pouvez le mettre sur la table basse.

(…)

145 Michel: Quelle émission regardiez-vous?

146 Sophie: Ce n'était que le journal télévisé de la mi-journée. Je ne suis pas toujours devant le poste, vous savez. J'ai mieux à faire du peu de temps que me laissent mon travail et le ménage.

147 Michel: Que faites-vous de votre temps libre?

148 Sophie: De préférence, je lis. J'aime aussi aller à des conférences. Tout près d'ici, il y a une université interâge.

149 Michel: J'ai une sœur qui adore tout ce qui est couture et tricot.

150 Sophie: Oh, moi aussi, j'aime ça. Mais j'ai une passion: la cuisine. Et vous, quel est votre passe-temps favori?

151 Michel: J'aime lire, mais je n'ai jamais le temps de lire tout ce qui m'intéresse. Alors, j'écoute …

152 Sophie: Vous écoutez, comment cela?

153 Michel: Eh bien, vous savez qu'aujourd'hui tous les bons livres sont sur cassette, de la littérature au livre spécialisé, et quand on est en déplacement, avec un bon baladeur, on est toujours à la page …

154 Sophie: D'autant qu'on entend différemment qu'on lit.

155 Michel: C'est vrai. On perçoit les informations différemment lorsqu'on les entend.

156 Sophie: Et en voiture par exemple, on met à profit le temps perdu dans les bouchons des heures de pointe.

157 Michel: Les Américains, qui sont des esprits pratiques, ont perfectionné la chose: ils parlent d'une université automobile. Là-bas, le banlieusard moyen a autant de livres audio dans sa voiture que beaucoup de gens ici ont de livres papier dans leur bibliothèque.

158 Sophie: J'aime écouter des cassettes en faisant le ménage ou en repassant.

159 Michel: Et moi, en faisant du sport. Le soir, en rentrant, j'aime faire une petite demie heure de sport, comme compensation à mon activité professionnelle.

160 Sophie: Quels sports?

161 Michel: Je fais du jogging, de la bicyclette, et du tennis.

162 Sophie: Je vous vois bien avec un baladeur et des écouteurs, surtout au tennis …

163 Michel: A propos, je prends aussi des cours de violon et je vais au concert.

164 Sophie: J'ai oublié de le préciser tout à l'heure en disant que j'aime aller à des conférences. J'aime aussi aller au concert!

165 Michel: Eh bien, nous devrions bientôt faire quelque chose d'intéressant ensemble. Car de nos jours, il faut tout planifier, n'est-ce pas? Pas seulement sa vie professionnelle, mais également ses loisirs. Surtout lorsqu'on souhaite sortir à plusieurs. Il faut savoir gérer son calendrier …

166 Sophie: A ce propos, vous devriez voir le calendrier de mon neveu Marc. Vous savez qu'il vient d'avoir neuf ans. Lorsqu'il rentre de l'école, il commence par faire ses devoirs. Puis il fait au moins une demie heure de piano. Ensuite, le lundi, le mercredi et le vendredi, il va au football. Le mardi et le jeudi, il s'investit dans un club de jeunes. Il ne lui reste que le samedi et

le dimanche comme temps à peu près libre … un agenda de président-directeur général …

167 Michel: A mon avis, s'il n'est soumis à aucune pression de la part des adultes et si ses activités lui font vraiment plaisir, il faut le laisser occuper ses loisirs comme il le fait jusqu'à maintenant. Regardez, le football lui permet d'être en forme physiquement et par son engagement dans un club de jeunes, il apprend à s'intégrer dans un groupe.

168 Sophie: Et grâce au piano, il développe sa musicalité et apprend en même temps à poursuivre un objectif avec ténacité.

169 Michel: Mieux encore! J'ai lu récemment que, de façon générale, la musique renforce toutes les aptitudes intellectuelles. Les enfants qui font de la musique sont meilleurs en mathématiques et en grammaire, ils savent mieux s'exprimer et apprennent plus facilement!

170 Sophie: Seulement les enfants?

171 Michel: Non, mais un professeur de Hambourg en a apporté la preuve d'abord chez les enfants. Entre temps, d'autres études ont montré que cela vaut aussi pour les adultes.

172 Sophie: Cela concerne-t-il uniquement les instruments de musique?

173 Michel: Non. Cela commence par le chant tout simple et l'écoute active et régulière de musique, mais cela vaut surtout pour les instruments. C'est une des raisons pour lesquelles j'ai repris le violon.

174 Sophie: Je trouve cela fascinant! Je devrais peut-être ressortir le vieil orgue électrique de la cave …

175 Michel: Vous jouez de l'orgue électrique?

176 Sophie: C'est beaucoup dire j'avais commencé, mais j'ai arrêté.

177 Michel: Je trouverais cela formidable si vous recommenciez …

178 Sophie: Je vais peut-être vraiment le faire … Mais je devrais acheter de nouvelles partitions, les anciennes ont disparu dans le déménagement. A propos, j'ai complètement oublié queje voulais faire mes courses …

179 Michel: J'aimerais vous accompagner.

180 Sophie: Volontiers … Un instant, je me fais une liste en vitesse …

LEÇON 24

Lektion Vierundzwanzig: Ein mnemotechnisches Verfahren (Anfang)

181 Michel: Haben Sie schon einmal etwas von der PEG-Methode gehört?

182 Sophie: Wie bitte?

183 Michel: Die PEG-Methode. Gemeint ist ein Haken, an dem man Ideen aufhängen kann. Das englische Wort „peg“ bedeutet „Kleiderhaken“. Es handelt sich um eine Methode, mit deren Hilfe man z.B. Listen von Begriffen auswendig lernen kann.

184 Sophie: Meinen Sie, wie die Begriffe einer Einkaufsliste?

185 Michel: Ja, oder wichtige Gedanken aller Art, zum Beispiel die Schlüsselwörter einer Rede.

186 Sophie: Ist das wieder eine von diesen Techniken wie das Memorieren von Namen oder das Fingermultiplizieren, die Sie mir schon beigebracht haben?

187 Michel: Sie haben es erfaßt!

188 Sophie: Und wie funktioniert diese PEG-Methode?

189 Michel: Als erstes lernen wir die PEG-Methode selbst, das heißt die Liste, an welche die zu merkenden Begriffe hinterher angehängt werden.

190 Sophie: Ist die Liste schwer zu lernen?

191 Michel: Im Gegenteil. Es ist so einfach, daß ich es Ihnen gleich am Beispiel der Dinge demonstrieren werde, die Sie einkaufen wollen. Was ist Begriff Nummer eins auf Ihrer Einkaufsliste?

192 Sophie: Butter.

193 Michel: Nun, für die Ziffer Eins denken wir an eine Kerze, weil die Eins ein wenig wie eine Kerze aussieht: schmal und länglich, einverstanden?

194 Sophie: Natürlich!

195 Michel: Jetzt stellen Sie sich einfach ein Bild vor, das die Begriffe „Butter“ und „Kerze“ miteinander verbindet.

196 Sophie: Mmmm. Vielleicht eine brennende Kerze, die einen Klumpen Butter zum Schmelzen bringt.

197 Michel: Ausgezeichnet. Je farbiger und lebendiger dieses Bild vor Ihrem geistigen Auge erscheint, desto besser bleibt es Ihnen im Gedächtnis haften. Optimal ist immer Bewegung, ein Ablauf, eine Handlung!

198 Sophie: Wie eine Filmszene?

199 Michel: Genau. Oder aber, bei schwer vorstellbaren Szenen, wie ein Zeichentrickfilm!

200 Sophie: Ja, ich verstehe. Im Zeichentrickfilm kann quasi alles passieren, auch das Verrückteste.

201 Michel: Richtig. Je merkwürdiger die kleine Szene, die Sie an Ihrem PEG-Wort aufhängen, desto leichter ist sie zu merken.

202 Sophie: Leuchtet mir ein.

203 Michel: Und wenn Sie dann im Supermarkt stehen und denken „Was war der Begriff Nummer eins auf meiner Liste?", dann brauchen Sie nur an die Kerze zu denken und …

204 Sophie: … und schon sehe ich, wie sie einen Klumpen Butter zum Schmelzen bringt, und weiß, daß der erste Begriff auf der Liste Butter war. Das ist fantastisch!

205 Michel: Und leicht.

206 Sophie: Muß ich jedesmal ein neues Symbol für die Eins lernen?

207 Michel: Oh nein! Das wäre kontraproduktiv! Die Kerze als Symbol für die Eins können Sie immer wieder benutzen.

208 Sophie: Weil die Kerze zu meiner PEG-Liste gehört und weil ich die PEG-Wörter als Haken für die Begriffe benutze, die ich mir merken will?

209 Michel: Richtig. Sie hängen den zu merkenden Begriff an einen Gegenstand, der die Ziffer auf Ihrer Merkliste symbolisiert, genauso wie Sie ein Kleidungsstück an einen Kleiderhaken hängen. Darum heißt diese Methode ja auch PEG-Methode.

210 Sophie: Haben Sie das erfunden?

211 Michel: Oh nein! Das ist klassische Gedächtnistechnik. Die Wurzeln reichen bis ins Altertum zurück.

212 Sophie: Nach dem Motto: „Schon die alten Griechen …

213 Michel: … und die alten Römer auch", genau!

214 Sophie: Machen wir doch gleich weiter. Ich will auch noch Eier kaufen.

215 Michel: Nun, die Ziffer Zwei sieht doch ein wenig wie ein Schwan aus.

216 Sophie: Mmmm, ich sehe also vor meinem geistigen Auge einen Schwan, der mit seinem Schnabel ein Ei anpickt und assoziiere so „Zwei" mit „Ei".

217 Michel: Darf ich noch einmal betonen: Je farbiger, verrückter und komischer das Bild oder je aufregender die Handlung ist, desto leichter merken Sie sich die Assoziation.

218 Sophie: Richtig, und ein Schwan, der nur kurz an dem Ei pickt, ist nicht so furchtbar aufregend als Merkbild, nicht wahr?

219 Michel: Das hängt natürlich von der genauen Vorstellung ab, die Sie dabei bilden, aber die Szene könnte ein wenig langweilig sein …

220 Sophie: Ich verstehe, was Sie meinen … Mmmm … Ah ja! Der Schwan pickt also an dem Ei, und es zerbricht, und heraus fallen weitere Eier; ich will nämlich eine Packung Eier kaufen und nicht nur ein einzelnes.

221 Michel: Ausgezeichnet. Jetzt haben Sie nicht nur einen absurden, leicht merkbaren Aspekt in das Bild eingebaut, sondern jetzt entspricht das Bild sogar noch genauer dem, was Sie sich tatsächlich merken wollen. Toll!

222 Sophie: Es macht Spaß!

223 Michel: Immer, wenn wir gehirn-gerecht vorgehen, wird das, was wir tun, leicht, und es macht darüber hinaus auch noch Spaß!

224 Sophie: Das können Sie laut sagen.

Lektion 24 Wort für Wort

Leçon Vingt-quatre: Un procédé mnémotechnique (Début)
Lektion Zwanzig-vier: Ein Verfahren mnemotechnisches (Anfang)

181 Michel: Avez-vous déjà entendu parler de la méthode PEG?
Habt-ihr schon gehört sprechen von der Methode PEG?

182 Sophie: Pardon?
Vergebung?

183 Michel: La méthode du portemanteau auquel on peut
Die Methode von-dem Kleiderhaken an-den-welchen man kann

accrocher des idées. Le mot anglais «peg» signifie
anhängen von-den Ideen. Das Wort englische „peg“ bedeutet

«portemanteau». Il s'agit d'une méthode qui permet par
„Kleiderhaken“. Es sich-handelt von-einer Methode die erlaubt durch

exemple d'apprendre des listes de mots par cœur.
Beispiel von-lernen von-den Listen von Wörtern durch [das] Herz.

184 Sophie: Des listes de mots – une liste d'achats par
Von-den Listen von Wörtern – eine Liste von-Einkäufen durch

exemple?
Beispiel?

185 Michel: Oui, ou bien des idées de toutes sortes, par exemple les
Ja, oder aber von-den Ideen von allen Sorten, durch Beispiel die

mots clés d'un discours.
Wörter [von] Schlüsseln von-einer Rede.

186 Sophie: S'agit-il encore de l'une de ces techniques que
Sich-handelt-es nochmals von der-einen von diesen Techniken die

vous m'avez apprises permettant de mémoriser les noms ou
ihr mir-habt gelernt erlaubend von memorieren die Namen oder

de faire des multiplications à l'aide des
von machen von-den Multiplikationen mit der-Unterstützung von-den

doigts de la main?
Fingern von der Hand?

187 Michel: Exactement!
Genau!

188 Sophie: Et comment fonctionne cette méthode PEG?
Und wie funktioniert diese Methode PEG?

189 Michel: Il faut d'abord apprendre la méthode PEG proprement
Es nötig-ist von-zuerst [zu] lernen die Methode PEG eigentlich

dite, c'est-à-dire la liste à laquelle nous
gesagte[1], dies-ist-zu-sagen die Liste an der-welcher wir

accrocherons par la suite les mots à retenir.
anhängen-werden in der Fortsetzung die Wörter zu behalten.

190 Sophie: Cette liste est-elle difficile à apprendre?
Diese Liste ist-sie schwierig zu lernen?

[1] *die Methode PEG eigentlich gesagte = die eigentliche Methode PEG*

191 Michel: Pas du tout. C'est si simple que je vais pouvoir
Nicht von-dem Ganzen. Dies-ist so einfach daß ich gehe [zu] können

en faire la démonstration à l'aide des
davon machen die Demonstration mit der-Unterstützung von-den

achats que vous vouliez faire. Quel est le premier mot
Einkäufen die ihr wolltet machen. Welches ist das erste Wort

de votre liste d'achats?
von euerer Liste von-Einkäufen?

192 Sophie: Beurre.
Butter.

193 Michel: Bon; maintenant, au chiffre un, nous allons associer une
Gut; jetzt, zu-der Ziffer Eins, wir gehen [zu] assoziieren eine

bougie, parce que le un ressemble un peu à une
Kerze, durch-dies daß die Eins ähnelt ein bißchen zu einer

bougie, mince et allongée. D'accord?
Kerze, dünn und gelängt. Von-Übereinstimmung?

194 Sophie: D'accord.
Von-Übereinstimmung.

195 Michel: Ensuite, imaginez quelque chose qui fasse le lien
Infolge, vorstellt irgendeine Sache die machen-möge die Bindung

entre les deux notions de «beurre» et de «bougie».
zwischen den zwei Begriffen von „Butter" und von „Kerze".

196 Sophie: Eh bien, peut-être une bougie allumée au-dessus de
Nun gut, vielleicht eine Kerze angezündete an-dem-Oberteil von

laquelle on fait fondre un morceau de beurre.
der-welchen man macht schmelzen einen Stück von Butter.

197 Michel: Excellent. Plus l'image que vous vous représentez est
Ausgezeichnet. [Je] mehr das-Bild das ihr euch vorstellt ist

vivante et expressive, mieux elle vous restera en
lebendig und ausdrucksvoll, [desto] besser es euch bleiben-wird in

mémoire. L'idéal, c'est donc quelque chose qui se
[dem] Gedächtnis. Das-Ideal, dies-ist also irgendeine Sache die sich

passe, un mouvement, une action!
geschieht, eine Bewegung, eine Handlung!

198 Sophie: Comme une séquence de cinéma?
Wie eine Bildsequenz von Kino?

199 Michel: Exactement. Ou alors, dans les séquences difficiles à
Genau. Oder dann, in den Bildsequenzen schwierig zu

imaginer, comme un dessin animé.
vorstellen, wie ein Trickfilm animierter.

200 Sophie: Ah oui, dans un dessin animé tout peut se passer,
Ah ja, in einem Trickfilm animierten alles kann sich geschehen,

même les choses les plus folles.
sogar die Sachen die meist verrückten.

201 Michel: Exactement. Plus cette séquence que vous accrocherez
Genau. [Je] mehr diese Bildsequenz die ihr anhängen-werdet

à votre mot PEG sera mouvementée, mieux vous
an euer Wort PEG sein-wird bewegt, [desto] besser ihr

pourrez vous en souvenir.
können-werdet euch davon erinnern.

202 Sophie: C'est évident.
Dies-ist offensichtlich.

203 Michel: Et une fois au supermarché, vous n'avez plus
Und ein Mal an-dem Supermarkt, ihr nicht-habt mehr [anderes]

qu'à vous demander «Quelle était la notion numéro un sur
als-zu euch fragen „Welcher war der Begriff Nummer eins auf

ma liste?», vous pensez alors immédiatement à la bougie…
meiner Liste?“, ihr denkt dann unmittelbar an die Kerze …

204 Sophie: … je vois le morceau de beurre en train de fondre
… ich sehe das Stück von Butter in [dem] Zug von schmelzen[2]

et je sais que le premier achat sur ma liste, c'est
und ich weiß daß der erste Einkauf auf meiner Liste, dies-ist

[2] Anstatt *Er lernt gerade., Sie schreibt gerade,* usw. sagt man im Französischen *Er ist in [dem] Zug von lernen., Sie ist in [dem] Zug von schreiben,* usw.

du beurre. Formidable!
von-der Butter. Fabelhaft!

205 Michel: Et facile!
Und leicht!

206 Sophie: Est-ce que je dois changer de symbole chaque fois pour le
Ist-dies daß ich muß wechseln von Symbol jedes Mal für die

numéro un?
Nummer eins?

207 Michel: Pas du tout! Ce ne serait pas rentable! Vous
Nicht von-dem Ganzen! Dies nicht sein-würde nicht rentabel! Ihr

pouvez garder la bougie comme symbole du un.
könnt beibehalten die Kerze als Symbol von-der Eins.

208 Sophie: Parce que la bougie fait partie de ma liste PEG et
Durch-dies daß die Kerze macht Teil von meiner Liste PEG und

que j'utilise les mots de cette liste comme crochets pour les
daß ich-benutze die Wörter von dieser Liste wie Haken für die

mots que je veux mémoriser?
Wörter die ich will memorieren?

209 Michel: Exact. Vous accrochez le mot à mémoriser à un objet qui
Genau. Ihr anhängt das Wort zu memorieren an ein Objekt das

symbolise le chiffre de votre liste, de la même façon que
symbolisiert die Ziffer von euerer Liste, von der selben Fasson die

vous accrochez un vêtement à une patère. Voilà
ihr anhängt ein Kleidungsstück an einen Kleiderhaken. Sieh-da

pourquoi cette méthode s'appelle Méthode PEG.
für-was[3] diese Methode sich-nennt[4] Methode PEG.

210 Sophie: Et vous en êtes l'inventeur?
Und ihr davon seid der-Erfinder?

211 Michel: Oh que non. C'est une méthode classique de mémorisation.
Oh daß nein. Dies-ist eine Methode klassische von Memorierung.

3 *für-was = warum*
4 *sich nennen = heißen*

Elle puise ses sources jusque dans l'Antiquité.
Sie schöpft ihre Quellen bis in der-Antike.

212 Sophie: Je vois: «Dans la Grèce Antique déjà …
Ich sehe: „In dem Griechenland Antiken schon …

213 Michel: … sans oublier la Rome Antique», et ainsi de
… ohne [zu] vergessen das Rom Antike", und so von

suite, c'est vrai.
Fortsetzung[5], dies-ist wahr.

214 Sophie: Il faut que nous avancions. J'ai aussi des
Es nötig-ist daß wir fortschreiten-mögen. Ich-habe auch von-den

œufs à acheter.
Eiern zu kaufen.

215 Michel: Très bien – comme symbole numéro deux, je verrais
Sehr gut – als Symbol Nummer zwei, ich sehen-würde

quelque chose qui ressemble à un cygne …
irgendeine Sache die ähnelt zu einem Schwan …

216 Sophie: Hm, oui, allons-y: mon imagination me montre un
Hm, ja, gehen[-wir]-dahin: meine Vorstellung mir zeigt einen

cygne en train de piquer un œuf de son bec
Schwan in [dem] Zug von anpicken ein Ei von seinem Schnabel

et j'associe donc l'œuf au chiffre deux.
und ich-assoziiere also das-Ei zu-der Ziffer Zwei.

217 Michel: Je le répète: plus l'image est colorée, folle et
Ich es wiederhole: [Je] mehr das-Bild ist farbig, verrückt und

comique, ou plus l'action est palpitante, mieux
komisch, oder [je] mehr die-Handlung ist spannend, [desto] besser

vous retenez l'association.
ihr behaltet die-Assoziation.

218 Sophie: Ah oui – et le cygne qui ne fait que piquer
Ah ja – und der Schwan der nicht macht [anderes] als anpicken

[5] *und so von Fortsetzung = und so weiter*

un œuf de son bec n'est pas un aide-mémoire
ein Ei von seinem Schnabel nicht-ist nicht eine Gedächtnishilfe

terriblement palpitant, n'est-ce pas?
schrecklich spannende, nicht-ist-dies nicht?

219 Michel: Tout dépend de ce que vous vous représentez exactement par
Alles abhängt von diesem was ihr euch vorstellt genau durch

cette scène, mais c'est vrai, elle risque d'être un peu
diese Szene, aber dies-ist wahr, sie riskiert von-sein ein bißchen

ennuyeuse …
langweilig …

220 Sophie: Je vois ce que vous voulez dire … Hm … Voilà! Le
Ich sehe dies was ihr wollt sagen … Hm … Sieh-da! Der

cygne pique donc l'œuf de son bec, l'œuf se casse,
Schwan anpickt also das-Ei von seinem Schnabel, das-Ei sich bricht,

et il en sort d'autres œufs. Oui, parce que
und es davon herauskommt von-anderen Eiern. Ja, durch-dies daß

ce n'est pas un œuf que je dois acheter, mais un carton
dies nicht-ist nicht ein Ei das ich muß kaufen, aber eine Schachtel

entier.
ganze.

221 Michel: Excellent. Vous venez de donner à l'image un caractère
Ausgezeichnet. Ihr kommt von geben zu dem-Bild einen Charakter

absurde, facile à retenir, et en plus de cela, elle
absurden, leicht zu behalten, und zu dem von diesem-da, es

correspond encore mieux à ce que vous vouliez réellement
entspricht noch besser zu diesem was ihr wolltet wirklich

mémoriser. Formidable!
memorieren. Fabelhaft!

222 Sophie: Et c'est amusant!
Und dies-ist vergnüglich!

223 Michel: Chaque fois que nous progressons de manière cerveauphile, ce
Jedes Mal daß wir vorgehen von Art gehirn-freundlicher, dies

que	nous	faisons	paraît	facile,	et	en plus,	c'est	amusant!
was	**wir**	**machen**	**scheint**	**leicht,**	**und**	**zudem,**	**dies-ist**	**vergnüglich!**

224 Sophie:	Je	ne	vous le	fais	pas	dire!	
	Ich	**nicht**	**euch es**	**mache**	**nicht**	**sagen!**	

Lektion 24 Französisch

Un procédé mnémotechnique (Début)

181 Michel: Avez-vous déjà entendu parler de la méthode PEG?

182 Sophie: Pardon?

183 Michel: La méthode du portemanteau auquel on peut accrocher des idées. Le mot anglais «peg» signifie «portemanteau». Il s'agit d'une méthode qui permet par exemple d'apprendre des listes de mots par cœur.

184 Sophie: Des listes de mots-une liste d'achats par exemple?

185 Michel: Oui, ou bien des idées de toutes sortes, par exemple les mots clés d'un discours.

186 Sophie: S'agit-il encore de l'une de ces techniques que vous m'avez apprises permettant de mémoriser les noms ou de faire des multiplications à l'aide des doigts de la main?

187 Michel: Exactement!

188 Sophie: Et comment fonctionne cette méthode PEG?

189 Michel: Il faut d'abord apprendre la méthode PEG proprement dite, c'est-à-dire la liste à laquelle nous accrocherons par la suite les mots à retenir.

190 Sophie: Cette liste est-elle difficile à apprendre?

191 Michel: Pas du tout. C'est si simple que je vais pouvoir en faire la démonstration à l'aide des achats que vous vouliez faire. Quel est le premier mot de votre liste d'achats?

192 Sophie: Beurre.

193 Michel: Bon; maintenant, au chiffre un, nous allons associer une bougie, parce que le un ressemble un peu à une bougie, mince et allongée. D'accord?

194 Sophie: D'accord.

195 Michel: Ensuite, imaginez quelque chose qui fasse le lien entre les deux notions de «beurre» et de «bougie».

196 Sophie: Eh bien, peut-être une bougie allumée au-dessus de laquelle on fait fondre un morceau de beurre.

197 Michel: Excellent. Plus l'image que vous vous représentez est vivante et expressive, mieux elle vous restera en mémoire. L'idéal, c'est donc quelque chose qui se passe, un mouvement, une action!

198 Sophie: Comme une séquence de cinéma?

199 Michel: Exactement. Ou alors, dans les séquences difficiles à imaginer, comme un dessin animé.

200 Sophie: Ah oui, dans un dessin animé tout peut se passer, même les choses les plus folles.

201 Michel: Exactement. Plus cette séquence que vous accrocherez à votre mot PEG sera mouvementée, mieux vous pourrez vous en souvenir.

202 Sophie: C'est évident.

203 Michel: Et une fois au supermarché, vous n'avez plus qu'à vous demander «Quelle était la notion numéro un sur ma liste?», vous pensez alors immédiatement à la bougie …

204 Sophie: … je vois le morceau de beurre en train de fondre et je sais que le premier achat sur ma liste, c'est du beurre. Formidable!

205 Michel: Et facile!

206 Sophie: Est-ce que je dois changer de symbole chaque fois pour le numéro un?

207 Michel: Pas du tout! Ce ne serait pas rentable! Vous pouvez garder la bougie comme symbole du un.

208 Sophie: Parce que la bougie fait partie de ma liste PEG et que j'utilise les mots de cette liste comme crochets pour les mots que je veux mémoriser?

209 Michel: Exact. Vous accrochez le mot à mémoriser à un objet qui symbolise le chiffre de votre liste, de la même façon que vous accrochez un vêtement à une patère. Voilà pourquoi cette méthode s'appelle Méthode PEG.

210 Sophie: Et vous en êtes l'inventeur?

211Michel: Oh que non. C'est une méthode classique de mémorisation. Elle puise ses sources jusque dans l'Antiquité.

212 Sophie: Je vois: «Dans la Grèce Antique déjà …

213 Michel: … sans oublier la Rome Antique», et ainsi de suite, c'est vrai.

214 Sophie: Il faut que nous avancions. J'ai aussi des œufs à acheter.

215 Michel: Très bien – comme symbole numéro deux, je verrais quelque chose qui ressemble à un cygne …

216 Sophie: Hm, oui, allons-y: mon imagination me montre un cygne en train de piquer un œuf de son bec et j'associe donc l'œuf au chiffre deux.

217 Michel: Je le répète: plus l'image est colorée, folle et comique, ou plus l'action est palpitante, mieux vous retenez l'association.

218 Sophie: Ah oui – et le cygne qui ne fait que piquer un œuf de son bec n'est pas un aide-mémoire terriblement palpitant, n'est-ce pas?

219 Michel: Tout dépend de ce que vous vous représentez exactement par cette scène, mais c'est vrai, elle risque d'être un peu ennuyeuse …

220 Sophie: Je vois ce que vous voulez dire … Hm … Voilà! Le cygne pique donc l'œuf de son bec, l'œuf se casse, et il en sort d'autres œufs . Oui, parce que ce n'est pas un œuf que je dois acheter, mais un carton entier.

221 Michel: Excellent. Vous venez de donner à l'image un caractère absurde, facile à retenir, et en plus de cela, elle correspond encore mieux à ce que vous vouliez réellement mémoriser. Formidable!

222 Sophie: Et c'est amusant!

223 Michel: Chaque fois que nous progressons de manière cerveauphile, ce que nous faisons paraît facile, et en plus, c'est amusant!

224 Sophie: Je ne vous le fais pas dire!

➤ *Vergegenwärtigen Sie sich immer wieder die Grundlage der Birkenbihl-Methode: Ein langsames Vorgehen spart im Endeffekt Ihre Zeit!*

LEÇON 25

Lektion Fünfundzwanzig: Ein mnemotechnisches Verfahren (Fortsetzung)

225 Sophie: Als drittes muß ich Milch besorgen. Womit assoziieren Sie die Ziffer Drei in der PEG-Methode?

226 Michel: Nun, äh, tja, wenn man, äh, die Ziffer Drei, äh, um 90 Grad nach rechts dreht, dann, sieht das Ergebnis doch aus wie bei einer Frau die …

227 Sophie: Ach so, verstehe, dann sieht das Ergebnis aus wie weibliche Brüste.

228 Michel: Nun, das Wesentliche an der PEG-Methode ist, daß man die PEG-Begriffe frei wählen kann. Offiziell wird für die Drei der Dreizack vorgeschlagen, den Neptun als Speer einsetzt. Aber die Idee hat mir nie zugesagt.

229 Sophie: Da müßte ich ja laufend alle möglichen Sachen mit den Zinken des Dreizacks aufspießen … Nein, das würde mir auch nicht gefallen.

230 Michel: Suchen Sie sich einen Begriff für die Drei, der Ihnen gefallt …

231 Sophie: Ich glaube, mir würde eine Pyramide gefallen, wegen der dreieckigen Wände.

232 Michel: Prima. Und wie werden Sie jetzt Milch mit Pyramide assoziieren?

233 Sophie: Es soll ja möglichst etwas Ungewöhnliches sein … okay, ich weiß!

234 Michel: Sie lächeln gerade so verschmitzt.

235 Sophie: Ja, mir ist gerade etwas eingefallen: Auf einer Ferienreise – ich muß so um die dreizehn Jahre alt gewesen sein – verbrachten wir einige Tage auf einem Bauernhof, und der junge Bauer zeigte mir, wie man eine Kuh melkt. Er war sehr nett …

236 Michel: Oh … verstehe.

237 Sophie: Naja, daher muß ich bei Milch automatisch an eine Kuh denken; das funktioniert wie bei Ihren PEG-Wörtern!

238 Michel: Eben weil Milchkuh und Milch in Ihrem Gedächtnis verknüpft worden sind …

239 Sophie: Nicht zu vergessen, der nette junge Bauer …

240 Michel: Natürlich, den wollen wir auf keinen Fall vergessen!

241 Sophie: Wenn ich es genau überlege, dann hängen an der Milchkuh eine Menge Erinnerungen dran, denn nach dem jungen Bauern fallen mir die Gebäude ein, das Abendessen um den großen Tisch in der Küche, die Pferde –

damals saß ich zum ersten Mal in meinem Leben auf einem Pferderücken, und zwar ohne Sattel – eine ganze Flut von Erinnerungen taucht jetzt auf.

242 Michel: Sehen Sie, wie leicht wir unser Gedächtnis anzapfen können, wenn wir gehirn-gerecht vorgehen. Und das assoziative Verbinden von mindestens zwei Dingen oder Ideen ist ein Grundpfeiler des leichten Lernens, welches das Abrufen später leicht macht.

243 Sophie: Ja, das überzeugt wirklich. Also, jetzt muß ich die Pyramide mit der Milch verbinden … Moment mal… Klar! Ich sehe eine Pyramide, auf welcher eine Milchkuh herumklettert, weil doch die Kuh für mich automatisch Milch bedeutet. Geht das?

244 Michel: Alles geht, wenn es funktioniert! Wenn ich die Milch mit der Pyramide verbinden würde, könnte ich mir vorstellen, daß ich an die Pyramiden in Gizeh denke, und daß die Schleusen des Himmels sich öffnen und es Milch regnet …

245 Sophie: Aber wir beide wissen ja, daß Ihre Assoziation für den dritten Begriff einer Liste nicht die Pyramide ist …

246 Michel: Nun ja, es ist nun einmal so, daß sexuelle Assoziationen für die meisten Menschen den Prozeß des Memorierens hervorragend unterstützen.

247 Sophie: Gilt das wirklich ganz allgemein, oder nur für Sie?

248 Michel: Nein, allgemein. Das haben zahlreiche Studien eindeutig belegt.

249 Sophie: Obwohl ich mir vorstellen kann, daß die Versuchspersonen eher männlichen Geschlechts gewesen sind.

250 Michel: Wieso?

251 Sophie: Weil Männer im allgemeinen häufiger an Sex denken als Frauen. Sie erzählen auch mehr Sexwitze, und sie reagieren weit häufiger auf Anzeigen, die sexuelle Szenen oder Symbole enthalten. Auch dazu gibt es Studien.

252 Michel: Ich glaube, da ist was dran …

Lektion 25 Wort für Wort

Leçon	Vingt-cinq:	Un	procédé	mnémotechnique	(Suite)
Lektion	**Zwanzig-fünf:**	**Ein**	**Verfahren**	**mnemotechnisches**	**(Fortsetzung)**

225 Sophie:	Troisièmement,	je	dois	acheter	du	lait.	Quelle	association
	Drittens,	**ich**	**muß**	**kaufen**	**von-der**	**Milch.**	**Welche**	**Assoziation**

allons-nous faire avec le chiffre trois selon la méthode
gehen-wir [zu] machen mit der Ziffer Drei gemäß der Methode

PEG?
PEG?

226 Michel: Eh bien, heu ... Ce chiffre trois, on peut commencer... heu
Nun gut, hm ... Diese Ziffer Drei, man kann beginnen ... hm

par le faire basculer de 90 degrés vers la droite, alors
durch sie machen kippen von 90 Graden nach der Rechten, dann

on obtient quelque chose qui ressemble beaucoup à ... vous
man erhält irgendeine Sache die ähnelt viel zu ... ihr

savez ... chez une femme ...
wißt ... bei einer Frau ...

227 Sophie: Ah, ça y est!... Je vois: on obtient une poitrine féminine.
Ah, dies-da da ist! ... Ich sehe: man erhält eine Brust weibliche.

228 Michel: Finalement, l'important dans la méthode PEG, c'est que l'on
Schließlich, das-Wichtige in der Methode PEG, dies-ist daß man

a le libre choix des symboles. Officiellement, pour le trois,
hat die freie Wahl von-den Symbolen. Offiziell, für die Drei,

la méthode propose le trident de Neptune. Mais l'image
die Methode vorschlägt den Dreizahn von Neptun. Aber das-Bild

ne me plaît pas du tout.
nicht mir gefällt nicht von-dem Ganzen.

229 Sophie: Je me vois déjà en train de tout piquer de
Ich mich sehe schon in [dem] Zug von alles aufspießen von

mon trident ... Non, cela ne me plaît pas non plus.
meinem Dreizahn ... Nein, dies-da nicht mir gefällt nicht ebensowenig.

230 Michel: Alors cherchez le symbole qui vous plaît ...
Dann sucht das Symbol das euch gefällt ...

231 Sophie: Je pense à une pyramide, oui une pyramide pourrait
Ich denke an eine Pyramide, ja eine Pyramide können-würde

me plaire, à cause de sa forme triangulaire.
mir gefallen, zu [der] Ursache von ihrer Form dreieckigen.

232 Michel: Bonne idée. Mais comment associer le lait et la
Gute Idee. Aber wie [zu] assoziieren die Milch und die

pyramide?
Pyramide?

233 Sophie: Il faut de l'inhabituel, n'est-ce pas? … Alors,
Es nötig-ist von dem-Ungewöhnlichen, nicht-ist-dies nicht? … Dann,

heu … Ah, ça y est!
hm … Ah, dies-da da ist!

234 Michel: A voir votre sourire entendu.
Zu sehen euer Lächeln verstandenes.[1]

235 Sophie: Oui, je viens de me souvenir de quelque chose: c'était
Ja, ich komme von mich erinnern von irgendeiner Sache: dies-war

en vacances, je devais avoir dans les treize ans, nous
in [den] Ferien, ich mußte haben in den dreizehn Jahren,[2] **wir**

passions quelques jours à la ferme et le fils du
verbrachten einige Tage an dem Bauernhof und der Sohn von-dem

paysan m'a montré comment traire les vaches. C'était
Bauern mir-hat gezeigt wie [zu] melken die Kühe. Dies-war

plutôt sympa …
eher sympathisch …

236 Michel: Oh … je vois.
Oh … ich sehe.

237 Sophie: En tout cas, c'est pour cela que le lait me fait
In allem Fall, dies-ist für dies-da daß die Milch mich macht

immédiatement penser à une vache; comme dans vos symboles
unmittelbar denken an eine Kuh; wie in eueren Symbolen

PEG!
PEG!

[1] *Zu sehen euer Lächeln verstandenes. = Sie lächeln gerade so verschmitzt.*

[2] *Ich mußte haben in den dreizehn Jahren. = Ich muß so um die dreizehn gewesen sein.*

238 Michel: Parce que la vache et le lait sont associés dans votre
Durch-dies daß die Kuh und die Milch sind assoziiert in euerem

mémoire …
Gedächtnis …

239 Sophie: Sans oublier le gentil petit paysan …
Ohne [zu] vergessen den liebenswürdigen kleinen Bauern …

240 Michel: Bien sûr que je ne vais pas l'oublier, celui-là!
Natürlich daß ich nicht gehe nicht [zu] ihn-vergessen, diesen-da!

241 Sophie: Si j'y réfléchis bien, il y a une foule de
Falls ich-da nachdenke gut, es da hat eine Menge von

souvenirs qui restent accrochés au lait de vache, car
Erinnerungen die bleiben angehängt an-der Milch von Kuh, denn

après le petit paysan, je revois aussi la ferme, les
nach dem kleinen Bauern, ich wiedersehe auch den Bauernhof, die

repas du soir à la grande table de la cuisine,
Mahlzeiten von-dem Abend an dem großen Tisch von der Küche,

les chevaux – c'est à cette époque-là, pour la première fois
die Pferde – dies-ist zu dieser Epoche-da, für das erste Mal

de ma vie que je suis montée sur un cheval, sans
von meinem Leben daß ich bin aufgestiegen auf ein Pferd, ohne

seile – c'est véritablement toute une vague de souvenirs qui
Sattel – dies-ist wirklich all eine Woge von Erinnerungen die

réapparaît.
wiedererscheint.

242 Michel: Vous voyez comme il est facile de faire appel à sa
Ihr seht wie es ist leicht von machen Anruf zu seinem

mémoire lorsqu'on procède de manière cerveauphile.
Gedächtnis anläßlich-daß-man verfährt von Art gehirn-freundlicher.

En outre, l'association d'au moins deux choses ou
In [dem] übrigen, die-Assoziation von-zumindest zwei Sachen oder

deux idées est l'un des piliers de l'apprentissage facile
zwei Ideen ist der-eine von-den Pfeilern von dem-Lernen leichten

qui permet d'activer plus facilement les connaissances
der erlaubt von-aktivieren mehr leicht die Kenntnisse

acquises.
erworbenen.

243 Sophie: Très convaincant. Maintenant, je dois donc trouver un lien
Sehr überzeugend. Jetzt, ich muß also finden eine Bindung

entre la pyramide et le lait … Un instant …
zwischen der Pyramide und der Milch … Einen Augenblick…

Voilà! Je vois une pyramide sur laquelle se promène une
Sieh-da! Ich sehe eine Pyramide auf der-welcher sich spaziert eine

vache, une vache à lait, parce que pour moi, la vache
Kuh, eine Kuh zu Milch, durch-dies daß für mich, die Kuh

signifie automatiquement lait. Ça va?
bedeutet automatisch Milch. Dies-da geht?

244 Michel: Ça va si vous obtenez le résultat voulu. Personnellement,
Dies-da geht falls ihr erhaltet das Ergebnis gewollte. Persönlich,

je ferais l'association lait/pyramide en songeant
ich machen-würde die-Assoziation Milch/Pyramide durch denkend

aux pyramides de Gizeh et en voyant le ciel
an-die Pyramiden von Gizeh und durch sehend den Himmel

s'ouvrir pour déverser des torrents de lait …
sich-öffnen für ausschütten von-den Sturzbächen von Milch …

245 Sophie: Mais nous savons tous les deux que votre association pour le
Aber wir wissen all die zwei[3] daß euere Assoziatioin für das

troisième mot de la liste n'est pas la pyramide …
dritte Wort von der Liste nicht-ist nicht die Pyramide …

246 Michel: Il faut reconnaître que pour la plupart des gens
Es nötig-ist [zu] erkennen daß für den Großteil von-den Leuten

les associations sexuelles sont une aide excellente
die Assoziationen sexuellen sind eine Unterstützung ausgezeichnete

pour le processus de mémorisation.
für den Prozeß von Memorierung.

[3] *all die zwei = alle beide*

247 Sophie: Pour la plupart des gens ou bien seulement pour vous?
Für den Großteil von-den Leuten oder aber nur für euch?

248 Michel: Non, c'est un phénomène général. De nombreuses études
Nein, dies-ist ein Phänomen allgemeines. Von zahlreichen Studien

l'ont prouvé.
es-haben bewiesen.

249 Sophie: J'imagine que les sujets étudiés étaient essentiellement de
Ich-vorstelle daß die Subjekte studierten waren wesentlicherweise von

sexe masculin.
Geschlecht männlichem.

250 Michel: Pourquoi?
Für-was?

251 Sophie: Parce qu'en général, les hommes pensent plus
Durch-dies daß-in [dem] allgemeinen, die Männer denken mehr

souvent au sexe que les femmes. Ils racontent également
oft an-den Sex als die Frauen. Sie erzählen gleichermaßen

davantage d'histoires drôles tournant autour du
mehr von-Geschichten komischen kreisend ringsherum von-dem

sexe. Et ils répondent plus souvent aux petites annonces
Sex. Und sie antworten mehr oft zu-den kleinen Anzeigen

contenant des scènes ou des symboles sexuels. Cela
enthaltend von-den Szenen oder von-den Symbolen sexuellen. Dies-da

aussi, c'est prouvé par des études.
auch, dies-ist bewiesen durch von-den Studien.

252 Michel: Je crois qu'il y a du vrai dans ce que vous dites …
Ich glaube daß-es da hat von-dem wahren in diesem was ihr sagt …

➤ *Lassen Sie sich besonders bei Schritt 3 (Hören/Passiv) genügend Zeit, damit sich das Klangbild und damit auch die Grammatik in Ihrem Unterbewußtsein gut verankern kann. Denken Sie daran: Ihr Sprachgefühl entwickelt sich auf jeden Fall, Sie müssen Ihrem Unterbewußtsein nur durch häufiges Hören/Passiv die Gelegenheit dazu geben.*

Lektion 25 Französisch

Leçon Vingt-cinq: Un procédé mnémotechnique (Suite)

225 Sophie: Troisièmement, je dois acheter du lait. Quelle association allons-nous faire avec le chiffre trois selon la méthode PEG?

226 Michel: Eh bien, heu … Ce chiffre trois, on peut commencer … heu … par le faire basculer de 90 degrés vers la droite, alors on obtient quelque chose qui ressemble beaucoup à … vous savez … chez une femme …

227 Sophie: Ah, ça y est! … Je vois: on obtient une poitrine féminine.

228 Michel: Finalement, l'important dans la méthode PEG, c'est que l'on a le libre choix des symboles. Officiellement, pour le trois, la méthode propose le trident de Neptune. Mais l'image ne me plaît pas du tout.

229 Sophie: Je me vois déjà en train de tout piquer de mon trident… Non, cela ne me plaît pas non plus.

230 Michel: Alors cherchez le symbole qui vous plaît …

231Sophie: Je pense à une pyramide, oui une pyramide pourrait me plaire, à cause de sa forme triangulaire.

232 Michel: Bonne idée. Mais comment associer le lait et la pyramide?

233 Sophie: Il faut de l'inhabituel, n'est-ce pas? … Alors, heu … Ah, ça y est!

234 Michel: A voir votre sourire entendu.

235 Sophie: Oui, je viens de me souvenir de quelque chose: c'était en vacances, je devais avoir dans les treize ans, nous passions quelques jours à la ferme et le fils du paysan m'a montré comment traire les vaches. C'était plutôt sympa …

236 Michel: Oh … je vois.

237 Sophie: En tout cas, c'est pour cela que le lait me fait immédiatement penser à une vache; comme dans vos symboles PEG!

238 Michel: Parce que la vache et le lait sont associés dans votre mémoire …

239 Sophie: Sans oublier le gentil petit paysan …

240 Michel: Bien sûr que je ne vais pas l'oublier, celui-là!

241 Sophie: Si j'y réfléchis bien, il y a une foule de souvenirs qui restent accrochés au lait de vache, car après le petit paysan, je revois aussi la ferme, les repas du soir à la grande table de la cuisine, les chevaux – c'est à cette époque-là,

pour la première fois de ma vie que je suis montée sur un cheval, sans selle – c'est véritablement toute une vague de souvenirs qui réapparaît.

242 Michel: Vous voyez comme il est facile de faire appel à sa mémoire lorsqu'on procède de manière cerveauphile. En outre, l'association d'au moins deux choses ou deux idées est l'un des piliers de l'apprentissage facile qui permet d'activer plus facilement les connaissances acquises.

243 Sophie: Très convaincant. Maintenant, je dois donc trouver un lien entre la pyramide et le lait… Un instant… Voilà! Je vois une pyramide sur laquelle se promène une vache, une vache à lait, parce que pour moi, la vache signifie automatiquement lait. Ça va?

244 Michel: Ça va si vous obtenez le résultat voulu. Personnellement, je ferais l'association lait/pyramide en songeant aux pyramides de Gizeh et en voyant le ciel s'ouvrir pour déverser des torrents de lait …

245 Sophie: Mais nous savons tous les deux que votre association pour le troisième mot de la liste n'est pas la pyramide …

246 Michel: Il faut reconnaître que pour la plupart des gens les associations sexuelles sont une aide excellente pour le processus de mémorisation.

247 Sophie: Pour la plupart des gens ou bien seulement pour vous?

248 Michel: Non, c'est un phénomène général. De nombreuses études l'ont prouvé.

249 Sophie: J'imagine que les sujets étudiés étaient essentiellement de sexe masculin.

250 Michel: Pourquoi?

251 Sophie: Parce qu'en général, les hommes pensent plus souvent au sexe que les femmes. Ils racontent également davantage d'histoires drôles tournant autour du sexe. Et ils répondent plus souvent aux petites annonces contenant des scènes ou des symboles sexuels. Cela aussi, c'est prouvé par des études.

252 Michel: Je crois qu'il y a du vrai dans ce que vous dites …

➤ *Fünf von zehn Lektionen und den Prolog haben Sie nun schon gelernt. Herzlichen Glückwunsch! Ihr Wortschatz reicht nun schon aus, um sich an Diskussionen beteiligen zu können. Weiter so!*

LEÇON 26

Lektion Sechsundzwanzig: Ein mnemotechnisches Verfahren (Ende)

253 Sophie: Ich habe mich seit einigen Monaten mit dem Thema sehr eingehend beschäftigt und stelle immer wieder fest, daß Männer und Frauen oft verschieden reagieren.

254 Michel: Ist das schlimm?

255 Sophie: Im Gegenteil! Ich finde es faszinierend!

256 Michel: Könnten Sie mir ein interessantes Buch zu diesem Thema empfehlen?

257 Sophie: Einige sogar! Aber im Moment würde ich gern an meiner Einkaufsliste weiterbasteln.

258 Michel: Klar. Wissen Sie noch die ersten drei Sachen?

259 Sophie: Mal sehen … Also erstens die Butter, zweitens … Hmmm … ah ja, die Eier und drittens die Milch!

260 Michel: Sehr gut.

261 Sophie: Es ist wirklich leicht!

262 Michel: Ich schlage vor, jetzt denken Sie sich die Assoziation für die nächsten beiden Ziffern der PEG-Methode gleich selber aus, und hinterher assoziieren wir diese Begriffe dann mit weiteren Sachen auf der Einkaufsliste.

263 Sophie: Einverstanden.

264 Michel: Was fällt Ihnen zu den Ziffern Vier und Fünf ein?

265 Sophie: Die Vier ähnelt meiner Meinung nach … einem Segelboot in voller Fahrt, und die Fünf erinnert mich an eine Hand wegen der fünf Finger! Entspricht das der offiziellen PEG-Methode?

266 Michel: Bei der Vier weichen die Listen, die ich kenne, voneinander ab, so kann die Vier z.B. ein vierblättriges Kleeblatt sein …

267 Sophie: Oh ja, eine glückbringende Assoziation.

268 Michel: Die Fünf hingegen kann ein Angelhaken sein …

269 Sophie: Wieder so ein spitzes Ding wie der Dreizack des Neptun vorhin.

270 Michel: Genau. Die Fünf kann aber auch mit einer Hand oder einem Handschuh assoziiert werden.

271 Sophie: Das bietet sich quasi an. Außerdem möchte ich lieber an eine Hand denken als an einen Angelhaken …

272 Michel: … wohingegen ein Freizeitangler vielleicht lieber an seine Lieblingsfreizeitbeschäftigung denken würde.

273 Sophie: Woran wir wieder sehen, daß man die PEG-Liste nach eigenen Vorlieben gestalten sollte!

274 Michel: Genau. Also, Sie haben jetzt für die Vier …

275 Sophie: … das Segelboot, und für die Fünf die Hand.

276 Michel: Was wollen Sie noch kaufen? Was soll mit der Vier verbunden werden?

277 Sophie: Wurst. Ich sehe also vor meinem geistigen Auge ein Segelboot, das über und über mit Wurst beladen ist.

278 Michel: Super. Und was wollen Sie noch kaufen?

279 Sophie: Toilettenpapier. Das wird jetzt mit der Fünf verbunden … mmmmh …

280 Michel: Unser Angler könnte sich jetzt ausmalen, wie enttäuscht er wäre, wenn er aus einem Teich keinen Fisch, sondern eine Rolle nassen Toilettenpapiers angeln würde.

281 Sophie: Das ist gut. Aber ich will das Toilettenpapier jetzt mit dem Bild einer Hand verbinden …

282 Michel: Und?

283 Sophie: Die Details erspare ich Ihnen lieber!

284 Michel: Sophie, jetzt haben Sie mich aber neugierig gemacht!

285 Sophie: Naja, ich dachte an die Leute, die immer Toilettenpapier im Auto haben und die dann an Parkplätzen an der Autobahn in die Büsche gehen, statt die Toiletten zu benutzen …

286 Michel: Und da fiel Ihnen ein, wie das aussehen könnte, wenn jemand kein Papier hat …

287 Sophie: Das Bild ist ja schon fast gemein.

288 Michel: Ja, aber was immer Ihnen hilft, die Informationen mit den PEG-Wörtern zu verknüpfen, ist in Ordnung. Normalerweise teilt man seine Assoziationen ja niemandem mit!

289 Sophie: Da haben Sie recht. Und Sie sagten ja auch: je verrückter das Bild …

290 Michel: … desto höher der Merkeffekt. Genau!

291 Sophie: Dank dieser Methode brauche ich nie mehr mit der Einkaufsliste in der Hand durch den Supermarkt zu eilen.

292 Michel: Und wir können jetzt sofort einkaufen gehen!

Michel und Sophie ziehen ihre Mäntel an und verlassen die Wohnung.

Lektion 26 Wort für Wort

Leçon Vingt-six: Un procédé mnémotechnique (Fin)
Lektion Zwanzig-sechs: Ein Verfahren mnemotechnisches (Ende)

253 Sophie: Cela fait quelques mois que je m'intéresse de très
Dies-da macht einige Monate[1] daß ich mich-interessiere von sehr

près à cette question et force m'a été de constater
nahe zu dieser Frage und Gewalt mir-hat gewesen von feststellen[2]

que les hommes et les femmes présentent souvent des
daß die Männer und die Frauen präsentieren oft von-den

réactions différentes.
Reaktionen verschiedenen.

254 Michel: Est-ce grave?
Ist-dies schwerwiegend?

255 Sophie: Pas du tout. Au contraire, je trouve cela
Nicht von-dem Ganzen. Zu-dem Gegenteil, ich finde dies-da

fascinant!
faszinierend!

256 Michel: Avez-vous un livre intéressant à me recommander sur le
Habt-ihr ein Buch interessantes zu mir empfehlen auf das

sujet?
Thema?

257 Sophie: Plusieurs, même! Mais pour l'instant, je préférerais
Mehrere, sogar! Aber für den-Augenblick, ich vorziehen-würde [zu]

continuer ma liste d'achats.
weitermachen meine Liste von-Einkäufen.

[1] *dies-da macht einige Monate = seit einigen Monaten*
[2] *Gewalt mir-hat gewesen von feststellen = ich mußte feststellen*

258 Michel: Mais bien sûr. Vous souvenez-vous des trois premiers achats?
Aber natürlich. Euch erinnert-ihr von-den drei ersten Einkäufen?

259 Sophie: On va voir … En un, il y avait le beurre.
Man geht [zu] sehen … In [der] Eins, es da hatte[3] die Butter.

En deux … heu … ah oui, les œufs et en trois
In [der] Zwei … hm … ah ja, die Eier und in [der] Drei

le lait.
die Milch.

260 Michel: Très bien.
Sehr gut.

261 Sophie: C'est vraiment facile!
Dies-ist wahrlich leicht!

262 Michel: Bon, alors à vous de faire les associations pour les deux
Gut, dann zu euch von machen die Assoziationen für die zwei

chiffres suivants de la méthode PEG, ensuite nous ferons
Ziffern folgenden von der Methode PEG, infolge wir machen-werden

ensemble la liaison avec les produits à acheter.
zusammen die Verbindung mit den Produkten zu kaufen.

263 Sophie: D'accord.
Von-Übereinstimmung.

264 Michel: Alors, qu'évoquent pour vous le quatre et le cinq?
Dann, was-hervorrufen für euch die Vier und die Fünf?

265 Sophie: Le quatre à mon avis ressemble à … un bateau à voile
Die Vier zu meiner Ansicht ähnelt zu … einem Schiff mit Segel

en pleine course, et le cinq me fait penser à une main,
in voller Fahrt, und die Fünf mich macht denken an eine Hand,

à cause des cinq doigts de la main! Et que
zu [der] Ursache von-den fünf Fingern von der Hand! Und was

dit la méthode PEG?
sagt die Methode PEG?

[3] *es da hatte = es gab*

266 Michel: Pour le quatre, les listes que je connais diffèrent les unes
Für die Vier, die Listen die ich kenne differieren die einen

des autres. Certaines voient dans le quatre un trèfle à
von-den anderen. Gewisse sehen in der Vier ein Kleeblatt mit

quatre feuilles …
vier Blättern …

267 Sophie: Ah oui, très bien. Et en plus, ça porte bonheur!
Ah ja, sehr gut. Und zudem, dies-da bringt Glück!

268 Michel: Le cinq par contre peut correspondre à un hameçon …
Die Fünf als Gegenstück kann entsprechen zu einem Angelhaken …

269 Sophie: Encore un de ces trucs qui piquent comme le trident
Noch eines von diesen Dingen die aufspießen wie der Dreizahn

de Neptune tout à l'heure.
von Neptun vorhin.

270 Michel: Effectivement. Mais le cinq peut aussi être associé à une
In-der-Tat. Aber die Fünf kann auch sein assoziiert zu einer

main ou à un gant.
Hand oder zu einem Handschuh.

271 Sophie: Ça tombe sous le sens. D'autant que je préfère
Dies-da fällt unter den Sinn. Von-soviel daß ich vorziehe [zu]

penser à une main qu'à un hameçon …
denken an eine Hand als-an einen Angelhaken …

272 Michel: … alors que le pêcheur du dimanche, lui,
… wohingegen daß der Angler von-dem Sonntag[4], er,

préférerait sans doute penser à son
vorziehen-würde ohne Zweifel [zu] denken an seine

loisir préféré.
Freizeitbeschäftigung bevorzugte.

273 Sophie: Où l'on voit une fois de plus qu'il est conseillé
Wo man sieht ein Mal von mehr daß-es ist geraten

4 *Angler von-dem Sonntag = Freizeitangler*

d'élaborer sa liste PEG selon ses propres préférences.
von-ausarbeiten seine Liste PEG gemäß seinen eigenen Vorlieben.

274 Michel: C'est cela même. Alors, pour le quatre, vous avez ....
Dies-ist dies-da selbst. Dann, für die Vier, ihr habt ...

275 Sophie: ... le voilier, et pour le cinq, la main.
... das Segelboot, und für die Fünf, die Hand.

276 Michel: Et qu'avez-vous encore à acheter? Avec quoi le quatre doit-il
Und was-habt-ihr noch zu kaufen? Mit was die Vier muß-sie

être associé?
sein assoziiert?

277 Sophie: A de la charcuterie ... Ce que me montre mon œil
Zu von der Wurstware ... Dies was mir zeigt mein Auge

virtuel, c'est donc un bateau à voile chargé à ras bord
virtuelles, dies-ist also ein Schiff mit Segel beladen zu vollem Bord

de charcuterie.
von Wurstware.

278 Michel: Super! Que devez-vous encore acheter?
Super! Was müßt-ihr noch kaufen?

279 Sophie: Du papier hygiénique. Mais pour faire le lien avec
Von-dem Papier hygienischen. Aber für machen die Bindung mit

une main ... hum ...
einer Hand ... hm ...

280 Michel: Notre pêcheur, lui, pourrait facilement imaginer sa
Unser Angler, er, können-würde leicht vorstellen seine

déception en ramenant, non pas un poisson, mais un
Enttäuschung bei herausholend, nein nicht einen Fisch, aber eine

rouleau de papier hygiénique dégoulinant d'eau.
Rolle von Papier hygienischem triefend von-Wasser.

281 Sophie: C'est vrai. Mais moi, je veux associer le papier hygiénique
Dies-ist wahr. Aber ich, ich will assoziieren das Papier hygienische

et la main ...
und die Hand ...

282 Michel: Alors?
Dann?

283 Sophie: Je préfère vous passer les détails!
Ich vorziehe euch [zu] ersparen die Details!

284 Michel: Allez, vous vous doutez bien que j'ai envie de savoir!
Geht, ihr euch ahnt wohl daß ich-habe Lust von wissen!

285 Sophie: Eh bien, je pensais aux gens qui ont toujours un rouleau
Nun gut, ich dachte an-die Leute die haben immer eine Rolle

de papier hygiénique dans leur voiture et qui vont dans les
von Papier hygienischem in ihrem Wagen und die gehen in die

buissons au lieu d'utiliser les toilettes sur les aires
Büsche an-der Stelle von-benutzen die Toiletten auf den Flächen

d'autoroute …
von-Autobahn …

286 Michel: Et vous imaginiez l'absence de papier …
Und ihr vorstelltet die-Abwesenheit von Papier …

287 Sophie: L'idée n'est pas très ragoûtante.
Die-Idee nicht-ist nicht sehr appetitlich.

288 Michel: Mais à partir du moment où elle vous permet de
Aber zu ausgehen[5] von-dem Moment wo sie euch erlaubt von

faire correspondre l'information avec l'accroche PEG – c'est
machen entsprechen die-Information mit dem-Haken PEG – dies-ist

cela l'important. Normalement, on garde ses associations
dies-da das-Wichtige. Normalerweise, man behält seine Assoziationen

pour soi!
für sich!

289 Sophie: Vous avez raison. Et comme vous le disiez: plus l'image est
Ihr habt Recht. Und wie ihr es sagtet: [je] mehr das-Bild ist

folle …
verrückt …

[5] *zu ausgehen = ausgehend*

290 Michel: … meilleur est l'effet de mémorisation. Exact!
… [desto] besser ist der-Effekt von Memorierung. Genau!

291 Sophie: Grâce à cette méthode, je n'aurai plus besoin de
Dank zu dieser Methode, ich nicht-haben-werde mehr Bedarf von

courir dans les supermarchés avec ma liste à la main.
laufen in den Supermärkten mit meiner Liste an der Hand.

292 Michel: Et nous pouvons aller faire les courses tout de suite.
Und wir können gehen [zu] machen die Einkäufe sofort.

➤ *Merken Sie, wieviel Spaß es macht, in ein Gespräch einzusteigen? Scheuen Sie sich nicht, im Chor mit den Sprechern auf CD oder Kassette zu sprechen.*

Lektion 26 Französisch

Leçon Vingt-six: Un procédé mnémotechnique (Fin)

253 Sophie: Cela fait quelques mois que je m'intéresse de très près à cette question et force m'a été de constater que les hommes et les femmes présentent souvent des réactions différentes.

254 Michel: Est-ce grave?

255 Sophie: Pas du tout. Au contraire, je trouve cela fascinant!

256 Michel: Avez-vous un livre intéressant à me recommander sur le sujet?

257 Sophie: Plusieurs, même! Mais pour l'instant, je préférerais continuer ma liste d'achats.

258 Michel: Mais bien sûr. Vous souvenez-vous des trois premiers achats?

259 Sophie: On va voir … En un, il y avait le beurre. En deux … heu … ah oui, les œufs et en trois le lait.

260 Michel: Très bien.

261 Sophie: C'est vraiment facile!

262 Michel: Bon, alors à vous de faire les associations pour les deux chiffres suivants de la méthode PEG, ensuite nous ferons ensemble la liaison avec les produits à acheter.

263 Sophie: D'accord.

264 Michel: Alors, qu'évoquent pour vous le quatre et le cinq?

265 Sophie: Le quatre à mon avis ressemble à … un bateau à voile en pleine course, et le cinq me fait penser à une main, à cause des cinq doigts de la main! Et que dit la méthode PEG?

266 Michel: Pour le quatre, les listes que je connais diffèrent les unes des autres. Certaines voient dans le quatre un trèfle à quatre feuilles …

267 Sophie: Ah oui, très bien. Et en plus, ça porte bonheur!

268 Michel: Le cinq par contre peut correspondre à un hameçon …

269 Sophie: Encore un de ces trucs qui piquent comme le trident de Neptune tout à l'heure.

270 Michel: Effectivement. Mais le cinq peut aussi être associé à une main ou à un gant.

271 Sophie: Ça tombe sous le sens. D'autant que je préfère penser à une main qu'à un hameçon …

272 Michel: … alors que le pêcheur du dimanche, lui, préférerait sans doute penser à son loisir préféré.

273 Sophie: Où l'on voit une fois de plus qu'il est conseillé d'élaborer sa liste PEG selon ses propres préférences.

274 Michel: C'est cela même. Alors, pour le quatre, vous avez ….

275 Sophie: … le voilier, et pour le cinq, la main.

276 Michel: Et qu'avez-vous encore à acheter? Avec quoi le quatre doit-il être associé?

277 Sophie: A de la charcuterie … Ce que me montre mon œil virtuel, c'est donc un bateau à voile chargé à ras bord de charcuterie.

278 Michel: Super! Que devez-vous encore acheter?

279 Sophie: Du papier hygiénique. Mais pour faire le lien avec une main … hum …

280 Michel: Notre pêcheur, lui, pourrait facilement imaginer sa déception en ramenant, non pas un poisson, mais un rouleau de papier hygiénique dégoulinant d'eau.

281 Sophie: C'est vrai. Mais moi, je veux associer le papier hygiénique et la main …

282 Michel: Alors?

283 Sophie: Je préfère vous passer les détails!

284 Michel: Allez, vous vous doutez bien que j'ai envie de savoir!

285 Sophie: Eh bien, je pensais aux gens qui ont toujours un rouleau de papier hygiénique dans leur voiture et qui vont dans les buissons au lieu d'utiliser les toilettes sur les aires d'autoroute …

286 Michel: Et vous imaginiez l'absence de papier …

287 Sophie: L'idée n'est pas très ragoûtante.

288 Michel: Mais à partir du moment où elle vous permet de faire correspondre l'information avec l'accroche PEG – c'est cela l'important. Normalement, on garde ses associations pour soi!

289 Sophie: Vous avez raison. Et comme vous le disiez: plus l'image est folle …

290 Michel: … meilleur est l'effet de mémorisation. Exact!

291 Sophie: Grâce à cette méthode, je n'aurai plus besoin de courir dans les supermarchés avec ma liste à la main.

292 Michel: Et nous pouvons aller faire les courses toute de suite.

➤ *Verfolgen Sie Ihre Ziele, die Sie sich zu Beginn des Sprachkurses gesteckt haben. Wollen Sie hauptsächlich sprechen lernen? Bücher lesen? Oder möchten Sie auch schreiben können ? Richten Sie Ihre Übungen in Schritt 4 danach aus.*

LEÇON 27

Lektion Siebenundzwanzig: Verkehr (Anfang)

Sie gehen entlang der Straße Richtung Einkaufszentrum. Sophie weist auf den Straßenverkehr.

293 Sophie: Wenn mehr Leute es uns gleich täten und für kleine Besorgungen des Alltags aufs Auto verzichten würden, dann wären die Straßen unserer Innenstädte nicht so verstopft. Selbst weitere Strecken, die nicht so einfach zu Fuß zu bewältigen sind, lassen sich doch heutzutage bequem mit Bus, Straßenbahn oder Metro zurücklegen.

294 Michel: In Großstädten schon, aber was machen diejenigen, die auf dem Lande zu Hause sind? Ich muß manchmal Kunden besuchen, die in kleineren Dörfern wohnen, und viele dieser Dörfer sind oft nicht mit öffentlichen Verkehrsmitteln erreichbar. Um da hinzukommen, bin ich einfach auf mein Auto angewiesen.

295 Sophie: Schon, aber ich dachte eigentlich hauptsächlich an den Verkehr in Stadtzentren. Es ist Ihnen sicher schon aufgefallen, daß ich an einer sehr verkehrsreichen Straße wohne. Tagsüber kann ich wegen der Abgase immer nur kurz lüften, und nachts bei offenem Fenster zu schlafen, ist wegen des Lärms auch nicht sehr angenehm.

296 Michel: Aber wenn nachts viel weniger Verkehr ist, dann ist es doch nicht so laut?

297 Sophie: Das stimmt zwar, aber 200 Meter von meinem Haus entfernt ist eine Kreuzung. Und all die unsinnigen Kavalierstarts …

298 Michel: Wobei ich annehme, daß sich auch hier eher die Herren der Schöpfung schuldig machen?

299 Sophie: Richtig. Männer und Frauen neigen auch hier zu unterschiedlichen Verhaltensweisen. So überholen mehr Männer verbotenerweise auf der falschen Seite, wohingegen Frauen eher dazu neigen, beim Aussteigen am Straßenrand einer befahrenen Straße oder auch beim Spurwechsel nicht in den Rückspiegel zu blicken.

300 Michel: Das Thema Männer/Frauen beginnt mich langsam zu faszinieren.

301 Sophie: Da ich mich zur Zeit intensiv damit befasse, werde ich noch öfter daran denken, wenn irgendein Aspekt… hey, das ist ja wie bei der PEG-Liste?!

302 Michel: Natürlich. Was immer per Assoziation verbunden ist, bleibt verbunden. Wenn Sie z.B. lesen, daß Frauen beim Spurwechsel nicht in den Rückspiegel blicken, dann fällt Ihnen der Gedanke in ähnlichen Zusammenhängen automatisch ein.

303 Sophie: Genau. Und jetzt fällt mir ein, daß Frauen auch häufiger vergessen zu blinken als Männer und daß sie die Autokarten oft auf den Kopf drehen, wenn sie eine Reise von Norden nach Süden planen …

304 Michel: … weil dann eine Richtungsänderung nach rechts auch rechts bleibt, während sie sich sonst spiegelbildlich ändern würde.

305 Sophie: Genau. Männer sind besser beim Vorstellen räumlicher Situationen, sie können auch andere Pläne besser lesen, z.B. architektonische. Mit anderen Worten, sie können sich das fertige Ergebnis besser vorstellen.

306 Michel: Also gibt es durchaus Bereiche, in denen wir besser sind?

307 Sophie: Klar. Männer sind auch besser in Mathematik, vor allem in höherer Mathematik, dafür sind wir besser, wenn es um Sprache geht: wir haben einen reicheren Wortschatz, und wir lesen flüssiger. Das heißt natürlich immer: im Durchschnitt!

308 Michel: Also gibt es einzelne Männer, die besser lesen als manche Frauen …

309 Sophie: … und einige Frauen, die besser rechnen als manche Männer, klar.

310 Michel: Aber die meisten Männer sind wohl die besseren Autofahrer …?

311 Sophie: Insgesamt nicht. Frauen bauen weniger Unfälle, und vor allem weniger schwere Unfälle.

312 Michel: Das überrascht mich jetzt aber doch !

313 Sophie: Nun, es sind eher Männer, die z.B. bei Regen, Nebel und Schnee zu schnell fahren. Sie halten auch meist zu wenig Sicherheitsabstand zum Vordermann ein, und sie neigen zu waghalsigen Überholmanövern, beispielsweise als Kolonnenspringer.

314 Michel: Ja, sie sind wohl irgendwie draufgängerischer und unvorsichtiger; das kann ich mir schon vorstellen.

Lektion 27 Wort für Wort

Leçon	Vingt-sept:	Trafic	(Début)
Lektion	**Zwanzig-sieben:**	**Verkehr**	**(Anfang)**

(…)

293 Sophie:	Si	davantage	de	gens	faisaient	comme	nous	et	renonçaient à
	Falls	**mehr**	**von**	**Leuten**	**machten**	**wie**	**wir**	**und**	**verzichteten zu**

leur voiture pour leurs petits achats de tous les jours, les
ihrem Wagen für ihre kleinen Einkäufe von all den Tagen, die

rues des centres-ville ne seraient pas aussi
Straßen von-den Stadtzentren nicht sein-würden nicht so

encombrées. Même sur des distances plus longues, qui ne
überfüllt. Sogar auf von-den Entfernungen mehr langen, die nicht

sont pas faciles à faire à pied, on peut
sind nicht leicht zu machen zu Fuß, man kann

aujourd'hui voyager agréablement en autobus, en
an-dem-Tag-von-heute reisen angenehm per Autobus, per

tramway ou en métro.
Straßenbahn oder per Metro.

294 Michel: Dans les grandes villes, oui, mais que font ceux qui vivent à
In den großen Städten, ja, aber was machen diese die leben an

la campagne? Je dois parfois rendre visite à des
dem Land? Ich muß manchmal abstatten Besuch zu von-den

clients qui habitent dans de petits villages et beaucoup de
Kunden die wohnen in von kleinen Dörfern und viele von

ces villages sont souvent à l'écart du réseau des
diesen Dörfern sind oft zu dem-Abstand von-dem Netz von-den

transports publics. Pour m'y rendre, je suis
Transportmitteln öffentlichen. Für mich-dahin gelangen, ich bin

tributaire de ma voiture.
angewiesen von meinem Wagen.

295 Sophie: C'est vrai, mais en fait je pensais principalement au
Dies-ist wahr, aber in [der] Tat ich dachte hauptsächlich an-den

trafic urbain. Vous vous êtes sans doute déjà
Verkehr städtischen. Ihr euch seid ohne Zweifel schon

aperçu que j'habite une rue très passante. Eh bien
wahrgenommen daß ich-bewohne eine Straße sehr belebte. Nun gut,

dans la journée, je ne peux aérer que de courts
in dem Tag, ich nicht kann lüften [anders] als von kurzen

instants à cause des gaz d'échappement; et la
Augenblicken zu [der] Ursache von-den Gasen von-Auspuff; und die

nuit, dormir la fenêtre ouverte n'est pas très agréable
Nacht, schlafen das Fenster geöffnete nicht-ist nicht sehr angenehm

non plus, à cause du bruit.
ebensowenig, zu [der] Ursache von-dem Lärm.

296 Michel: Mais s'il y a moins de circulation la nuit, le bruit
Aber falls-es da hat weniger von Verkehr die Nacht, der Lärm

diminue lui aussi?
vermindert er auch?

297 Sophie: C'est vrai, mais à 200 mètres de chez moi, il y a
Dies-ist wahr, aber zu 200 Metern von bei mir, es da hat

une intersection. Alors, tous ces démarrages en trombe ...
eine Kreuzung. Dann, all diese Anfahrten in Windhose[1] ...

298 Michel: ... dont les responsables, je pense, sont une fois de plus,
... wovon die Verantwortlichen, ich denke, sind ein Mal von mehr,

bien entendu, les automobilistes hommes?
wohl verstanden, die Autofahrer Männer?

299 Sophie: Exact. Là aussi, les hommes et les femmes se comportent
Genau. Da auch, die Männer und die Frauen sich verhalten

différemment. Les hommes ont davantage tendance à doubler à
verschieden. Die Männer haben mehr Neigung zu überholen zu

droite, ce qui est formellement interdit, tandis que
[der] Rechten, dies was ist formell verboten, wohingegen daß

300 Michel: les femmes ont tendance à sortir de voiture ou à
die Frauen haben Neigung zu aussteigen von [dem] Wagen oder zu

changer de file sans regarder dans le rétroviseur.
wechseln von Spur ohne [zu] schauen in den Rückspiegel.

La comparaison hommes/femmes commence lentement à me
Der Vergleich Männer/Frauen beginnt langsam zu mich

fasciner.
faszinieren.

[1] *Anfahrt in Windhose = Kavalierstart*

301 Sophie: Comme je m'y intéresse de très près en ce
Da ich mich-dafür interessiere von sehr nahe in diesem

moment, j'y penserai encore plus souvent dès qu'une
Moment, ich-daran denken-werde noch mehr oft sobald daß-eine

situation donnée me … Oh, mais c'est comme dans la
Situation gegebene mir … Oh, aber dies-ist wie in der

méthode PEG?
Methode PEG?

302 Michel: Tout à fait. Dans une association, les différents éléments
Ganz und gar. In einer Assoziation, die verschiedenen Elemente

restent liés pour toujours. Il suffit par exemple que vous
bleiben verbunden für immer. Es ausreicht durch Beispiel daß ihr

lisiez quelque part, que les femmes ne regardent pas
lesen-möget irgendeine Seite, daß die Frauen nicht schauen nicht

dans ler étroviseur lorsqu'elles changent de file, pour
in den Rückspiegel anläßlich-daß-sie wechseln von Spur, für

penser automatiquement à des situations similaires.
denken automatisch an von-den Situationen ähnlichen.

303 Sophie: C'est vrai. Maintenant par exemple, je pense soudain que les
Dies-ist wahr. Jetzt durch Beispiel, ich denke plötzlich daß die

femmes oublient leur clignotant plus souvent que les hommes, et
Frauen vergessen ihren Blinker mehr oft als die Männer, und

qu'elles retournent les cartes routières pour préparer un
daß-sie umdrehen die Karten straßenmäßigen[2] für vorbereiten eine

voyage du nord vers le sud …
Reise von-dem Norden nach dem Süden …

304 Michel: … parce que dans ce cas, la droite correspond à la
… durch-dies daß in diesem Fall, die Rechte entspricht zu der

droite matérielle, tandis que dans le cas contraire, il
Rechten materiellen, wohingegen daß in dem Fall gegenteiligen, es

faut la rétablir.
nötig-ist sie [zu] wiederherstellen.

[2] *Karte straßenmäßige = Straßenkarte*

305 Sophie: Exact. Les hommes sont meilleurs en effet en vision
Genau. Die Männer sind besser in [der] Tat in Orientierung

spatiale, ils savent également mieux lire les plans, en
räumlicher, sie wissen gleichermaßen besser [zu] lesen die Pläne, in

architecture par exemple, c'est-à-dire qu'ils sont mieux à
Architektur durch Beispiel, dies-ist-zu-sagen daß-sie sind besser zu

même de se représenter le résultat final.
sogar von sich vorstellen das Ergebnis finale.

306 Michel: Il existe donc bien des domaines dans lesquels nous
Es existiert also wohl von-den Gebieten in den-welchen wir

sommes meilleurs?
sind besser?

307 Sophie: Bien sûr. Les hommes sont meilleurs aussi en mathématiques,
Natürlich. Die Männer sind besser auch in mathematischen-Studien,

surtout les mathématiques supérieures, en revanche
vor-allem die mathematischen-Studien höheren, in [dem] Gegenzug

nous avons une longueur d'avance en ce qui concerne la
wir haben eine Länge von-Vorsprung in diesem was betrifft die

langue: nous possédons un vocabulaire plus riche et nous
Sprache: wir besitzen einen Wortschatz mehr reichen und wir

lisons de façon plus fluide. Tout cela concerne la moyenne,
lesen von Fasson mehr flüssiger. All dies-da betrifft das Mittel,

bien entendu!
wohl verstanden!

308 Michel: Il y a donc des hommes qui lisent mieux que certaines
Es da hat also von-den Männern die lesen besser als gewisse

femmes …
Frauen …

309 Sophie: … et des femmes qui comptent mieux que certains hommes,
… und von-den Frauen die rechnen besser als gewisse Männer,

bien entendu.
wohl verstanden.

310 Michel: Mais la plupart des hommes conduisent certainement mieux?
Aber der Großteil von-den Männern fahren gewiß besser?

311 Sophie: Dans l'ensemble, non. Les femmes causent moins
In der-Gesamtheit, nein. Die Frauen verursachen weniger

d'accidents, et surtout des accidents moins
von-Unfällen, und vor-allem von-den Unfällen weniger

graves.
schwerwiegenden.

312 Michel: Là, vous me surprenez quand même!
Da, ihr mich überrascht trotzdem!

313 Sophie: Eh bien, ce sont surtout les hommes qui roulent trop
Nun gut, dies sind vor-allem die Männer die rollen zu-sehr

vite lorsqu'il pleut ou qu'il neige par exemple,
geschwind anläßlich-daß-es regnet oder daß-es schneit durch Beispiel,

ou encore, dans le brouillard. Ce sont eux le plus souvent
oder noch, in dem Nebel. Dies sind sie das meist oftmalige

qui suivent de trop près le véhicule qui précède; ils
die verfolgen von zu-sehr nahe das Fahrzeug das voranfährt; sie

ont aussi une certaine propension aux
haben auch einen gewissen Hang zu-den

manœvres risquées, en dépassant des
Manövern riskanten, durch überholend von-den

files entières par exemple.
Schlangen ganzen durch Beispiel.

314 Michel: Oui, ils sont sans doute plus risque-tout et plus imprudents,
Ja, sie sind ohne Zweifel mehr Draufgänger und mehr unvorsichtig,

j'en conviens.
ich-davon übereinkomme.

Lektion 27 Französisch

Leçon Vingt-sept: Trafic (Début)

(...)

293 Sophie: Si davantage de gens faisaient comme nous et renonçaient à leur voiture pour leurs petits achats de tous les jours, les rues des centres-ville ne seraient pas aussi encombrées. Même sur des distances plus longues, qui ne sont pas faciles à faire à pied, on peut aujourd'hui voyager agréablement en autobus, en tramway ou en métro.

294 Michel: Dans les grandes villes, oui, mais que font ceux qui vivent à la campagne? Je dois parfois rendre visite à des clients qui habitent dans de petits villages et beaucoup de ces villages sont souvent à l'écart du réseau des transports publics. Pour m'y rendre, je suis tributaire de ma voiture.

295 Sophie: C'est vrai, mais en fait je pensais principalement au trafic urbain. Vous vous êtes sans doute déjà aperçu que j'habite une rue très passante. Eh bien, dans la journée, je ne peux aérer que de courts instants à cause des gaz d'échappement; et la nuit, dormir la fenêtre ouverte n'est pas très agréable non plus, à cause du bruit.

296 Michel: Mais s'il y a moins de circulation la nuit, le bruit diminue lui aussi?

297 Sophie: C'est vrai, mais à 200 mètres de chez moi il y a une intersection. Alors, tous ces démarrages en trombe ...

298 Michel: ... dont les responsables, je pense, sont une fois de plus bien entendu les automobilistes hommes?

299 Sophie: Exact. Là aussi, les hommes et les femmes se comportent différemment. Les hommes ont davantage tendance à doubler à droite, ce qui est formellement interdit, tandis que les femmes ont tendance à sortir de voiture ou à changer de file sans regarder dans le rétroviseur.

300 Michel: La comparaison hommes/femmes commence lentement à me fasciner.

301 Sophie: Comme je m'y intéresse de très près en ce moment, j'y penserai encore plus souvent dès qu'une situation donnée me ... Oh, mais c'est comme dans la méthode PEG?

302 Michel: Tout à fait. Dans une association, les différents éléments restent liés pour toujours. Il suffit par exemple que vous lisiez quelque part que les femmes ne regardent pas dans le rétroviseur lorsqu'elles changent de file pour penser automatiquement à des situations similaires.

303 Sophie: C'est vrai. Maintenant par exemple, je pense soudain que les femmes oublient leur clignotant plus souvent que les hommes et qu'elles retournent les cartes routières pour préparer un voyage du nord vers le sud …

304 Michel: … parce que dans ce cas, la droite correspond à la droite matérielle, tandis que dans le cas contraire, il faut la rétablir.

305 Sophie: Exact. Les hommes sont meilleurs en effet en vision spatiale, ils savent également mieux lire les plans, en architecture par exemple, c'est-à-dire qu'ils sont mieux à même de se représenter le résultat final.

306 Michel: Il existe donc bien des domaines dans lesquels nous sommes meilleurs?

307 Sophie: Bien sûr. Les hommes sont meilleurs aussi en mathématiques, surtout les mathématiques supérieures, en revanche nous avons une longueur d'avance en ce qui concerne la langue: nous possédons un vocabulaire plus riche et nous lisons de façon plus fluide. Tout cela concerne la moyenne, bien entendu!

308 Michel: Il y a donc des hommes qui lisent mieux que certaines femmes …

309 Sophie: … et des femmes qui comptent mieux que certains hommes, bien entendu.

310 Michel: Mais la plupart des hommes conduisent certainement mieux?

311 Sophie: Dans l'ensemble, non. Les femmes causent moins d'accidents, et surtout des accidents moins graves.

312 Michel: Là, vous me surprenez quand même!

313 Sophie: Eh bien, ce sont surtout les hommes qui roulent trop vite lorsqu'il pleut ou qu'il neige par exemple, ou encore dans le brouillard. Ce sont eux le plus souvent qui suivent de trop près le véhicule qui précède; ils ont aussi une certaine propension aux manœvres risquées, en dépassant des files entières par exemple.

314 Michel: Oui, ils sont sans doute plus risque-tout et plus imprudents, j'en conviens.

LEÇON 28

Lektion Achtundzwanzig: Verkehr (Ende)

315 Sophie: Männer interpretieren viele Situationen als Wettbewerb, die Frauen lieber kooperativ angehen.

316 Michel: Da könnte was dran sein … Vielleicht sind deswegen mehr Teilnehmer an Wettbewerbssituationen Männer? Von Marathonlauf über Skirennen bis zu allen Motorrennsportarten.

317 Sophie: Wahrscheinlich. Aber es wäre schön, wenn die Männer sich im Straßenverkehr nicht so oft wie auf der Rennpiste benehmen würden, beispielsweise nachts an der Kreuzung bei meinem Haus. Da wünsche ich mir, manchmal irgendwo draußen auf dem Lande zu wohnen … oder irgendwann in der Vergangenheit, als es die Verkehrsprobleme noch nicht gab.

318 Michel: Denken wir den Gedanken doch mal zu Ende! Was tun Sie, wenn Sie in Urlaub fahren?

319 Sophie: Dann steige ich ins Flugzeug und fliege irgendwohin.

320 Michel: Das wäre früher nicht möglich gewesen. Reisen hieß damals, zu Pferd oder mit der Kutsche zu fahren. Das dauerte lange und war nicht sehr bequem. So hat Mozart in einem seiner Briefe an seine Schwester Nannerl erwähnt, wie furchtbar man doch auf so einer Kutschfahrt durchgeschüttelt werde …

321 Sophie: Daran habe ich gar nicht gedacht. Die Wege damals waren ja noch nicht asphaltiert, nicht einmal gepflastert …

322 Michel: Und wenn Sie gepflastert waren, dann mit groben Pflastersteinen, über die man mit Holzrädern fuhr, die außen mit Stahl beschlagen waren …

323 Sophie: … wohingegen wir heute mit luftgefederten Reifen reisen.

324 Michel: Außerdem hatten die Wagen damals noch keine moderne Federung, so daß auch vergleichsweise ebene Strecken ziemlich unerträglich gewesen sein müssen.

325 Sophie: Was sich weniger geändert haben dürfte, ist die Schiffahrt. Manchmal fahre ich mit der Fähre auf die Inseln hinüber, wenn ich meinen Urlaub in Griechenland verbringe.

326 Michel: Schiffe gab es natürlich auch früher schon, aber Reisen mit ihnen war auch weit unbequemer. Wie reisen Sie übrigens zu Ihrer Schwester Carine, wenn Sie sie besuchen?

327 Sophie: Ich fahre mit dem Zug in ihre Stadt, und vom Bahnhof zu ihrem Haus gehe ich zu Fuß. Man sollte viel mehr zu Fuß oder mit dem Fahrrad erledigen, der Umwelt zuliebe, wobei ich mit Umwelt auch Mitmenschen meine.

328 Michel: Zum Beispiel Mitmenschen, die in der Nähe von Kreuzungen wohnen?

329 Sophie: Genau! Ich glaube, man könnte dem Verkehrsinfarkt schon vorbeugen …

330 Michel: Dann müßten Sie allerdings auch Ihre Ernährung umstellen!

331 Sophie: Wieso?

332 Michel: Woher kommen denn all die Waren im Supermarkt?

333 Sophie: Aaaah, ich weiß, was Sie meinen. Die Kiwis kommen aus Neuseeland, der Tee aus Indien, der Kaffee aus Südamerika …

334 Michel: Ja, und diese Waren werden eben auch per Flugzeug, Schiff oder Lastwagen zu uns gebracht.

335 Sophie: Sie haben recht. Die heutige Zeit macht solchen Verkehr wohl notwendig.

Sophie denkt nach.

336 Sophie: Dann wünsche ich mir jetzt eben etwas anderes.

337 Michel: Was denn?

338 Sophie: In der Raumschiff-Enterprise-Zukunft zu leben und nur mehr sagen zu müssen: „Einen Container Gemüse rüberbeamen. Energie.“

Beide lachen. Michel und Sophie betreten das Einkaufszentrum. Nachdem sie ihre Einkäufe erledigt haben, bummeln sie durch den nahegelegenen Stadtpark.

Lektion 28 Wort für Wort

Leçon Vingt-huit: Trafic (Fin)
Lektion Zwanzig-acht: Verkehr (Ende)

315 Sophie: Dans beaucoup de situations, les hommes pensent en termes
In vielen von Situationen, die Männer denken in Kategorien

de concurrence, et les femmes plutôt en termes de
von Konkurrenz, und die Frauen eher in Kategorien von

coopération.
Zusammenarbeit.

316 Michel: Il y a sans doute du vrai là-dedans … Peut-être
Es da hat ohne Zweifel von-dem Wahren da-drinnen … Vielleicht

est-ce la raison pour laquelle il y a davantage de
ist-dies die Ursache für die-welche es da hat mehr von

participants masculins aux concours de toutes sortes,
Teilnehmern männlichen an-den Wettkämpfen von allen Sorten,

depuis le marathon jusqu'aux compétitions de ski, en
von dem Marathon bis-zu-den Wettkämpfen von Ski, bei

passant par les sports mécaniques?
vorbeigehend an den Sportarten mechanischen?

317 Sophie: Sans doute, mais ce serait bien si les hommes ne se
Ohne Zweifel, aber dies sein-würde gut falls die Männer nicht sich

comportaient pas si souvent comme des pilotes de course
verhielten nicht so oft wie von-den Piloten von Wettrennen

sur la route, ou par exemple la nuit, au carrefour
auf der Straße, oder durch Beispiel die Nacht, an-der Straßenkreuzung

qui se trouve près de chez moi. Il y a des jours où
die sich findet nahe von bei mir. Es da hat von-den Tagen wo

j'aimerais habiter quelque part à la campagne …
ich-lieben-würde [zu] bewohnen irgendeinen Teil an dem Land …

ou bien vivre comme autrefois, à l'époque où les problèmes
oder aber leben wie damals, zu der-Epoche wo die Probleme

de circulation n'existaient pas.
von Verkehr nicht-existierten nicht.

318 Michel: Poussons le raisonnement jusqu'au bout! Que faites-vous quand
Stoßen[-wir] die Überlegung bis-zu-dem Schluß! Was macht-ihr wenn

vous partez en vacances?
ihr abfahrt in Ferien?

319 Sophie: Je prends l'avion et je pars.
Ich nehme das-Flugzeug und ich abfliege.

320 Michel: Cela n'aurait pas été possible autrefois. Autrefois,
Dies-da nicht-haben-würde nicht gewesen möglich damals. Damals,

on voyageait à cheval ou on prenait le coche. C'était
man reiste zu Pferd oder man nahm die Kutsche. Dies-war

long et inconfortable. Mozart évoque par exemple dans l'une
lang und unbequem. Mozart erörtert durch Beispiel in dem-einen

de ses lettres à sa sœur Nannerl, comment on était
von seinen Briefen zu seiner Schwester Nannerl, wie man war

chahuté lors de ces voyages en coche …
durchgeschüttelt anläßlich von diesen Reisen per Kutsche …

321 Sophie: Je. n'y avais pas pensé. Les chemins de jadis
Ich nicht-daran hatte nicht gedacht. Die Wege von einst

n'étaient pas encore asphaltés, ils n'étaient même pas
nicht-waren nicht noch asphaltiert, sie nicht-waren sogar nicht

paves …
gepflastert …

322 Michel: … et s'ils l'étaient, il s'agissait de pavés
… und falls-sie es-waren, es sich-handelte von Pflastersteinen

grossiers, sur lesquels on roulait avec des roues en bois
groben, auf den-welchen man rollte mit von-den Rädern aus Holz

cerclées d'acier …
beschlagen von-Stahl …

323 Sophie: … tandis qu'aujourd'hui on a des
… wohingegen daß-an-dem-Tag-von-heute man hat von-den [Reifen]

pneumatiques remplis d'air.
pneumatischen gefüllt von-Luft.

324 Michel: En outre, les voitures d'autrefois n'étaient pas
In [dem] übrigen, die Wagen von-damals nicht-waren nicht

équipées de suspensions modernes, si bien que même les
ausgestattet von Aufhängungen modernen, so wohl daß sogar die

routes relativement planes étaient sans doute difficilement
Straßen relativ ebenen waren ohne Zweifel schwierig

supportables.
erträglich.

325 Sophie: Ce qui a sans doute moins changé, c'est le bateau.
Dies was hat ohne Zweifel weniger gewechselt, dies-ist das Schiff.

Il m'arrive de prendre le ferry pour me rendre dans
Es mir-ankommt von nehmen die Fähre für mich gelangen in

les îles, lorsque je passe mes vacances en
die Inseln, anläßlich-daß ich verbringe meine Ferien in

Grèce.
Griechenland.

326 Michel: Si les bateaux existent depuis longtemps, je ne crois pas
Ob die Schiffe existieren seit langer-Zeit, ich nicht glaube nicht

que les voyages en bateau ont toujours été aussi agréables
daß die Reisen per Schiff haben immer gewesen so angenehm

qu'aujourd'hui. A propos, comment
wie-an-dem-Tag-von-heute. Zu [dem] Gesprächsthema, wie

faites-vous pour rendre visite à votre sœur Carine?
macht-ihr für abstatten Besuch zu euerer Schwester Carine?

327 Sophie: Je prends le train, puis, de la gare, je me rends à
Ich nehme den Zug, dann, von dem Bahnhof, ich mich gelange zu

pied chez elle. En fait, il faudrait se déplacer
Fuß zu ihr. In [der] Tat, es nötig-sein-würde sich [zu]versetzen[1]

beaucoup plus souvent à pied ou à bicyclette, pour
viel mehr oft zu Fuß oder zu Fahrrad, für

l'environnement, et pour moi, l'environnement, c'est aussi les
die-Umwelt, und für mich, die-Umwelt, dies-ist auch die

gens.
Leute.

328 Michel: Par exemple les gens qui habitent à proximité d'un
Durch Beispiel die Leute die wohnen zu [der] Nähe von-einer

carrefour?
Straßenkreuzung?

329 Sophie: Par exemple. A mon avis, cela permettrait de
Durch Beispiel. Zu meiner Ansicht, dies-da erlauben-würde von

[1] *sich versetzen = reisen*

prévenir l'engluement du trafic …
verhüten den-Infarkt von-dem Verkehr…

330 Michel: Mais là, en plus, vous devriez modifier vos
Aber da, zudem, ihr müssen-würdet modifizieren euere

habitudes alimentaires.
Gewohnheiten ernährungsmäßigen.

331 Sophie: Pourquoi?
Für-was?

332 Michel: D'où viennent toutes les marchandises du supermarché?
Von-wo kommen all die Waren von-dem Supermarkt?

333 Sophie: Ah, je vois ce que vous voulez dire. Les kiwis viennent de
Ah, ich sehe dies was ihr wollt sagen. Die Kiwis kommen von

Nouvelle-Zélande, le thé vient des Indes, le
Neu-Seeland, der Tee kommt von-den indischen-Landen[2]**, der**

café d'Amérique du Sud …
Kaffee von-Amerika von-dem Süden …

334 Michel: Exactement, et toutes ces marchandises arrivent chez nous,
Genau, und all diese Waren ankommen bei uns,

soit par avion, soit par bateau ou par
sein-möge durch Flugzeug, sein-möge durch Schiff oder durch

camion.
Lastwagen.

335 Sophie: Vous avez raison. C'est sans doute le mode de transport
Ihr habt Recht. Dies-ist ohne Zweifel der Modus von Transport

qu'exige notre époque.
den-erfordert unsere Epoche.

(…)

336 Sophie: Mais finalement, ce que je voudrais, c'est quelque chose
Aber schließlich, dies was ich wollen-würde, dies-ist irgendeine Sache

d'autre.
von-anderem.

[2] *indische-Lande = Indien*

337 Michel: Quoi donc?
Was also?

338 Sophie: Vivre à l'époque intergalactique et ne plus avoir à
Leben zu der-Epoche intergalaktischen und nicht mehr haben zu

dire que: «Laser, marche! Et un conteneur de
sagen[anderes] als: „Laser, lauf! Und einen Container von

légumes, s'il vous plaît!»
Gemüsen, falls-es euch gefällt[3]!“

(...)

Lektion 28 Französisch

Leçon Vingt-huit: Trafic (Fin)

315 Sophie: Dans beaucoup de situations, les hommes pensent en termes de concurrence, et les femmes plutôt en termes de coopération.

316 Michel: Il y a sans doute du vrai là-dedans … Peut-être est-ce la raison pour laquelle il y a davantage de participants masculins aux concours de toutes sortes, depuis le marathon jusqu'aux compétitions de ski, en passant par les sports mécaniques?

317 Sophie: Sans doute, mais ce serait bien si les hommes ne se comportaient pas si souvent comme des pilotes de course sur la route, ou par exemple la nuit, au carrefour qui se trouve près de chez moi. Il y a des jours où j'aimerais habiter quelque part à la campagne … ou bien vivre comme autrefois, à l'époque où les problèmes de circulation n'existaient pas.

318 Michel: Poussons le raisonnement jusqu'au bout! Que faites-vous quand vous partez en vacances?

319 Sophie: Je prends l'avion et je pars.

320 Michel: Cela n'aurait pas été possible autrefois. Autrefois, on voyageait à cheval ou on prenait le coche. C'était long et inconfortable. Mozart évoque par exemple dans l'une de ses lettres à sa soeur Nannerl, comment on était chahuté lors de ces voyages en coche …

321 Sophie: Je n'y avais pas pensé. Les chemins de jadis n'étaient pas encore asphaltés, ils n'étaient même pas pavés …

[3] *falls-es euch gefällt = bitte*

322 Michel: … et s'ils l'étaient, il s'agissait de pavés grossiers, sur lesquels on roulait avec des roues en bois cerclées d'acier …

323 Sophie: … tandis qu'aujourd'hui on a des pneumatiques remplis d'air.

324 Michel: En outre, les voitures d'autrefois n'étaient pas équipées de suspensions modernes, si bien que même les routes relativement planes étaient sans doute difficilement supportables.

325 Sophie: Ce qui a sans doute moins changé, c'est le bateau. Il m'arrive de prendre le ferry pour me rendre dans les îles, lorsque je passe mes vacances en Grèce.

326 Michel: Si les bateaux existent depuis longtemps, je ne crois pas que les voyages en bateau ont toujours été aussi agréables qu'aujourd'hui. A propos, comment faites-vous pour rendre visite à votre sœur Carine?

327 Sophie: Je prends le train, puis, de la gare, je me rends à pied chez elle. En fait, il faudrait se déplacer beaucoup plus souvent à pied ou à bicyclette, pour l'environnement, et pour moi, l'environnement, c'est aussi les gens.

328 Michel: Par exemple les gens qui habitent à proximité d'un carrefour?

329 Sophie: Par exemple. A mon avis, cela permettrait de prévenir l'engluement du trafic …

330 Michel: Mais là, en plus, vous devriez modifier vos habitudes alimentaires.

331 Sophie: Pourquoi?

332 Michel: D'où viennent toutes les marchandises du supermarché?

333 Sophie: Ah, je vois ce que vous voulez dire. Les kiwis viennent de Nouvelle-Zélande, le thé vient des Indes, le café d'Amérique du Sud …

334 Michel: Exactement, et toutes ces marchandises arrivent chez nous, soit par avion, soit par bateau ou par camion.

335 Sophie: Vous avez raison. C'est sans doute le mode de transport qu'exige notre époque.

(…)

336 Sophie: Mais finalement, ce que je voudrais, c'est quelque chose d'autre.

337 Michel: Quoi donc?

338 Sophie: Vivre à l'époque intergalactique et ne plus avoir à dire que: «Laser, marche! Et un conteneur de légumes, s'il vous plaît!»

(…)

➤ *Hören Sie sich doch einmal einen Ihrer französischen Lieblingsfilme im Original an. Sie werden überrascht sein, wieviel Sie schon verstehen werden.*

LEÇON 29

Lektion Neunundzwanzig: War früher wirklich alles besser? (Anfang)

339 Michel: Man muß einige Nachteile des Stadtlebens wohl in Kauf nehmen. Dem stehen aber auch viele Vorteile entgegen: Man hat es nicht weit zu seinem Arbeitsplatz, zu Geschäften, zu Kinos, Theatern usw.

340 Sophie: Stimmt. Wenn ich in einem Vorort oder auf dem Land wohnen würde, würde das Pendeln zwischen Wohnort und Arbeitsplatz viel mehr Zeit in Anspruch nehmen.

341 Michel: Dann brauchten Sie Ihr Auto täglich …

342 Sophie: … statt, wie jetzt, nur wenn ich längere Strecken fahren will, auf denen es entweder keine öffentlichen Verkehrsmittel gibt oder wo ich zu oft umsteigen müßte. Ich bin ja so froh, daß ich mit der Metro zur Arbeit fahren kann und nicht mit dem Wagen fahren muß …

343 Michel: … mit dem Sie dann regelmäßig im Stau stehen würden.

344 Sophie: Deshalb meine ich manchmal, ich würde am liebsten in der Vergangenheit leben. Im Mittelalter oder in der Antike … Aber wir haben ja schon gesehen, daß das Reisen damals weder einfach noch bequem war …

345 Michel: Ich glaube, unsere Vorstellungen von früher sind in vielen Bereichen ziemlich naiv, nicht nur, was den Verkehr angeht.

346 Sophie: Meinen Sie?

347 Michel: Naja, wenn Sie, sagen wir mal, ans Mittelalter denken, was fällt Ihnen dann ein, was Ihnen im heutigen modernen Leben vielleicht fehlt?

348 Sophie: Die Sicherheit vor Überfallen und Terroristen zum Beispiel. Mich bedrückt die wachsende Kriminalität schon manchmal.

349 Michel: Und Sie nehmen an, daß das im Mittelalter besser war?

350 Sophie: Klar!

351 Michel: Wären Sie sehr erstaunt, wenn Sie erfahren würden, daß das nicht stimmt?

352 Sophie: Das kann man wohl sagen!

353 Michel: Ich habe mich zufällig während meines Studiums mit dieser Thematik beschäftigt. Norbert Elias hat nämlich gezeigt, daß das Leben früher viel unsicherer war. Die meisten sogenannten normalen Menschen waren entweder Leibeigene oder Tagelöhner, mit denen die Herrschenden machen konnten, was sie wollten …

354 Sophie: Ich hab mal gelesen, daß der regionale Fürst das Recht hatte, jede Braut in ihrer Hochzeitsnacht selbst zu entjungfern …

355 Michel: … oder jede Frau, die er wollte, zu nehmen, wann er wollte, nicht nur für eine Nacht. Menschenraub war überhaupt ziemlich häufig damals. Auch wurden Männer in Armeen gepreßt, wenn die Oberen mal wieder einen regionalen Krieg anzetteln wollten.

356 Sophie: Und dann die Straßenräuber …

357 Michel: … und die Piraten.

358 Sophie: Ja, jetzt fällt mir so manches ein, was ich hier und da gelesen oder gehört habe.

359 Michel: Dieser Norbert Elias, den ich erwähnte, hat u.a. aufgezeigt, daß der einzelne Durchschnittsbürger in den Industriestaaten trotz der modernen Kriminalität heute sicherer lebt als früher.

360 Sophie: Also hat sich die Gesellschaft doch zum Besseren entwickelt?

361 Michel: Ja, insbesondere nachdem die Gesellschaft die Gewalt institutionalisiert hatte.

362 Sophie: Wie meint dieser Herr Elias das?

663 Michel: Nachdem die Gesellschaft z.B. das Recht auf persönliche Rache an den Staat delegiert hatte und unser Justiz- und Polizeiwesen entwickelt worden war, wurde das Leben für den einzelnen wesentlich sicherer, als es in der gesamten Menschheitsgeschichte zuvor jemals gewesen war.

364 Sophie: Das ist interessant.

Lektion 29 Wort für Wort

Leçon Vingt-neuf: Tout était-il vraiment mieux avant? (Début)
Lektion Zwanzig-neun: Alles war-es wahrlich besser früher? (Anfang)

339 Michel: La vie citadine possède des inconvénients dont il
Das Leben städtische besitzt von-den Unannehmlichkeiten wovon es

faut bien s'accommoder. D'un autre côté, elle
nötig-ist wohl [zu] sich-anpassen. Von-einer anderen Seite, es

présente aussi de nombreux avantages: on a son travail à
präsentiert auch von zahlreichen Vorteilen: man hat seine Arbeit zu

proximité, les magasins, les cinémas, le théâtre etc.
[der] Nähe, die Geschäfte, die Kinos, das Theater etc.

340 Sophie: C'est vrai. Si j'habitais en banlieue ou à la
Dies-ist wahr. Falls ich-wohnte in [dem] Vorortgebiet oder an dem

campagne, la navette entre mon lieu de résidence et
Land, die Pendelei zwischen meiner Stätte von Wohnsitz und

mon lieu de travail prendrait. beaucoup plus de temps.
meiner Stätte von Arbeit nehmen-würde viel mehr von Zeit.

341 Michel: Vous seriez obligée d'utiliser votre voiture tous les
Ihr sein-würdet gezwungen von-benutzen eueren Wagen all die

jours …
Tage …

342 Sophie: … tandis qu'aujourd'hui, je ne la prends
… wohingegen daß-an-dem-Tag-von-heute, ich nicht ihn nehme

que pour les longs trajets, s'il n'existe pas
[anders] als für die langen Strecken, falls-es nicht-existiert nicht

de transports publics, ou si je dois changer
von Transportmitteln öffentlichen, oder falls ich muß umsteigen

trop souvent. Je suis tellement heureuse de pouvoir me
zu-sehr oft. Ich bin solchermaßen glücklich von können mich

rendre au travail en métro et de ne pas devoir
gelangen zu-der Arbeit per Metro und von nicht nicht müssen

prendre la voiture …
nehmen den Wagen …

343 Michel: … avec laquelle vous seriez régulièrement prise dans
… mit dem-welchen ihr sein-würdet regelmäßig genommen in

des bouchons.
von-den Staus.

344 Sophie: C'est la raison pour laquelle je me dis parfois que je
Dies-ist die Ursache für die-welche ich mir sage manchmal daß ich

préférerais vivre comme autrefois. Au Moyen Age
vorziehen-würde [zu] leben wie damals. An-dem Mittleren Alter

ou dans l'Antiquité ... Mais nous savons déjà que les voyages à
oder in der-Antike ... Aber wir wissen schon daß die Reisen zu

l'époque n'étaient ni faciles ni confortables ...
der-Epoche nicht-waren noch leicht noch bequem ...

345 Michel: Je pense que l'idée que nous nous faisons de la vie
Ich denke daß die-Idee die wir uns machen von dem Leben

d'hier est souvent naïve, pas seulement en ce qui concerne
von-gestern ist oft naiv, nicht nur in diesem was betrifft

les transports.
die Transportmittel.

346 Sophie: Vraiment?
Wahrlich?

347 Michel: Tenez, quand vous pensez par exemple au Moyen Age, que
Bedenkt, wenn ihr denkt durch Beispiel an-das Mittlere Alter, was

vous vient-il à l'esprit qui pourrait vous manquer
euch kommt-es zu dem-Geist[1] was können-würde euch fehlen

aujourd'hui, à l'époque moderne?
an-dem-Tag-von-heute, zu der-Epoche modernen?

348 Sophie: La sécurité par exemple, à cause des hold-up et
Die Sicherheit durch Beispiel, zu [der] Ursache von-den Überfällen und

du terrorisme. Je trouve que la croissance de la
von-dem Terrorismus. Ich finde daß das Anwachsen von der

criminalité est une source d'inquiétude.
Kriminalität ist eine Quelle von-Unruhe.

349 Michel: Et vous pensez que c'était mieux au Moyen Age?
Und ihr denkt daß dies-war besser an-dem Mittleren Alter?

350 Sophie: Oui!
Ja!

351 Michel: Seriez-vous très étonnée si l'on vous disais que c'est
Sein-würdet-ihr sehr erstaunt falls man euch sagte daß dies-ist

[1] *zu dem-Geist kommen = einfallen*

faux?
falsch?

352 Sophie: Plutôt!
Eher!

353 Michel: Je me suis intéressé à ce sujet tout à fait par
Ich mich bin interessiert zu diesem Thema ganz und gar durch

hasard au cours de mes études. Eh bien, Norbert Elias
Zufall an-dem Lauf von meinen Studien. Nun gut, Norbert Elias

a démontré que l'insécurité était beaucoup plus grande
hat demonstriert daß die-Unsicherheit war viel mehr groß

jadis. La plupart des gens que l'on dit normaux étaient
einst. Der Großteil von-den Leuten die man sagt normal waren

soit des serfs soit des journaliers dont
sein-möge von-den Leibeigenen sein-möge von-den Tagelöhnern wovon

les seigneurs pouvaient disposer à volonté …
die Herren konnten verfügen nach Willen …

354 Sophie: J'ai lu que le seigneur d'une contrée avait le droit
Ich-habe gelesen daß der Herr von-einer Gegend hatte das Recht

de déflorer toutes les jeunes mariées pendant leur nuit
von entblühen[2] all die jungen Verheirateten während ihrer Nacht

de noces …
von Hochzeitsfeierlichkeiten …

355 Michel: … ou même de prendre chaque femme qu'il voulait quand il
… oder sogar von nehmen jede Frau die-er wollte wann er

voulait, et pas seulement pour une nuit. Le rapt était
wollte, und nicht nur für eine Nacht. Der Menschenraub war

une pratique fréquente à l'époque; même les hommes étaient
eine Praxis häufige zu der-Epoche; sogar die Männer waren

enrôlés de force lorsque les seigneurs se lançaient dans
eingezogen von Gewalt anläßlich-daß die Herren sich warfen in

[2] *entblühen = entjungfern*

une de leurs fréquentes guerres.
einen von ihren häufigen Kriegen.

356 Sophie: Sans parler des bandits de grand chemin …
Ohne [zu] sprechen von-den Banditen von großen Wegen …

357 Michel: et des pirates.
und von-den Piraten.

358 Sophie: C'est vrai, maintenant, il me revient à l'esprit beaucoup
Dies-ist wahr, jetzt, es mir, zurückkommt zu dem-Geist viel

de; choses que j'ai lues ou entendues ici ou là.
von Sachen die ich-habe gelesen oder gehört hier oder da.

359 Michel: Le Norbert Elias dont je parlais à l'instant a
Der Norbert Elias wovon ich sprach zu dem-Augenblick hat

démontré entre autres que dans les pays
demonstriert zwischen anderen [Sachen] daß in den Ländern

industriels, l'homme de la rue vit de façon beaucoup
industriellen, der-Mann von der Straße lebt von Fasson viel

plus sûre qu'autrefois, malgré la criminalité croissante.
mehr sicherer als-damals, trotz der Kriminalität wachsenden.

360 Sophie: Notre société s'est donc améliorée?
Unsere Gesellschaft sich-ist also gebessert?

361 Michel: Oui, notamment après que la société ait
Ja, besonders nachdem daß die Gesellschaft haben-möge

institutionnalisé la violence.
institutionalisiert die Gewalt.

362 Sophie: Que veut dire le sieur Elias par là?
Was will sagen der Herr Elias durch da?

363 Michel: Après que la société ait par exemple délégué à
Nachdem daß die Gesellschaft haben-möge durch Beispiel delegiert zu

l'état le droit à la vengeance personnelle, ou que la
dem-Staat das Recht zu der Rache persönlichen, oder daß die

justice et la police aient été mises en place, alors
Justiz und die Polizei haben-mögen gewesen gestellt in Platz[3], dann

seulement la vie de chacun d'entre nous est devenue
erst das Leben von jedem-einen von-zwischen uns ist geworden

plus sûre qu'elle ne l'avait jamais été dans toute
mehr sicher als-es nicht es-hatte niemals gewesen in all

l'histoire de l'humanité.
der-Geschichte von der-Menschheit.

364 Sophie: Intéressant.
Interessant.

Lektion 29 Französisch

Leçon Vingt-neuf: Tout était-il vraiment mieux avant? (Début)

339 Michel: La vie citadine possède des inconvénients dont il faut bien s'accommoder. D'un autre côté, elle présente aussi de nombreux avantages: on a son travail à proximité, les magasins, les cinémas, le théâtre etc.

340 Sophie: C'est vrai. Si j'habitais en banlieue ou à la campagne, la navette entre mon lieu de résidence et mon lieu de travail prendrait beaucoup plus de temps.

341 Michel: Vous seriez obligée d'utiliser votre voiture tous les jours …

342 Sophie: … tandis qu'aujourd'hui, je ne la prends que pour les longs trajets, s'il n'existe pas de transports publics, ou si je dois changer trop souvent. Je suis tellement heureuse de pouvoir me rendre au travail en métro et de ne pas devoir prendre la voiture …

343 Michel: … avec laquelle vous seriez régulièrement prise dans des bouchons.

344 Sophie: C'est la raison pour laquelle je me dis parfois que je préférerais vivre comme autrefois. Au Moyen Age ou dans l'Antiquité … Mais nous savons déjà que les voyages à l'époque n'étaient ni faciles ni confortables …

345 Michel: Je pense que l'idée que nous nous faisons de la vie d'hier est souvent naïve, pas seulement en ce qui concerne les transports.

346 Sophie: Vraiment?

[3] *in Platz stellen = einrichten*

347 Michel: Tenez, quand vous pensez par exemple au Moyen Age, que vous vient-il à l'esprit qui pourrait vous manquer aujourd'hui, à l'époque moderne?

348 Sophie: La sécurité par exemple, à cause des hold-up et du terrorisme. Je trouve que la croissance de la criminalité est une source d'inquiétude.

349 Michel: Et vous pensez que c'était mieux au Moyen Age?

350 Sophie: Oui!

351 Michel: Seriez-vous très étonnée si l'on vous disais que c'est faux?

352 Sophie: Plutôt!

353 Michel: Je me suis intéressé à ce sujet tout à fait par hasard au cours de mes études. Eh bien, Norbert Elias a démontré que l'insécurité était beaucoup plus grande jadis. La plupart des gens que l'on dit normaux étaient soit des serfs soit des journaliers dont les seigneurs pouvaient disposer à volonté …

354 Sophie: J'ai lu que le seigneur d'une contrée avait le droit de déflorer toutes les jeunes mariées pendant leur nuit de noces …

355 Michel: … ou même de prendre chaque femme qu'il voulait quand il voulait, et pas seulement pour une nuit. Le rapt était une pratique fréquente à l'époque; même les hommes étaient enrôlés de force lorsque les seigneurs se lançaient dans une de leurs fréquentes guerres.

356 Sophie: Sans parler des bandits de grand chemin …

357 Michel: … et des pirates.

358 Sophie: C'est vrai, maintenant, il me revient à l'esprit beaucoup de choses que j'ai lues ou entendues ici ou là.

359 Michel: Le Norbert Elias dont je parlais à l'instant a démontré entre autres que dans les pays industriels, l'homme de la rue vit de façon beaucoup plus sûre qu'autrefois, malgré la criminalité croissante.

360 Sophie: Notre société s'est donc améliorée?

361 Michel: Oui, notamment après que la société ait institutionnalisé la violence.

362 Sophie: Que veut dire le sieur Elias par là?

363 Michel: Après que la société ait par exemple délégué à l'état le droit à la vengeance personnelle, ou que la justice et la police aient été mises en place, alors seulement la vie de chacun d'entre nous est devenue plus sûre qu'elle ne l'avait jamais été dans toute l'histoire de l'humanité.

364 Sophie: Intéressant …

➤ *Gibt es in Ihrer Stadt die Möglichkeit, an einer Konversationsrunde teilzunehmen? Der Austausch mit Muttersprachlern und Gleichgesinnten ist nicht nur eine hervorragende Übung, sondern bringt Ihnen auch Selbstvertrauen im aktiven Anwenden der Sprache.*

LEÇON 30

Lektion Dreißig: War früher wirklich alles besser? (Ende)

365 Michel: Und als die allgemeine Wehrpflicht eingeführt worden war, wurden keine jungen Männer mehr entführt, um sie zu Soldaten zu machen.

366 Sophie: Auch das leuchtet mir ein.

367 Michel: Eine andere Studie schätzt, daß das Leben des normalen Bürgers heute um ein Sechs- bis Siebenfaches sicherer ist als noch vor 150 Jahren, und diese Studie berücksichtigt dabei bereits den weltweiten Terrorismus wie auch die Drogenkriminalität.

368 Sophie: Das ist ja faszinierend! Irgendwie tröstet es mich zu wissen, daß wir trotz allem heute doch einigermaßen sicher sind.

369 Michel: Wobei ein Teil der modernen Gewalt, beispielsweise von arbeitslosen Jugendlichen ohne Perspektive, ebenfalls keine neue Entwicklung unserer modernen Gesellschaften ist …

370 Sophie: Das hätte ich aber schon gedacht!

371 Michel: Das denken viele. Aber Arbeitslosenquoten von 60 Prozent waren vor 150 und 250 Jahren durchaus üblich. Deshalb haben ja so viele Arme aus Not Nahrungsmittel gestohlen …

372 Sophie: Ja! Und wurden z.B. in England wegen eines gestohlenen Laibes Brot in die Strafkolonien nach Australien geschickt, nicht wahr?

373 Michel: Richtig! So verschiffte man die überschüssigen Leute ohne Arbeit in ein Land, in dem es Arbeit für jeden gab. Deshalb bekamen die Gefangenen nach Verbüßung ihrer Strafe ein kleines Stück Land, aber keine Rückreise …

374 Sophie: Und so exportierte Großbritannien die Leute, die letztlich anderen das Land wegnahmen.

375 Michel: Auch die anderen europäischen Länder exportierten viele angebliche Straftäter, d.h. Menschen, die Essen oder im Winter ein paar Kohlen oder etwas Holz geklaut hatten, nach Nordamerika.

376 Sophie: So habe ich das noch nie gesehen. Warum tun dann die Politiker so, als seien zehn Prozent Arbeitslose der Weltuntergang, wenn es in früheren Jahren teilweise weit mehr Arbeitslose gegeben hatte?

377 Michel: Weil unsere heutigen Politiker Kinder des industriellen Zeitalters sind. Zu Beginn dieses Zeitalters, Mitte des letzten Jahrhunderts, vervielfachten

Maschinen vor allem pure Muskelkraft. Man brauchte also noch eine Menge von Arbeitern, die man zu Hunderttausenden vom Land holte …

378 Sophie: … und in unserem Jahrhundert aus dem Ausland …

379 Michel: Genau! Und in dem Maß, in dem die Maschinen schlauer und ausgefeilter wurden, lebten zu viele Menschen in den Großstädten und den Ballungsräumen, die davon ausgingen, sie hätten ein angeborenes Recht auf Arbeit.

380 Sophie: Das hatten die Politiker ja auch lange genug gepredigt!

381 Michel: Natürlich. Weil sie in totaler Unkenntnis der tatsächlichen Zusammenhänge Aussagen machten, die ihre Wiederwahl sichern sollten.

382 Sophie: Und jetzt? Und in der Zukunft?

383 Michel: Der Arbeitsmarkt wird für Ungelernte immer schlechter werden, weil diese Leute dem Markt nichts anzubieten haben.

384 Sophie: Um diese Menschen müßte man sich kümmern, ehe die Probleme zu schlimm werden. Aber dafür haben die Politiker kein Geld …

385 Michel: … wobei die Folgekosten weit teurer werden, und ich meine damit nicht nur die finanziellen Kosten.

386 Sophie: Sie meinen auch die sozialen Kosten?

387 Michel: So ist es. Übrigens ist der Stadtpark hier zu Ende. Wollen wir umkehren oder in diesem Viertel hier spazierengehen?

388 Sophie: Ja, lassen Sie uns hier entlanggehen, hier gibt es schöne Geschäfte, da können wir einen Schaufensterbummel machen.

Lektion 30 Wort für Wort

Leçon	Trente:	Tout	était-il	vraiment	mieux	avant?	(Fin)
Lektion	**Dreißig:**	**Alles**	**war-es**	**wahrlich**	**besser**	**früher?**	**(Ende)**

365 Michel:

Et	lorsqu'on	a	instauré	la	conscription,
Und	**anläßlich-daß-man**	**hat**	**gegründet**	**die [allgemeine]**	**Einberufung,**

on	a cessé	d'enlever	des	jeunes	hommes	pour
man	**hat eingestellt**	**von-entführen**	**von-den**	**jungen**	**Männern**	**für**

en	faire	des	soldats.
davon	**machen**	**von-den**	**Soldaten.**

366 Sophie: Cela se comprend très bien.
Dies-da sich versteht sehr gut.

367 Michel: Selon une autre étude, la vie de monsieur tout le
Gemäß einer anderen Studie, das Leben von Herrn all die
monde est aujourd'hui de six à sept fois plus
Welt[1] ist an-dem-Tag-von-heute von sechs zu sieben mal mehr
sûre qu'elle ne l'était il y a encore 150 ans, et cette
sicher als-es nicht es-war es da hat noch 150 Jahre[2], und diese
étude tient déjà compte du terrorisme mondial
Studie hält schon Berücksichtigung von-dem Terrorismus weltweiten
et de la criminalité liée aux stupéfiants.
und von der Kriminalität verbunden zu-den Rauschgiften.

368 Sophie: C'est fascinant. D'un côté, cela me réconforte de
Dies-ist faszinierend. Von-einer Seite, dies-da mich tröstet von
savoir que, malgré tout, nous bénéficions aujourd'hui
wissen daß, trotz allem, wir profitieren an-dem-Tag-von-heute
d'une certaine sécurité.
von-einer gewissen Sicherheit.

369 Michel: Sans compter qu'une partie de la violence qu'on
Ohne [zu] berücksichtigen daß-ein Teil von der Gewalt die-man
connaît aujourd'hui, celle des jeunes chômeurs sans
kennt an-dem-Tag-von-heute, diese von-den jungen Arbeitslosen ohne
perspectives par exemple, n'est pas un phénomène nouveau de
Perspektiven durch Beispiel, nicht-ist nicht ein Phänomen neues von
notre société moderne …
unserer Gesellschaft modernen …

370 Sophie: Pourtant, je l'aurais crû!
Doch, ich es-haben-würde geglaubt!

371 Michel: C'est ce qu'on pense, c'est vrai. Mais des taux de
Dies-ist dies was-man denkt, dies-ist wahr. Aber von-den Quoten von

1 *Herr all die Welt = Herr Jedermann*

2 *Anstatt vor drei Tagen, vor einer Woche* usw. sagt man im Französischen *es da hat drei Tage, es da hat eine Woche* usw.

chômage de 60 pour cent étaient tout à fait normaux il y
Arbeitslosigkeit von 60 Prozent waren ganz und gar normal es da

a 150 ou 250 ans. C'est pour cela que de nombreux
hat 150 oder 250 Jahre. Dies-ist für dies-da daß von zahlreichen

pauvres en étaient réduits à voler, par nécessité.
Armen davon waren hingebracht zu stehlen, durch Notwendigkeit.

372 Sophie: C'est vrai! C'est pour cela aussi qu'en Angleterre par
Dies-ist wahr! Dies-ist für dies-da auch daß-in England durch

exemple, le vol d'une miche de pain vous faisait
Beispiel, der Diebstahl von-einem Laib von Brot euch machte

envoyer au pénitencier en Australie, n'est-ce pas?
schicken zu-der Strafkolonie nach Australien, nicht-ist-dies nicht?

373 Michel: Exact! C'est ainsi que le trop-plein de chômeurs a été
Genau! Dies-ist so daß die Überfülle von Arbeitslosen hat gewesen

embarqué vers un pays où il y avait du travail pour
verschifft nach einem Land wo es da hatte von-der Arbeit für

tous. C'est la raison pour laquelle les prisonniers, une fois
alle. Dies-ist die Ursache für die-welche die Gefangenen, ein Mal

purgée leur peine, avaient droit à de la terre, mais
abgebüßt ihre Strafe, hatten [das] Recht zu von dem Land, aber

pas à un billet de retour …
nicht zu einer Fahrkarte von Rückfahrt …

374 Sophie: Et c'est ainsi que la Grande Bretagne a exporté les
Und dies-ist so daß das Groß- Britannien hat exportiert die

populations qui ont fini par occuper la terre des
Bevölkerungen die haben beendet zu besetzen das Land von-den

indigènes.
Einheimischen.

375 Michel: Les autres pays européens ont également exporté
Die anderen Länder europäischen haben gleichermaßen exportiert

vers l'Amérique de nombreux criminels ou prétendus
nach dem-Amerika von zahlreichen Kriminellen oder angeblichen

tels, c'est-à-dire des gens qui avaient volé de
solchen, dies-ist-zu-sagen von-den Leuten die hatten gestohlen von

la nourriture ou bien, en hiver, un peu de charbon
der Nahrung oder aber, in [dem] Winter, ein bißchen von Kohle

ou de bois.
oder von Holz.

376 Sophie: Je n'ai jamais vu cela sous cet angle. Alors,
Ich nicht-habe niemals gesehen dies-da unter diesem Winkel. Dann,

pourquoi les hommes politiques annoncent-ils la fin du
für-was die Männer politischen ankündigen-sie das Ende von-der

monde dès que le taux de chômage atteint dix
Welt sobald daß die Quote von Arbeitslosigkeit erreicht zehn

pour cent alors que le nombre des chômeurs était
Prozent wohingegen daß die Zahl von-den Arbeitslosen war

souvent beaucoup plus élevé jadis?
oft viel mehr erhöht einst?

377 Michel: Parce que les hommes politiques d'aujourd'hui sont
Durch-dies daß die Männer politischen von-an-dem-Tag-von-heute sind

des enfants de l'ère industrielle. Au début de
von-den Kindern von der-Ära industriellen. An-dem Anfang von

l'ère industrielle, c'est-à-dire au milieu du
der-Ära industriellen, dies-ist-zu-sagen an-der Mitte von-dem

siècle dernier, les machines ne faisaient
Jahrhundert letzten, die Maschinen nicht machten [anderes]

qu'accroître la force physique. Pour faire fonctionner les
als-vermehren die Kraft körperliche. Für machen funktionieren die

machines, on avait donc encore besoin d'une foule
Maschinen, man hatte also noch Bedarf von-einer Menge

d'ouvriers que l'on a fait venir par centaines de
von-Arbeitern die man hat gemacht kommen durch Hunderte von

milliers des campagnes …
Tausenden von-den Landen …

378 Sophie: … puis de l'étranger, au cours de notre
… dann von dem-Ausland, an-dem Lauf von unserem

siècle ...
Jahrhundert ...

379 Michel: Exact! Puis, les machines sont devenues plus sophistiquées et
Genau! Dann, die Maschinen sind geworden mehr ausgefeilt und

plus intelligentes, et les villes et les grandes agglomérations
mehr intelligent, und die Städte und die großen Ballungszentren

ont commencé à abriter trop de gens partant
haben begonnen zu beherbergen zu-viel von Leuten ausgehend

du principe qu'ils avaient un droit héréditaire au travail.
von-dem Prinzip daß-sie hatten ein Recht ererbtes zu-der Arbeit.

380 Sophie: Chose que les politiciens avaient prêchée pendant assez longtemps!
Sache die die Politiker hatten gepredigt während genug langer-Zeit!

381 Michel: Naturellement, parce que dans l'ignorance totale qu'ils
Natürlich, durch-dies daß in der-Verkennung totalen daß-sie

étaient de la réalité, ils ont fait des discours qui
waren von der Wirklichkeit, sie haben gemacht von-den Reden die

devaient assurer leur réélection.
sollten sichern ihre Wiederwahl.

382 Sophie: Et maintenant? Et demain?
Und jetzt? Und morgen?

383 Michel: Le marché de l'emploi se ferme de plus en plus
Der Markt von der-Anstellung[3] sich schließt von mehr zu mehr

aux personnes non qualifiées parce que ces personnes
zu-den Personen nein qualifizierten durch-dies daß diese Personen

n'ont rien à offrir au marché.
nicht-haben nichts zu anbieten zu-dem Markt.

384 Sophie: Il faudrait s'occuper de ces gens avant
Es nötig-sein-würde [zu] sich-beschäftigen von diesen Leuten bevor

que le problème ne dégénère. Mais pour cela, les
daß das Problem nicht ausarten-möge. Aber für dies-da, die

[3] *Markt von der-Anstellung = Arbeitsmarkt*

hommes politiques n'ont pas d'argent …
Männer politischen nicht-haben nicht von-Geld …

385 Michel: … alors que les coûts induits sont beaucoup plus
… wohingegen daß die Kosten nachfolgenden sind viel mehr

élevés, et je ne pense pas seulement en termes de
erhöht, und ich nicht denke nicht nur in Kategorien von

finance.
Finanz.

386 Sophie: Vous, songez aux coûts sociaux?
Ihr denkt an-die Kosten sozialen?

387 Michel: C'est cela. Mais nous voilà arrivés au bout
Dies-ist dies-da. Aber wir sieh-da [sind] angekommen an-dem Schluß

du parc. Est-ce qu'on fait demi-tour ou bien
von-dem Park. Ist-dies daß-man macht Halb-Tour[4] oder aber

allons-nous nous promener dans ce quartier?
gehen-wir uns [zu] spazieren in diesem Viertel?

388 Sophie: Oh oui, allons nous promener là-bas, il y a de
Oh ja, gehen[-wir] uns [zu] spazieren da-drüben, es da hat von

chouettes magasins, histoire de faire du
tollen Geschäften, Geschichte von machen von-dem

lèche-vitrines.
Schaufensterbummel.

Lektion 30 Französisch

Leçon Trente: Tout était-il vraiment mieux avant? (Fin)

365 Michel: Et lorsqu'on a instauré la conscription, on a cessé d'enlever des jeunes hommes pour en faire des soldats.

366 Sophie: Cela se comprend très bien.

367 Michel: Selon une autre étude, la vie de monsieur tout le monde est aujourd'hui de six à sept fois plus sûre qu'elle ne l'était il y a encore 150 ans, et cette étude

[4] *Halb-Tour machen = umkehren*

tient déjà compte du terrorisme mondial et de la criminalité liée aux stupéfiants.

368 Sophie: C'est fascinant. D'un côté, cela me réconforte de savoir que, malgré tout, nous bénéficions aujourd'hui d'une certaine sécurité.

369 Michel: Sans compter qu'une partie de la violence qu'on connaît aujourd'hui, celle des jeunes chômeurs sans perspectives par exemple, n'est pas un phénomène nouveau de notre société moderne …

370 Sophie: Pourtant, je l'aurais crû!

371 Michel: C'est ce qu'on pense, c'est vrai. Mais des taux de chômage de 60 pour cent étaient tout à fait normaux il y a 150 ou 250 ans. C'est pour cela que de nombreux pauvres en étaient réduits à voler, par nécessité …

372 Sophie: C'est vrai! C'est pour cela aussi qu'en Angleterre par exemple, le vol d'une miche de pain vous faisait envoyer au pénitencier en Australie, n'est-ce pas?

373 Michel: Exact! C'est ainsi que le trop-plein de chômeurs a été embarqué vers un pays où il y avait du travail pour tous. C'est la raison pour laquelle les prisonniers, une fois purgée leur peine, avaient droit à de la terre, mais pas à un billet de retour …

374 Sophie: Et c'est ainsi que la Grande Bretagne a exporté les populations qui ont fini par occuper la terre des indigènes.

375 Michel: Les autres pays européens ont également exporté vers l'Amérique de nombreux criminels ou prétendus tels, c'est-à-dire des gens qui avaient volé de la nourriture ou bien, en hiver, un peu de charbon ou de bois.

376 Sophie: Je n'ai jamais vu cela sous cet angle. Alors, pourquoi les hommes politiques annoncent-ils la fin du monde dès que le taux de chômage atteint dix pour cent alors que le nombre des chômeurs était souvent beaucoup plus élevé jadis?

377 Michel: Parce que les hommes politiques d'aujourd'hui sont des enfants de l'ère industrielle. Au début de l'ère industrielle, c'est-à-dire au milieu du siècle dernier, les machines ne faisaient qu'accroître la force physique. Pour faire fonctionner les machines, on avait donc encore besoin d'une foule d'ouvriers que l'on a fait venir par centaines de milliers des campagnes …

378 Sophie: … puis de l'étranger, au cours de notre siècle …

379 Michel: Exact! Puis, les machines sont devenues plus sophistiquées et plus intelligentes, et les villes et les grandes agglomérations ont commencé à abriter trop de gens partant du principe qu'ils avaient un droit héréditaire au travail.

380 Sophie: Chose que les politiciens avaient prêchée pendant assez longtemps!

381 Michel: Naturellement, parce que dans l'ignorance totale qu'ils étaient de la réalité, ils ont fait des discours qui devaient assurer leur réélection.

382 Sophie: Et maintenant? Et demain?

383 Michel: Le marché de l'emploi se ferme de plus en plus aux personnes non qualifiées parce que ces personnes n'ont rien à offrir au marché.

384 Sophie: Il faudrait s'occuper de ces gens avant que le problème ne dégénère. Mais pour cela, les hommes politiques n'ont pas d'argent …

385 Michel: … alors que les coûts induits sont beaucoup plus élevés, et je ne pense pas seulement en termes: de finance.

386 Sophie: Vous songez aux coûts sociaux?

387 Michel: C'est cela. Mais nous voilà arrivés au bout du parc. Est-ce qu'on fait demi-tour ou bien allons-nous nous promener dans ce quartier?

388 Sophie: Oh oui, allons nous promener là-bas, il y a de chouettes magasins, histoire de faire du lèche-vitrines.

EPILOGUE

Epilog

389 Michel: Sie, liebe Freunde, haben diesen Kurs fast beendet. Sie haben sich erfolgreich an unseren Gedankengängen beteiligt …

390 Sophie: … denn Sie haben ein konkretes Ziel vor Augen … Und um dieses Ziel zu erreichen, haben Sie den richtigen Weg eingeschlagen …

391 Michel: … nämlich den gehirn-gerechten Weg der Birkenbihl-Methode.

392 Sophie: Sie können Ihre Motivation, diesen Weg weiterzugehen, noch steigern …

393 Michel: … indem Sie, wann immer sich Ihnen die Möglichkeit bietet, die Augen kurz schließen und sich eine konkrete Situation vorstellen, in der Sie die französische Sprache anwenden.

394 Sophie: Stellen Sie sich z.B. vor, Sie besuchen einen Freund oder eine Freundin in seiner bzw. ihrer Wohnung.

395 Michel: Sie können jetzt mit ihm bzw. ihr über die Wohnungseinrichtung sprechen.

396 Sophie: Oder stellen Sie sich vor, Sie möchten jemanden mit gehirn-gerechten Arbeitsmethoden bekannt machen.

397 Michel: Sie könnten die PEG-Methode zur Gedächtnissteigerung erklären.

398 Sophie: Hierdurch gehen Sie sogar noch einen Schritt weiter. Sie werden vom Lernenden zum Lehrenden. Sie steigern Ihre eigene Motivation, und Sie motivieren andere.

399 Michel: Je öfter und intensiver Sie solche Situationen vor Ihrem geistigen Auge sehen und dabei Selbstgespräche üben (laut oder zumindest in Gedanken), desto leichter wird Ihnen die Meisterung solcher Situationen in der Praxis fallen.

400 Sophie: Für dieses geistige Training …

401Michel: … und für den Gebrauch der französischen Sprache in der Praxis wünschen wir Ihnen …

402 M & S: … viel Erfolg!

Epilog Wort für Wort

Epilogue
Epilog

389 Michel: Chers amis, vous voilà quasiment arrivés au
Teuere Freunde, ihr sieh-da [seid] beinahe angekommen an-dem

terme de notre cours. Vous avez suivi avec succès tous les
Ende von unserem Kurs. Dir habt verfolgt mit Erfolg all die

méandres de notre pensée …
Windungen von unserem Denken …

390 Sophie: … car vous aviez un objectif concret …
… denn ihr hattet ein Ziel konkretes …

Et pour le réaliser, vous avez choisi le bon chemin …
Und für es verwirklichen, ihr habt gewählt den guten Weg …

391 Michel: … celui de la méthode qui consiste à travailler de manière
… diesen von der Methode die besteht zu arbeiten von Art

cerveauphile, celui de la méthode Birkenbihl.
gehirn-freundlicher, diesen von der Methode Birkenbihl.

392 Sophie: Vous pouvez à tout instant intensifier votre progression dans
Ihr könnt zu allem Augenblick intensivieren euer Vorangehen in

cette voie …
diesem Weg …

393 Michel: … en saisissant chaque occasion qui s'offre à vous de
… durch ergreifend jede Gelegenheit die sich-anbietet zu euch von

fermer les yeux et de vous représenter une situation concrète
schließen die Augen und von euch vorstellen eine Situation konkrete

dans laquelle vous utilisez la langue française.
in der-welcher ihr benutzt die Sprache französische.

394 Sophie: Imaginez par exemple que vous rendez visite à un ou à
Vorstellt durch Beispiel daß ihr abstattet Besuch zu einem oder zu

une amie, chez lui ou chez elle.
einer Freundin, bei ihm oder bei ihr.

395 Michel: Désormais, vous pouvez vous entretenir avec lui – ou avec elle
Ab-jetzt, ihr könnt euch unterhalten mit ihm – oder mit ihr
– de l'aménagement de son appartement.
– von der-Einrichtung von seiner/ihrer Wohnung.

396 Sophie: Ou bien: imaginez que vous vouliez faire découvrir à
Oder aber: vorstellt daß ihr wollen-möget machen entdecken zu
quelqu'un la façon dont on peut travailler de manière
irgend-einem die Fasson wovon man kann arbeiten von Art
cerveauphile.
gehirn-freundlicher.

397 Michel: Vous pourriez lui expliquer la méthode PEG de
Ihr können-würdet ihm erklären die Methode PEG von
mémorisation.
Memorierung.

398 Sophie: De cette façon, vous franchissez même un échelon.
Von dieser Fasson, ihr überschreitet sogar eine Leitersprosse.
L'élève que vous êtes devient enseignant. Vous vous
Der-Lerner der ihr seid wird Unterrichtender. Ihr euch
motivez vous-même tout en motivant les autres.
motiviert euch-selbst alles durch motivierend die anderen.

399 Michel: Le plus souvent et le plus intensément possible, vous devez
Das meist oftmalig und das meist intensiv mögliche, ihr sollt
vous représenter ce genre de situation tout en vous
euch vorstellen dieses Genre von Situation ganz durch euch
parlant à vous-même (à voix haute, ou au moins à
sprechend zu euch-selbst (mit Stimme lauter, oder zumindest mit
voix basse): il vous sera alors d'autant plus facile de
Stimme leiser): es euch sein-wird dann von-soyiel mehr leicht von
maîtriser ce genre de situation dans la pratique.
meistern dieses Genre von Situation in der Praxis.

400 Sophie: Pour cet entraînement mental …
Für dieses Training mentale …

401	Michel:	… et	pour	le	français	dans	la	pratique	il	ne	nous	reste
		… und	**für**	**das**	**Französische**	**in**	**der**	**Praxis**	**es**	**nicht**	**uns**	**bleibt**
		plus		qu'à	vous	souhaiter:						
		mehr	**[anderes]**	**als-zu**	**euch**	**wünschen:**						
402	M & S:	Tout	le	succès	du	monde!						
		All	**den**	**Erfolg**	**von-der**	**Welt!**						

Epilog Französisch

Epilogue

389 Michel: Chers amis, vous voilà quasiment arrivés au terme de notre cours. Vous avez suivi avec succès tous les méandres de notre pensée …

390 Sophie: … car vous aviez un objectif concret… Et pour le réaliser, vous avez choisi le bon chemin …

391 Michel: … celui de la méthode qui consiste à travailler de manière cerveauphile, celui de la méthode Birkenbihl.

392 Sophie: Vous pouvez à tout instant intensifier votre progression dans cette voie …

393 Michel: … en saisissant chaque occasion qui s'offre à vous de fermer les yeux et de vous représenter une situation concrète dans laquelle vous utilisez la langue française.

394 Sophie: Imaginez par exemple que vous rendez visite à un ou à une amie, chez lui ou chez elle.

395 Michel: Désormais, vous pouvez vous entretenir avec lui – ou avec elle – de l'aménagement de son appartement.

396 Sophie: Ou bien: imaginez que vous vouliez faire découvrir à quelqu'un la façon dont on peut travailler de manière cerveauphile.

397 Michel: Vous pourriez lui expliquer la méthode PEG de mémorisation.

398 Sophie: De cette façon, vous franchissez même un échelon. L'élève que vous êtes devient enseignant. Vous vous motivez vous-même tout en motivant les autres.

399 Michel: Le plus souvent et le plus intensément possible, vous devez vous représenter ce genre de situation tout en vous parlant à vous-même (à voix haute, ou au moins à voix basse): il vous sera alors d'autant plus facile de maîtriser ce genre de situation dans la pratique.

400 Sophie: Pour cet entraînement mental …

401 Michel: … et pour le français dans la pratique il ne nous reste plus qu'à vous souhaiter:

402 M & S: Tout le succès du monde!

➤ *Um Ihnen, liebe Lerner, die Möglichkeit zu geben, auch die Du-Form des Französischen kennenzulernen, beschließen wir diesen Kurs mit einer entsprechenden Fassung von Lektion 21.*

LEÇON 21*

Ergänzungslektion: Wohnung (Anfang)

Es ist Samstag, ca. halb zwei Uhr mittags. Sophie sitzt im Wohnzimmer ihrer Wohnung und sieht fern. Es klingelt. Sie geht zur Tür und öffnet. Der Fernseher ist im Hintergrund noch zu hören.

42* Sophie: Oh, Michel! Was für eine Überraschung! Wie schön, daß du mal wieder bei mir vorbeischaust.

43* Michel: Ich hatte heute mittag ein Geschäftsessen ganz in der Nähe, und da dachte ich … Ich hoffe, ich halte dich nicht von irgend etwas ab?

44* Sophie: Nein, nein. Du störst überhaupt nicht. Ich habe nur ferngesehen.

Michel überreicht Sophie einen Strauß Blumen.

45* Michel: Ich hatte gehofft, du wärst zu Hause. Sonst hätte ich dir die Blumen vor die Tür gelegt.

46* Sophie: Oh! Das ist lieb von dir. Vielen Dank!

47* Michel: Angenommen, du hättest die Blumen später vor deiner Tür gefunden …

48* Sophie: … dann hätte ich mich die ganze Nacht schlaflos im Bett gewälzt und mich gefragt, wer sie wohl da hingelegt haben könnte …

49* Michel: Du meinst, welcher deiner Verehrer sie wohl da hingelegt haben könnte …

50* Sophie: Ja, klar! Aber komm doch herein und leg ab!

Michel betritt die Wohnung, schließt die Tür hinter sich und legt ab. Sophie schaltet den Fernseher aus und verschwindet in der Küche, um die Blumen in eine Vase zu stellen. Michel folgt ihr. Sie läßt Wasser in die Vase laufen und gibt die Blumen hinein.

51* Sophie: Das ist wirklich ein wunderschöner Strauß. Er ist auch sehr hübsch arrangiert. Danke nochmals.

52* Michel: Gern geschehen. Ich hatte auch das Gefühl, die Floristin versteht ihr Handwerk. Allerdings muß ich gestehen, ich habe keine Ahnung, was das für Blumen sind.

53* Sophie: Alle kenne ich auch nicht. Die blaue hier ist eine Anemone; dies hier ist eine Gerbera, und diese wunderbaren roten sind Nelken.

54* Michel: Außer Margeriten und Tulpen kenne ich so gut wie keine Blumen …

55* Sophie: Da geht es dir wie den meisten Männern …

56* Michel: Ich schlage vor, das Thema zu wechseln.

57* Sophie: Einverstanden. Was möchtest du trinken? Kaffee, Tee, Mineralwasser, Cola, Saft, Bier? Oder vielleicht …

58* Michel: Stop! Mineralwasser klingt gut.

59* Sophie: Du kennst dich aus …

60* Michel: Klar …

Michel öffnet den Kühlschrank.

61* Michel: Kaltes Wasser ist im Kühlschrank, und wenn ich mich richtig erinnere, müßten hier die Gläser sein.

Michel öffnet einen Küchenschrank.

62* Sophie: Ist dir eigentlich etwas aufgefallen?

63* Michel: Was meinst du?

64* Sophie: Laß mal deine Blicke schweifen …

65* Michel: Du hast die Küche renoviert!

66* Sophie: Naja, sagen wir, die Handwerker haben die Küche renoviert. Mein Beitrag war nur die Auswahl der Materialien.

67* Michel: Ja, aber wenn man schlecht auswählt, nützt auch die beste Installation nichts. Mir gefällt es jedenfalls.

68* Sophie: Wollen wir mal sehen, ob du erkennst, was in meiner Wohnung alles neu ist.

69* Michel: Du willst mein visuelles Gedächtnis testen? Nun gut, schauen wir mal! Also, erstens ist die Küche neu gestrichen worden …

70* Sophie: Stimmt! Mir gefiel das alte Weiß einfach nicht mehr, und es war ja im Laufe der Jahre eh schon grau geworden.

71* Michel: Der Eßtisch ist irgendwie anders … die Eckbank und die Stühle sind hingegen eindeutig neu …

72* Sophie: Richtig! Die Eckbank und die Stühle sind tatsächlich neu gekauft. Und den Tisch habe ich vor kurzem von einer Tante geerbt.

73* Michel: Aha! Dann scheinen mir die Küchenarmaturen irgendwie anders zu sein … sind sie auch neu?

74* Sophie: Ja, die alten Armaturen hatten einfach schon zu viele Flecken und Kratzer.

75* Michel: Neben dem Herd sehe ich jetzt einen Geschirrspüler.

76* Sophie: Genau! Ich hatte einfach keine Lust mehr, Teller und Gläser von Hand zu spülen.

77* Michel: Vergiß bloß Messer, Gabeln und Löffel nicht!

78* Sophie: Also, nimm bitte Flasche und Glas, ich nehme die Blumen, und wir gehen ins Wohnzimmer, einverstanden?

79* Michel: Ins ebenfalls renovierte Wohnzimmer …?

80* Sophie: Laß dich überraschen!

Sie gehen ins Wohnzimmer. Sophie stellt die Vase mit den Blumen auf den Tisch.

Lektion 21* Wort für Wort

Leçon	supplémentaire:	Appartement	(Début)
Lektion	**ergänzungsmäßige:**	**Wohnung**	**(Anfang)**

(…)[1]

42* Sophie:

Oh,	Michel!	Quelle	surprise!	Comme	c'est	gentil
Oh,	**Michel!**	**Welche**	**Überraschung!**	**Wie**	**dies-ist**	**liebenswürdig**

de	passer	me	voir.
von	**vorbeikommen**	**mich**	**sehen.**

43* Michel:

J'avais	un	repas	d'affaires	ce	midi	tout	près
Ich-hatte	**eine**	**Mahlzeit**	**von-Geschäften**	**diesen**	**Mittag**	**ganz**	**nahe**

d'ici,	alors	je	me	suis	dit	que …	J'espère	que	je	ne
von-hier,	**dann**	**ich**	**mir**	**bin**	**gesagt**	**daß …**	**Ich-hoffe**	**daß**	**ich**	**nicht**

te	dérange	pas?
dich	**stören-möge**	**nicht?**

44* Sophie:

Non,	non,	pas	du	tout.	J'étais	devant	la	télé.
Nein,	**nein,**	**nicht**	**von-dem**	**Ganzen[2].**	**Ich-war**	**vor**	**dem**	**Fernseher.**

(…)

1 Das Symbol (…) deutet Szenerie- oder Handlungsbeschreibungen im deutschen Text an.

2 *nicht von-dem Ganzen = überhaupt nicht*

45* Michel: J'espérais bien que tu serais là. Sinon, j'aurais
Ich-hoffte wohl daß du sein-würdest da. Sonst, ich-haben-würde

laissé ce bouquet à la porte.
gelassen diesen Strauß an der Tür.

46* Sophie: Oh, c'est très gentil. Merci beaucoup!
Oh, dies-ist sehr liebenswürdig. Danke viel!

47* Michel: Admettons que tu l'aies trouvé devant ta
Annehmen[-wir] daß du ihn-haben-mögest gefunden vor deiner

porte …
Tür …

48* Sophie: … j'aurais sans doute passé toute la nuit à me
… ich-haben-würde ohne Zweifel verbracht all die Nacht zu mir

creuser la tête pour savoir qui avait bien pu …
aushöhlen den Kopf für wissen wer hatte wohl gekonnt …

49* Michel: Tu veux sans doute dire lequel de tes nombreux
Du willst ohne Zweifel sagen der-welcher von deinen zahlreichen

admirateurs aurait pu …
Bewunderern haben-würde gekonnt …

50* Sophie: Bien sûr! Mais entre, je t'en prie, et mets-toi à
Natürlich! Aber eintritt, ich dich-davon bitte, und stell-dich zu

l'aise!
der-Bequemlichkeit[3]!

(…)

51* Sophie: C'est vraiment un très joli bouquet, et merveilleusement
Dies-ist wahrlich ein sehr hübscher Strauß, und wunderbar

composé. Merci encore.
zusammengestellt. Danke nochmals.

52* Michel: Je t'en prie. J'ai aussi eu l'impression que la
Ich dich-davon bitte. Ich-habe auch gehabt den-Eindruck daß die

[3] *sich zu der-Bequemlichkeit stellen = ablegen, es sich bequem machen*

fleuriste connaissait bien son métier. Pour ma part, j'avoue
Floristin kannte gut ihr Metier. Für meinen Teil, ich-gestehe

que j'ignore totalement de quelles fleurs il s'agit.
daß ich-nicht-weiß total von welchen Blumen es sich-handelt.

53* Sophie: Je ne les connais pas toutes, moi non plus. La bleue ici,
Ich nicht sie kenne nicht alle, ich ebensowenig. Die blaue hier,

c'est une anémone de Caen; celle-ci, c'est une gerbera,
dies-ist eine Anemone von Caen; diese-hier, dies-ist eine Gerbera,

et celles-ci, de ce merveilleux rouge, ce sont des
und diese-hier, von diesem wunderbaren Rot, dies sind von-den

œillets.
Nelken.

54* Michel: Personnellement, à part les marguerites et les tulipes,
Persönlich, bei Seite die Margeriten und die Tulpen,

je ne m'y connais pas vraiment en fleurs …
ich nicht mich-darin kenne nicht wahrlich in Blumen …[4]

55* Sophie: Tu n'es pas différent de la plupart des
Du nicht-bist nicht verschieden von dem Großteil von-den

hommes …
Männern …

56* Michel: Je propose de changer de sujet.
Ich vorschlage von wechseln von Thema.

57* Sophie: Si tu veux. Que puis-je t'offrir? Café, thé, eau
Falls du willst. Was kann-ich dir-anbieten? Kaffee, Tee, Wasser

minérale, coca, jus de fruit, bière, ou bien …
mineralisches, Coke, Saft von Frucht, Bier, oder aber …

58* Michel: Stop, stop. Une eau minérale, ça ira.
Stop, stop. Ein Wasser mineralisches, dies-da gehen-wird.

59* Sophie: Tu sais où elle se trouve …
Du weißt wo es sich findet …

4 *Ich nicht mich-darin kenne nicht wahrlich in Blumen. = Bei Blumen kenne ich mich wirklich nicht aus.*

60* Michel: Bien sûr …
Natürlich …

(…)

61* Michel: L'eau froide se trouve dans le réfrigérateur, et, si je
Das-Wasser kalte sich findet in dem Kühlschrank, und, falls ich

me souviens bien, les verres devraient être là.
mich erinnere gut, die Gläser sollen-würden sein da.

(…)

62* Sophie: Au fait, n'as-tu rien remarqué?
Zu-dem Übrigen, nicht-hast-du nichts[5] bemerkt?

63* Michel: Que veux-tu dire?
Was willst-du sagen?

64* Sophie: Regarde autour de toi …
Schau ringsherum von dir …

65* Michel: Ah, tu as rénové la cuisine!
Ah, du hast renoviert die Küche!

66* Sophie: Disons plutôt que j'ai fait rénover la cuisine. Ma
Sagen[-wir] eher daß ich-habe gemacht renovieren[6] die Küche. Mein

contribution s'est limitée au choix des matériaux.
Beitrag sich-ist begrenzt zu-der Wahl von-den Materialien.

67* Michel: Peut-être, mais la meilleure installation ne sauvera jamais
Vielleicht, aber die beste Installation nicht retten-wird niemals

un mauvais choix. En tout cas, cela me plaît beaucoup.
eine schlechte Wahl. In allem Fall[7], dies-da mir gefällt viel.

68* Sophie: Voyons si tu es capable de reconnaître tout ce qu'il y
Sehen[-wir] ob du bist fähig von erkennen all dies was-es da

5 Tauchen in einem Satz Wörter wie *nichts, niemand, nie, nirgendwo, nicht einer…* auf, so muß in diesem Satz ein zusätzliches *nicht* stehen.

6 Anstatt *lassen* sagt man im Französischen oft *machen*.

7 *in allem Fall = jedenfalls*

a de neuf dans l'appartement.
hat[8] von neuem in der-Wohnung.

69* Michel: Tu veux tester ma mémoire visuelle, c'est cela? Eh bien,
Du willst testen mein Gedächtnis visuelles, dies-ist dies-da? Nun gut,

allons-y … Premièrement: la cuisine a été
gehen[-wir]-dahin … Erstens: die Küche hat gewesen

repeinte …
neugestrichen …

70* Sophie: Effectivement! L'ancien blanc ne me plaisait plus, et
In-der-Tat! Das-vorherige Weiß nicht mir gefiel mehr, und

d'ailleurs, au Fil des années, il était devenu
von-übrigens, an-dem Faden von-den Jahren[9], es war geworden

plutôt gris.
eher grau.

71* Michel: La table – elle est différente quelque part … et puis le
Der Tisch – er ist verschieden irgendeinen Teil[10] … und dann die

banc et les chaises – tu les as changés, manifestement …
Bank und die Stühle – du sie hast gewechselt, offenkundig …

72* Sophie: C'est vrai! Le banc est neuf et les chaises aussi. Quant à
Dies-ist wahr! Die Bank ist neu und die Stühle auch. Wieviel zu[11]

la table, je viens de l'hériter d'une de mes tantes.
dem Tisch, ich komme von ihn-erben[12] von-einer von meinen Tanten.

73* Michel: Ah! La robinetterie aussi, elle me semble différente … elle est
Ah! Die Armatur auch, sie mir scheint verschieden … sie ist

neuve, elle aussi?
neu, sie auch?

[8] *es da hat = es gibt*
[9] *an-dem Faden von den Jahren = im Laufe der Jahre*
[10] *irgendeinen Teil = irgendwie*
[11] *wieviel zu … = was … betrifft*
[12] Anstatt *Ich habe gerade gelesen., Du hast gerade geschrieben., Er hat gerade geraucht.* u.a. sagt man im Französischen *Ich komme von lesen., Du kommst von schreiben., Er kommt von rauchen.* usw.

74* Sophie: Oui. L'ancienne était pleine de taches et de rayures.
Ja. Die-vorherige war voll von Flecken und von Kratzern.

75* Michel: A côté de la cuisinière, il y a maintenant un
An [der] Seite von dem Herd, es da hat jetzt einen
lave-vaisselle.
Geschirrspüler.

76* Sophie: Exact! J'en avais par-dessus la tête de laver tous ces
Genau! Ich-davon hatte bis-oben den Kopf von waschen all diese
verres et toutes ces assiettes à la main!
Gläser und all diese Teller zu der Hand!

77* Michel: Tu oublies les couteaux, les fourchettes et les cuillères!
Du vergißt die Messer, die Gabeln und die Löffel!

78* Sophie: Bon, prends ta bouteille et ton verre, je me charge des
Gut, nimm deine Flasche und dein Glas, ich mich belade von-den
fleurs et nous allons dans le séjour,
Blumen und wir gehen in das Wohnzimmer,
d'accord?
von-Übereinstimmung[13]?

79* Michel: Un séjour rénové, lui aussi …?
Ein Wohnzimmer renoviertes, es auch …?

80* Sophie: Tu verras bien!
Du sehen-wirst wohl!

Lektion 21* Französisch

Leçon supplémentaire: Appartement (Début)

(…)

42* Sophie: Oh, Michel! Quelle surprise! Comme c'est gentil de passer me voir.

43* Michel: J'avais un repas d'affaires ce midi tout près d'ici, alors je me suis dit que … J'espère que je ne te dérange pas?

[13] *von-Übereinstimmung = einig, einverstanden*

44* Sophie: Non, non, pas du tout. J'étais devant la télé.

(...)

45* Michel: J'espérais bien que tu serais là. Sinon, j'aurais laissé ce bouquet à la porte.

46* Sophie: Oh, c'est très gentil. Merci beaucoup!

47* Michel: Admettons que tu l'aies trouvé devant ta porte ...

48* Sophie: ... j'aurais sans doute passé toute la nuit à me creuser la tête pour savoir qui avait bien pu ...

49* Michel: Tu veux sans doute dire lequel de tes nombreux admirateurs aurait pu ...

50* Sophie: Bien sûr! Mais entrée je t'en prie, et mets-toi à l'aise!

51 * Sophie: C'est vraiment un très joli bouquet, et merveilleusement composé. Merci encore.

52* Michel: Je t'en prie. J'ai aussi eu l'impression que la fleuriste connaissait bien son métier. Pour ma part, j'avoue que j'ignore totalement de quelles fleurs il s'agit.

53* Sophie: Je ne les connais pas toutes, moi non plus. La bleue ici, c'est une anémone de Caen; celle-ci, c'est une gerbera, et celles-ci, de ce merveilleux rouge, ce sont des œillets.

54* Michel: Personnellement, à part les marguerites et les tulipes, je ne m'y connais pas vraiment en fleurs ...

55* Sophie: Tu n'es pas différent de la plupart des hommes ...

56* Michel: Je propose de changer de sujet.

57* Sophie: Si tu veux. Que puis-je t'offrir? Café, thé, eau minérale, coca, jus de fruit, bière, ou bien ...

58* Michel: Stop, stop. Une eau minérale, ça ira.

59* Sophie: Tu sais où elle se trouve ...

60* Michel: Bien sûr ...

(...)

61* Michel: L'eau froide se trouve dans le réfrigérateur, et, si je me souviens bien, les verres devraient être là.

(...)

62* Sophie: Au fait, n'as-tu rien remarqué?

63* Michel: Que veux-tu dire?

64* Sophie: Regarde autour de toi …

65* Michel: Ah, tu as rénové la cuisine!

66* Sophie: Disons plutôt que j'ai fait rénover la cuisine. Ma contribution s'est limitée au choix des matériaux.

67* Michel: Peut-être, mais la meilleure installation ne sauvera jamais un mauvais choix. En tout cas, cela me plaît beaucoup.

68* Sophie: Voyons si tu es capable de reconnaître tout ce qu'il y a de neuf dans l'appartement.

69* Michel: Tu veux tester ma mémoire visuelle, c'est cela? Eh bien, allons-y … Premièrement: la cuisine a été repeinte …

70* Sophie: Effectivement! L'ancien blanc ne me plaisait plus, et d'ailleurs, au fil des années, il était devenu plutôt gris.

71* Michel: La table – elle est différente quelque part… et puis le banc et les chaises – tu les as changés, manifestement …

72* Sophie: C'est vrai! Le banc est neuf et les chaises aussi. Quant à la table, je viens de l'hériter d'une de mes tantes.

73* Michel: Ah! La robinetterie aussi, elle me semble différente … elle est neuve, elle aussi?

74* Sophie: Oui. L'ancienne était pleine de taches et de rayures.

75* Michel: A côté de la cuisinière, il y a maintenant un lave-vaisselle.

76* Sophie: Exact! J'en avais par-dessus la tête de laver tous ces verres et toutes ces assiettes à la main!

77* Michel: Tu oublies les couteaux, les fourchettes et les cuillères !

78* Sophie: Bon, prends ta bouteille et ton verre, je me charge des fleurs et nous allons dans le séjour, d'accord?

79* Michel: Un séjour rénové, lui aussi …?

80* Sophie: Tu verras bien!

(…)

Die Birkenbihl-Methode:

Französisch 2

für Fortgeschrittene

von Vera F. Birkenbihl und Rainer Gerthner

PROLOGUE

Prolog

1[1] Michel: Wir heißen Sie herzlich willkommen zu Teil Zwei unseres Kurses „Französisch für fortgeschrittene Lerner"!

2 Sophie: Sie haben eine Entscheidung getroffen, …

3 Michel: … nämlich die Entscheidung, Ihre Französischkenntnisse gehirn-gerecht zu vertiefen.

4 Sophie: Hierbei ist es völlig egal, ob Sie bereits Erfahrungen mit der Birkenbihl-Methode gesammelt haben oder ob dies Ihr erster Kontakt mit dieser Methode ist.

5 Michel: Falls Sie schon mit Birkenbihl-Kursen gearbeitet haben, wissen Sie bereits, was gehirn-gerechtes Sprachenlernen ist. Sie wissen, wie einfach Sprachen lernen dadurch wird …

6 Sophie: … ohne Pauken von Vokabeln und Grammatikregeln, ohne Lehrer und Mitschüler …

7 Michel: … aber dafür mit Einsatz des Unterbewußtseins und mit der Freiheit, von den vier sprachlichen Grundfertigkeiten – Hören, Sprechen, Lesen und Schreiben – nur diejenigen zu erwerben, die Sie auch erwerben wollen.

8 Sophie: Falls dies der erste Birkenbihl-Kurs ist, mit dem Sie eine Fremdsprache erlernen wollen, werden Sie neue Erfahrungen machen.

9 Michel: Sie werden sehen, …

10 Sophie: … wie aufschlußreich es ist, eine fremde Sprachstruktur durch die wort-wörtliche Übersetzung transparent zu sehen, …

11 Michel: … wie motivierend es ist, beim Sprachenlernen die Lernziele selber auszuwählen, …

12 Sophie: … und wie angenehm es ist, das Lerntempo selber zu bestimmen.

13 Michel: Und Sie werden vor allem erkennen, was gehirn-gerechtes Sprachenlernen im Kern ist, …

14 Sophie: … nämlich der Einsatz von mehr Sinnen und mehr Bewußtseinsebenen als beim herkömmlichen Sprachenlernen.

[1] Um Ihnen, liebe Lerner, die Orientierung zu erleichtern, sind die Sprechereinsätze im deutschen Text, in der De-Kodierung und im französischen Text fortlaufend durchnumeriert.

15 Michel: Sie werden bewußt lesen, bewußt hören und sich ganz bewußt bildhafte Vorstellungen machen.

16 Sophie: Aber Sie werden auch unbewußt hören und dadurch einen Großteil der Lernarbeit an Ihr Unterbewußtsein delegieren.

17 Michel: Dies kostet Sie keine Extraminute Ihrer wertvollen Zeit und wird Ihnen beweisen, daß unbewußtes Lernen hervorragend funktioniert.

18 Sophie: Und das beste daran ist: Sie müssen es lediglich zulassen!

19 Michel: Lassen Sie sich einfach darauf ein, während Sie Sophie und mich durch die Stadt begleiten …

Prolog Wort für Wort

Prologue
Prolog

1 Michel: Bonjour – bienvenue à la deuxième partie de notre
Guten-Tag[1] – willkommen zu dem zweiten Teil[2] von unserem

cours de «Français pour élèves avancés».
Kurs von „Französisch für Lerner fortgeschrittene“

2 Sophie: Vous avez pris une décision …
Ihr habt genommen[3] eine Entscheidung …

3 Michel: … celle d'approfondir vos connaissances de français de
… diese von-vertiefen euere Kenntnisse von Französisch von

manière cerveauphile.
Art gehirn-freundlicher.

1 Um die Struktur des Französischen möglichst transparent zu machen, wird in der De-Kodierung bisweilen bewußt gegen die Regeln der deutschen Rechtschreibung verstoßen.

2 Das grammatikalische Geschlecht des Französischen wird in den De-Kodierungen nicht berücksichtigt.

3 Spricht man eine oder mehrere Personen höflich an, bedient man sich im Französischen der Ihr-Form. Anstatt Sie *waschen sich Ihre Hände,* sagt man also *Ihr wascht euch euere Hände.*

4 Sophie: Peu importe que vous ayez déjà l'expérience de la
Wenig wichtig daß ihr haben-möget schon die-Erfahrung von der

méthode Birkenbihl ou qu'il s'agisse de votre
Methode Birkenbihl oder daß-es sich-handeln-möge von euerem

premier contact avec cette méthode.
ersten Kontakt mit dieser Methode.

5 Michel: Si vous avez suivi les cours Birkenbihl, vous savez déjà à
Falls ihr habt verfolgt die Kurse Birkenbihl, ihr wißt schon zu

quoi correspond l'apprentissage des langues cerveauphile. Vous
was entspricht das-Lernen von-den[4] Sprachen gehirn-freundliche. Ihr

savez comment l'apprentissage s'en trouve facilité ...
wißt wie das-Lernen sich-davon findet Leichtigkeit ...

6 Sophie: ... sans listes de vocabulaire, sans règles de grammaire, sans
... ohne Listen von Wortschatz, ohne Regeln von Grammatik, ohne

enseignant et sans condisciples ...
Unterrichtenden und ohne Mitschüler ...

7 Michel: ... mais en faisant appel à votre subconscient et en
... aber durch machend Anruf zu euerem Unterbewußtsein und durch

vous laissant la liberté, parmi les quatre facultés fondamentales
euch lassend die Freiheit, unter den vier Fähigkeiten grundlegenden

concernant une langue – à savoir la comprendre, la
betreffend eine Sprache – zu wissen sie [zu] verstehen, sie [zu]

parler, la lire et l'écrire – de n'acquérir
sprechen, sie [zu] lesen und [zu] sie-schreiben – von nicht-erwerben

que celle que vous souhaitez vraiment acquérir.
[anderes][5] als diese die ihr wünscht wahrlich [zu] erwerben.

[4] Anstatt *Ich lese Bücher, Du schreibst Briefe., Er beobachtet Tiere,* u.a. sagt man im Französischen *Ich lese von-den Büchern., Du schreibst von-den Briefen., Er beobachtet von-den Tieren,* u.a.

[5] Anstatt *Ich fahre nur Fahrrad., Du kommst erst morgen,* usw. sagt man im Französischen oft *Ich nicht fahre [anderes] als Fahrrad., Du nicht kommst [anders] als morgen,* usw. Das *nur bzw. er*st wird also durch *nicht [ander(e)s] als* umschrieben.

8 Sophie: S'il s'agit de votre premier contact avec le cours
Falls-es sich-handelt von euerem ersten Kontakt mit dem Kurs

de langue Birkenbihl, vous allez faire de nombreuses
von Sprache Birkenbihl, ihr geht [zu] machen[6] **von zahlreichen**

découvertes.
Entdeckungen.

9 Michel: Découvrir par exemple …
Entdecken durch Beispiel …

10 Sophie: … combien il est instructif de rendre transparente la structure
… wieviel es ist lehrreich von machen transparent die Struktur

d'une langue étrangère par une traduction mot à
von-einer Sprache fremden durch eine Übersetzung Wort für

mot …
Wort …

11 Michel: … combien il est motivant dans l'apprentissage des langues
… wieviel es ist motivierend in dem-Lernen von-den Sprachen

de définir soi-même ses objectifs …
von definieren sich-selbst seine Ziele …

12 Sophie: … et combien il est agréable de déterminer soi-même le
… und wieviel es ist angenehm von bestimmen sich-selbst den

rythme de l'apprentissage.
Rhythmus von dem-Lernen.

13 Michel: Surtout, vous vous rendrez compte sur quoi
Vor-allem, ihr euch abstatten-werdet Berücksichtigung auf was

repose cet apprentissage des langues cerveauphile:
beruht dieses Lernen von-den Sprachen gehirn-freundliche:

14 Sophie: … il fait appel à un plus grand nombre de facultés
… es macht Anruf zu einer mehr großen Zahl von Fähigkeiten

[6] Anstatt *Ich werde schreiben., Du wirst lesen., Er wird rechnen,* usw. sagt man im Französischen oft *Ich gehe [zu] schreiben., Du gehst [zu] lesen., Er geht [zu] rechnen.*

sensitives et de niveaux de conscience que les méthodes
sinnlichen und von Niveaus von Bewußtsein als die Methoden

conventionnelles d'apprentissage des langues.
konventionellen von-Lernen von-den Sprachen.

15 Michel: Vous lirez de façon consciente, vous comprendrez de
Ihr lesen-werdet von Fasson bewußter, ihr verstehen-werdet von

façon consciente, et c'est de façon consciente aussi que vous
Fasson bewußter, und dies-ist von Fasson bewußter auch daß ihr

créerez des images.
schaffen-werdet von-den Bildern.

16 Sophie: Mais vous comprendrez aussi de façon inconsciente et c'est
Aber ihr verstehen-werdet auch von Fasson unbewußter und dies-ist

là que vous déléguerez une grande partie du travail
da daß ihr delegieren-werdet einen großen Teil von-der Arbeit

d'apprentissage à votre subconscient.
von-Lernen zu euerem Unterbewußtsein.

17 Michel: Cela ne vous prendra pas une seule minute de plus
Dies-da nicht euch nehmen-wird nicht[7] eine einzige Minute von mehr

de votre précieux temps et vous prouvera que
von euerer kostbaren Zeit und euch beweisen-wird daß

l'apprentissage inconscient fonctionne parfaitement.
das-Lernen unbewußte funktioniert perfekt.

18 Sophie: Le grand avantage de cette méthode: il vous suffit d'être
Der große Vorteil von dieser Methode: es euch ausreicht von-sein

ouvert …
geöffnet …

19 Michel: Alors laissez-vous entraîner accompagnez-nous, Sophie et
Dann laßt-euch mitreißen begleitet-uns, Sophie und

moi, en ville
mich, in [die] Stadt

[7] Im Französischen verneint man immer doppelt!

Prolog Französisch

Prologue

1 Michel: Bonjour – bienvenue à la deuxième partie de notre cours de «Français pour élèves avancés».

2 Sophie: Vous avez pris une décision …

3 Michel: … celle d'approfondir vos connaissances de français de manière cerveauphile.

4 Sophie: Peu importe que vous ayez déjà l'expérience de la méthode Birkenbihl ou qu'il s'agisse de votre premier contact avec cette méthode.

5 Michel: Si vous avez suivi les cours Birkenbihl, vous savez déjà à quoi correspond l'apprentissage des langues cerveauphile. Vous savez comment l'apprentissage s'en trouve facilité …

6 Sophie: … sans listes de vocabulaire, sans règles de grammaire, sans enseignant et sans condisciples …

7 Michel: … mais en faisant appel à votre subconscient et en vous laissant la liberté, parmi les quatre facultés fondamentales concernant une langue – à savoir la comprendre, la parler, la lire et l'écrire – de n'acquérir que celle que vous souhaitez vraiment acquérir.

8 Sophie: S'il s'agit de votre premier contact avec le cours de langue Birkenbihl, vous allez faire de nombreuses découvertes.

9 Michel: Découvrir par exemple …

10 Sophie: … combien il est instructif de rendre transparente la structure d'une langue étrangère par une traduction mot à mot …

11 Michel: … combien il est motivant dans l'apprentissage des langues de définir soi-même ses objectifs …

12 Sophie: … et combien il est agréable de déterminer soi-même le rythme de l'apprentissage.

13 Michel: Surtout, vous vous rendrez compte sur quoi repose cet apprentissage des langues cerveauphile:

14 Sophie: … il fait appel à un plus grand nombre de facultés sensitives et de niveaux de conscience que les méthodes conventionnelles d'apprentissage des langues.

15 Michel: Vous lirez de façon consciente, vous comprendrez de façon consciente, et c'est de façon consciente aussi que vous créerez des images.

16 Sophie: Mais vous comprendrez aussi de façon inconsciente et c'est là que vous déléguerez une grande partie du travail d'apprentissage à votre subconscient.

17 Michel: Cela ne vous prendra pas une seule minute de plus de votre précieux temps et vous prouvera que l'apprentissage inconscient fonctionne parfaitement.

18 Sophie: Le grand avantage de cette méthode: il vous suffit d'être ouvert …

19 Michel: Alors laissez-vous entraîner – accompagnez-nous, Sophie et moi, en ville …

➤ *Dies war der erste französische Dialog dieses Kurses, den Sie ohne Vokabellisten und Grammatikregeln gelernt haben. Nun fällt Ihnen mit jeder Lektion das Lernen leichter!*

LEÇON 31

Lektion Einunddreißig: Schaufensterauslagen

Michel und Sophie bleiben vor einer Nobelboutique stehen und betrachten die Auslagen im Schaufenster.

20 Sophie: Sehen Sie sich die Schaufensterpuppe mit der Unterwäsche an. Wer kann sich denn so etwas leisten? Da kosten Unterhemd, Unterhose und Strümpfe ja schon soviel wie anderswo ein ganzes Kleid.

21 Michel: Naja, es ist halt Markenunterwäsche.

22 Sophie: Bloß, weil irgendwo auf dem Kleidungsstück ein Etikett mit dem Namen eines Designers angebracht ist, zahle ich doch nicht solche Preise! Und bei Unterwäsche schon gleich gar nicht.

23 Michel: Ach, aber bei Oberbekleidung achten Sie auf Marken?!

24 Sophie: Nein, auch da nicht. Aber viele meiner Freunde tun es.

25 Michel: Daß heutzutage Markennamen oft wichtiger sind als die Produkte, die dahinterstehen, ist schon komisch.

26 Sophie: Ja, ich kenne dieses Phänomen von meinem Neffen Marc. Wenn er neue Turnschuhe, Jeans oder ein neues Hemd bekommt, dann müssen die unbedingt von einer bestimmten Firma sein. Ansonsten ist der Ärger vorprogrammiert.

27 Michel: Ich kann das verstehen. Kinder wie Marc sind eine ganz besondere Zielgruppe der Werbung im Fernsehen, im Radio oder auf Plakatwänden. Wenn dann einem gerade mal Neunjährigen andauernd suggeriert wird, daß sein ganzes Glück von dieser und jener Markenhose abhängt, hinterläßt das seine Spuren. Und Kinder können sich dem noch viel weniger entziehen als Erwachsene.

28 Sophie: Sie haben recht.

Sie betrachten ein weiteres Schaufenster.

29 Sophie: Vieles von dem, was da teuer verkauft wird, nähe ich mir sowieso selber.

30 Michel: Haben Sie das Kleid, das Sie heute tragen, etwa selber gemacht?

31 Sophie: Ja.

32 Michel: Kompliment! Es steht Ihnen ausgezeichnet.

33 Sophie: Danke.

Sie schlendern weiter und kommen an einem Elektrofachgeschäft vorbei, vor dem ein Zeitungskiosk steht. Michel und Sophie blicken durchs Schaufenster ins Innere des Geschäftes.

34 Sophie: Meine Güte! Wo soll das nur enden! Im Geschäft Fernseher, Radios, Computer, Telefone, Faxgeräte und am Kiosk Unmengen von Zeitungen und Zeitschriften. Und jedes dieser Medien überschwemmt uns mit Informationen. Wozu brauchen wir das alles eigentlich?

35 Michel: Machen wir doch ein Frage-Antwort-Spiel. Was tun Sie, wenn Sie wissen wollen, wie das Wetter am nächsten Tag wird?

36 Sophie: Naja, dann … dann sehe ich mir halt die Wettervorhersage im Fernsehen an.

37 Michel: Was tun Sie, wenn Sie Börsennotierungen irgendwelcher Aktien in Erfahrung bringen wollen?

38 Sophie: Oh Gott, Aktienkurse … da könnte ich … naja, ich könnte einen Blick in irgendeine Wirtschaftszeitung werfen oder einen Telefondienst anrufen.

39 Michel: Sie kochen doch gerne. Woher nehmen Sie die Rezepte?

40 Sophie: Also, am liebsten koche ich Rezepte nach, die ich in Zeitschriften finde. Ich sehe mir auch gerne Kochsendungen im Fernsehen an. In Kürze werden wir in unserem Wohnhaus Kabelfernsehen bekommen. Dann kann ich einen Spartenkanal empfangen, wo den ganzen Tag nur Kochsendungen laufen.

41 Michel: Eben haben Sie erzählt, daß Sie gerne schneidern. Woher nehmen Sie die Vorlagen?

42 Sophie: Die nehme ich auch meistens aus Zeitschriften. Als ich kürzlich bei meiner Schwester Carine zu Besuch war, hat mir Marc seinen Computer gezeigt. Er ist ans Internet angeschlossen, und Marc hat aus dem Netz sofort irgendwelche Schnittmustervorlagen geholt. Ich war davon total begeistert, und vielleicht werde ich ja auch … Ah, jetzt weiß ich, worauf Sie hinauswollen. Solange es um Gebiete geht, die uns nicht so sehr interessieren, entwickeln wir nicht viel Initiative, um an Informationen zu kommen.

43 Michel: Genau. Sobald aber eigene Interessensgebiete betroffen sind, setzen wir alles daran, um an Informationen zu kommen …

44 Sophie: … und stehen neuen Medien auch nicht skeptisch gegenüber.

Sophie lächelt Michel an.

45 Sophie: Zumindest auf einem Gebiet waren Sie zweifellos nie auf irgendwelche Medien angewiesen.

46 Michel: Welches Gebiet meinen Sie?

47 Sophie: Naja, hm, Kontaktanzeigen …

Lektion 31 Wort für Wort

Leçon Trente et un: Vitrines
Lektion Dreißig und eins: Schaufenster

(...)[1]

20 Sophie: Regardez le mannequin en sous-vêtements. Qui peut
Anschaut die Schaufensterpuppe in Unterkleidungen[2]. Wer kann

encore s'offrir des choses pareilles? La chemisette, le
noch sich-leisten von-den Sachen gleichen? Das Unterhemd, die

slip et les bas coûtent autant qu'une robe dans un
Unterhose und die Strümpfe kosten soviel wie-ein Kleid in einem

autre magasin.
anderen Geschäft.

21 Michel: Oui, mais c'est de la lingerie de marque.
Ja, aber dies-ist von der Unterwäsche von Marke.

22 Sophie: Ce n'est pas parce qu'une pièce de vêtement
Dies nicht-ist nicht durch-dies daß-ein Stück[3] von Kleidung

porte une étiquette avec la griffe d'un créateur que je
trägt ein Etikett mit dem Namenszug von-einem Designer daß ich

vais payer un tel prix! Encore moins pour des
gehe [zu] zahlen einen solchen Preis! Noch weniger für von-den

sous-vêtements.
Unterkleidungen.

23 Michel: Mais pour les vêtements, vous faites attention à la
Aber für die Kleidungen, ihr macht Aufmerksamkeit[4] zu der

marque?
Marke?

[1] Das Symbol *(...)* deutet Szenerie- oder Handlungsbeschreibungen im deutschen Text an.
[2] *Unterkleidungen = Unterwäsche*
[3] *durch-dies daß = weil*
[4] *Aufmerksamkeit machen = achten*

24 Sophie: Non, là non plus. Mais beaucoup de mes amis le
Nein, da ebensowenig. Aber viele von meinen Freunden es

font.
machen.

25 Michel: C'est quand même drôle qu'aujourd'hui les marques
Dies-ist trotzdem komisch daß-an-dem-Tag-von-heute[5] die Marken

soient souvent plus importantes que les produits eux-mêmes.
sein-mögen[6] oft mehr wichtig als die Produkte sie-selbst.

26 Sophie: C'est un phénomène que je connais bien chez mon neveu,
Dies-ist ein Phänomen daß ich kenne gut bei meinem Neffen,

Marc. Qu'on lui achète des chaussures de sport,
Marc. Daß-man ihm kaufen-möge von-den Schuhen von Sport,

des jeans ou une chemise, il faut toujours que ce
von-den Jeans oder ein Hemd, es nötig-ist immer daß dies

soit une marque précise. Sinon, c'est la guerre à tous les
sein-möge eine Marke präzise. Sonst, dies-ist der Krieg zu all den

coups.
Schlägen.

27 Michel: C'est bien compréhensible. Les jeunes tels que Marc constituent
Dies-ist wohl verständlich. Die Jungen solche wie Marc darstellen

une cible privilégiée pour la publicité, que ce soit à
eine Zielscheibe bevorzugte für die Werbung, daß dies sein-möge an

la télévision, à la radio ou par voie d'affiches.
dem Fernsehen, an dem Radio oder durch [den] Weg von-Plakaten.

Quand on n'arrête pas de suggérer á un gamin
Wenn man nicht-aufhört nicht von suggerieren zu einem Bub

de neuf ans que tout son bonheur dépend de tel
von neun Jahren daß all sein Glück abhängt von solcher

ou tel pantalon de marque, cela laisse des traces.
oder solcher Hose von Marke, dies-da läßt von-den Spuren.

5 *an-dem-Tag-von-heute = heute*

6 In Sätzen des Typus *Ich erwarte, daß …, Es ist nötig, daß …, Es bedeutet nicht, daß …* u.a. steht das Zeitwort im Daß-Satz in einer speziellen Form. Diese Form wird durch *mögen* de-kodiert, das an das Zeitwort angehängt wird.

Et les enfants échappent à cela moins facilement
Und die Kinder entkommen zu diesem-da weniger leicht

que les adultes.
als die Erwachsenen.

28 Sophie: Vous avez raison.
Ihr habt Recht.

(...)

29 Sophie: En fait, la plupart de ce qui est proposé ici
In [der] Tat, der Großteil von diesem was ist ausgestellt hier

au prix fort, je me le fais moi-même.
zu-dem Preis starken, ich mir es mache mir-selbst.

30 Michel: La robe que vous portez aujourd'hui, vous l'avez aussi
Das Kleid das ihr tragt an-dem-Tag-von-heute, ihr es-habt auch

faite vous-mêmes?
gemacht euch-selbst?

31 Sophie: Oui.
Ja.

32 Michel: Bravo! Elle vous va très bien.
Bravo! Es euch geht[7] sehr gut.

33 Sophie: Merci beaucoup.
Danke viel.

(...)

34 Sophie: Mon dieu, mais où allons-nous? Tous ces postes de télévision
Mein Gott, aber wohin gehen-wir? All diese Geräte von Fernsehen

à l'intérieur du magasin, et la radio, les ordinateurs,
an dem-Inneren von-dem Geschäft, und das Radio, die Rechner,

le téléphone, le télécopieur, et puis ces masses de journaux
das Telefon, das Fax, und dann diese Massen von Zeitungen

et de magazines dans le kiosque derrière nous. Des
und von Zeitschriften in dem Kiosk hinter uns. Von-den

[7] *Es euch geht sehr gut. = Es euch steht sehr gut.*

média et encore des média qui nous submergent
Medien und nochmals von-den Medien die uns überschwemmen

d'informations. Pourquoi avons-nous besoin de tout cela?
von-Informationen. Für-was[8] haben-wir Bedarf von all diesem-da?

35 Michel: Eh bien, jouons aux devinettes! Que faites-vous par
Nun gut, spielen[-wir] zu-den Rätseln! Was macht-ihr durch

exemple quand vous voulez connaître le temps qu'il
Beispiel wenn ihr wollt kennen das Wetter das-es

fera demain.
machen-wird morgen?

36 Sophie: Hm … je regarde la météo à la télé.
Hm … ich anschaue die Wettervorhersage an dem Fernsehen.

37 Michel: Et que faites-vous quand vous voulez connaître la cotation de
Und was macht-ihr wenn ihr wollt kennen die Notierung von

telle ou telle action en bourse?
solcher oder solcher Aktie an [der] Börse?

38 Sophie: Mon dieu, les cours de la bourse … eh bien, je peux … heu
Mein Gott, die Kurse von der Börse … nun gut, ich kann … hm

… oui, je peux jeter un coup d'œil dans un journal
… ja, ich kann werfen einen Schlag von-Auge[9] in eine Zeitung

économique ou bien appeler un service téléphonique.
wirtschaftliche oder aber anrufen einen Dienst telefonischen.

39 Michel: Vous qui aimez faire la cuisine, ou prenez-vous vos
Ihr die liebt[10] [zu] machen die Kochkunst, wo nehmt-ihr euere

recettes?
Rezepte?

40 Sophie: J'adore reprendre les recettes que je trouve dans les
Ich-anbete hernehmen die Rezepte die ich finde in den

[8] *für-was = warum*

[9] *Schlag von-Auge = Blick*

[10] Anstatt *etwas* oder *jemanden mögen* sagt man im Französischen *etwas oder jemanden lieben.*

magazines. J'aime aussi regarder les émissions de
Zeitschriften. Ich-liebe auch [zu] anschauen die Sendungen von

cuisine à la télévision. Nous aurons bientôt le câble
Kochkunst an dem Fernsehen. Wir haben-werden bald das Kabel

dans notre immeuble. Cela me permettra de recevoir
in unserem Wohnhaus. Dies-da mir erlauben-wird von empfangen

une chaîne thématique qui ne diffuse que des
einen Sender thematischen der nicht ausstrahlt [anderes] als von-den

émissions de cuisine.
Sendungen von Kochkunst.

41 Michel: A l'instant, vous disiez aimer la couture. Où
Zu dem-Augenblick, ihr sagtet [zu] lieben die Schneiderei. Wo

prenez-vous vos patrons?
nehmt-ihr euere Schnittmuster?

42 Sophie: Hum, la plupart du temps aussi dans des magazines.
Hm, den Großteil von-der Zeit auch in von-den Zeitschriften.

Mais tout récemment, j'étais en visite chez ma sœur,
Aber ganz kürzlich, ich-war auf Besuch bei meiner Schwester,

Carine, et Marc m'a fait voir son ordinateur. Il a
Carine, und Marc mich-hat gemacht sehen[11] seinen Rechner. Er hat

accès à internet, et il m'a montré à quelle
Zugang zu [dem] Internet, und er mir-hat gezeigt mit welcher

vitesse il pouvait aller chercher des patrons
Geschwindigkeit er konnte gehen [zu] suchen von-den Schnittmustern

de couture sur le réseau. J'ai trouvé ça formidable,
von Schneiderei auf dem Netz. Ich-habe gefunden dies-da fabelhaft,

et je me demande si je ne vais pas, moi aussi …
und ich mich frage ob ich nicht gehe nicht, ich auch …

Ça y est, j'ai compris. Tant qu'il s'agit de
Dies-da da ist, ich-habe verstanden. Solange daß-es sich-handelt von

domaines qui ne nous intéressent pas au premier chef, nous
Gebieten die nicht uns interessieren nicht an-dem ersten Chef[12], wir

[11] Anstatt *lassen* sagt man im Französischen oft *machen.*

[12] *an-dem ersten Chef= in erster Linie*

ne faisons pas beaucoup d'efforts pour nous
nicht machen nicht viel von-Anstrengungen für uns

informer.
informieren.

43 Michel: Exactement. Mais dès que nos centres d'intérêt sont
Genau. Aber sobald daß unsere Zentren von-Interesse sind

concernés, nous faisons tout pour obtenir davantage
betroffen, wir machen alles für erhalten mehr

d'informations …
von-Informationen …

44 Sophie: … et nous faisons preuve de moins de scepticisme face
… und wir machen Beweis von weniger von Skepsis angesichts

aux nouveaux média.
zu-den neuen Medien.

(…)

45 Sophie: Vous, dans un domaine au moins, vous n'avez sans doute
Ihr, in einem Gebiet zumindest, ihr nicht-habt ohne Zweifel

jamais eu besoin de quelque média que ce
niemals[13] gehabt Bedarf von irgendwelchen Medien daß dies

soit.
sein-möge.

46 Michel: A quel domaine pensez-vous?
An welches Gebiet denkt-ihr?

47 Sophie: Eh bien, heu… les petites annonces de rencontres …
Nun gut, hm … die kleinen Anzeigen von Treffen[14] …

[13] Tauchen in einem Satz Wörter wie *nichts, niemand, nie, nirgendwo, nicht einer …* auf, so muß in diesem Satz ein zusätzliches *nicht* stehen.

[14] *kleine Anzeigen von Treffen = Kontaktanzeigen*

Lektion 31 Französisch

Leçon Trente et un: Vitrines

(...)

20 Sophie: Regardez le mannequin en sous-vêtements. Qui peut encore s'offrir des choses pareilles? La chemisette, le slip et les bas coûtent autant qu'une robe dans un autre magasin.

21 Michel: Oui, mais c'est de la lingerie de marque.

22 Sophie: Ce n'est pas parce qu'une pièce de vêtement porte une étiquette avec la griffe d'un créateur que je vais payer un tel prix! Encore moins pour des sous-vêtements.

23 Michel: Mais pour les vêtements, vous faites attention à la marque?

24 Sophie: Non, là non plus. Mais beaucoup de mes amis le font.

25 Michel: C'est quand même drôle qu'aujourd'hui les marques soient souvent plus importantes que les produits eux-mêmes.

26 Sophie: C'est un phénomène que je connais bien chez mon neveu, Marc. Qu'on lui achète des chaussures de sport, des jeans ou une chemise, il faut toujours que ce soit une marque précise. Sinon, c'est la guerre à tous les coups.

27 Michel: C'est bien compréhensible. Les jeunes tels que Marc constituent une cible privilégiée pour la publicité, que ce soit à la télévision, à la radio ou par voie d'affiches. Quand on n'arrête pas de suggérer à un gamin de neuf ans que tout son bonheur dépend de tel ou tel pantalon de marque, cela laisse des traces. Et les enfants échappent à cela moins facilement que les adultes.

28 Sophie: Vous avez raison.

(...)

29 Sophie: En fait, la plupart de ce qui est proposé ici au prix fort, je me le fais moi-même.

30 Michel: La robe que vous portez aujourd'hui, vous l'avez aussi faite vous-mêmes?

31 Sophie: Oui.

32 Michel: Bravo! Elle vous va très bien …

33 Sophie: Merci beaucoup.

(...)

34 Sophie: Mon dieu, mais où allons-nous? Tous ces postes de télévision à l'intérieur du magasin, et la radio, les ordinateurs, le téléphone, le télécopieur, et puis ces masses de journaux et de magazines dans le kiosque derrière nous. Des média et encore des média qui nous submergent d'informations. Pourquoi avons-nous besoin de tout cela?

35 Michel: Eh bien, jouons aux devinettes! Que faites-vous par exemple quand vous voulez connaître le temps qu'il fera demain?

36 Sophie: Hm … je regarde la météo à la télé.

37 Michel: Et que faites-vous quand vous voulez connaître la cotation de telle ou telle action en bourse?

38 Sophie: Mon dieu, les cours de la bourse … eh bien, je peux … heu … oui, je peux jeter un coup d'œil dans un journal économique ou bien appeler un service téléphonique.

39 Michel: Vous qui aimez faire la cuisine, où prenez-vous vos recettes?

40 Sophie: J'adore reprendre les recettes que je trouve dans les magazines. J'aime aussi regarder les émissions de cuisine à la télévision. Nous aurons bientôt le câble dans notre immeuble. Cela me permettra de recevoir une chaîne thématique qui ne diffuse que des émissions de cuisine.

41 Michel: A l'instant, vous disiez aimer la couture. Où prenez-vous vos patrons?

42 Sophie: Hum, la plupart du temps aussi dans des magazines. Mais tout récemment, j'étais en visite chez ma sœur, Carine, et Marc m'a fait voir son ordinateur. Il a accès à internet, et il m'a montré à quelle vitesse il pouvait aller chercher des patrons de couture sur le réseau. J'ai trouvé ça formidable, et je me demande si je ne vais pas, moi aussi… Ça y est, j'ai compris. Tant qu'il s'agit de domaines qui ne nous intéressent pas au premier chef, nous ne faisons pas beaucoup d'efforts pour nous informer.

43 Michel: Exactement. Mais dès que nos centres d'intérêt sont concernés, nous faisons tout pour obtenir davantage d'informations …

44 Sophie: … et nous faisons preuve de moins de scepticisme face aux nouveaux média.

(…)

45 Sophie: Vous, dans un domaine au moins, vous n'avez sans doute jamais eu besoin de quelque média que ce soit.

46 Michel: A quel domaine pensez-vous?

47 Sophie: Eh bien, heu … les petites annonces de rencontres …

➤ *Achten Sie bitte immer darauf, das Wort mit einem Bild zu verbinden, damit Sie das Potential beider Gehirnhälften nutzen.*

LEÇON 32

Lektion Zweiunddreißig: „Wenn, wenn, wenn …"

Michel und Sophie, ein wenig müde vom Bummeln, setzen sich in ein Café. Sophie sieht eine nobel gekleidete Frau vorbeigehen.

48 Sophie: Schauen Sie! Da geht eine Frau vorbei, deren Schmuck mindestens so viel wert ist wie ein Auto. Wahrscheinlich ist sie auch noch in eine Wolke teuersten Parfüms gehüllt, das man schon von weitem riecht. Also, wenn ich so viel Geld hätte, würde ich es sicher nicht für Halsketten, Armreifen und Ohrringe und auch nicht für teure Parfüms ausgeben.

49 Michel: Wenn Sie viel Geld hätten, wofür würden Sie es denn ausgeben?

50 Sophie: Ach, ich würde dann einen Traum Wirklichkeit werden lassen. Ich würde mir ein kleines Häuschen irgendwo im Grünen kaufen. Und Sie? Wenn Sie viel Geld hätten, wofür würden Sie es ausgeben?

51 Michel: Also, ich würde davon erst einmal eine Bekannte zu einem Kaffee oder Tee einladen.

52 Sophie: Oh, danke schön!

Eine Serviererin kommt an ihren Tisch. Michel bestellt für sich und Sophie Kaffee und Kuchen.

53 Michel: Dann würde ich, wenn ich reich wäre, dieser Bekannten noch eine kleine Freude bereiten.

Michel winkt einen im Café erschienenen Blumenverkäufer herbei, kauft ihm eine Rose ab und überreicht sie Sophie. Sophie denkt sofort an den Blumenstrauß, den Michel ihr heute mitgebracht hat.

54 Sophie: Oh, zweimal am Tag Blumen vom selben Mann … Danke, Michel!

55 Michel: Gern geschehen.

56 Sophie: Aber zurück zum Thema – wenn Sie plötzlich im Lotto gewinnen oder eine größere Summe erben würden, wie würde sich Ihr Leben verändern?

57 Michel: Ich denke, es würde sich fast gar nichts ändern. Ich würde weiter meiner Arbeit nachgehen, und ich würde in meiner Freizeit die gleichen Dinge tun wie jetzt auch. Ich hätte nur die Gewißheit, im Notfall auf eine stille Reserve zurückgreifen zu können.

Sophie betrachtet gedankenverloren die Rose.

58 Sophie: Komisch. Dieses Wenn-Dann-Spiel, das wir in der Gegenwart spielen, spielen die meisten Leute in der Vergangenheit.

59 Michel: Wie meinen Sie das denn?

60 Sophie: Ach, mir ist nur gerade mein Onkel eingefallen. Je älter er wird, desto öfter benutzt er Sätze, die mit „Ach, wenn das doch nicht gewesen wäre …“ oder „Ach, hätt' ich doch …“ beginnen.

61 Michel: Interessant. Was sagt er denn da so?

62 Sophie: Nun, sehr oft höre ich ihn z.B. sagen: „Wenn der zweite Weltkrieg nicht gekommen wäre, wäre ich nicht in die Armee eingezogen worden und hätte nach der Schule studieren können.“

63 Michel: Gut, aber dieses Los traf damals viele.

64 Sophie: Stimmt. Was er auch häufig sagt, ist: „Ach, wär' ich doch in den fünfziger Jahren Beamter geworden, dann müßte ich jetzt nicht um meinen Arbeitsplatz fürchten.“

65 Michel: Hm. Ich glaube, Ihr Onkel gehört zu einer Sorte Menschen, die sich gerne als Opfer ihres Schicksals sehen, anstatt dieses Schicksal als Herausforderung zu begreifen und daraus das Beste zu machen.

66 Sophie: Oder sie blicken nur in die Vergangenheit zurück und trauern verpaßten Chancen nach, anstatt sich Ziele für die Zukunft zu setzen, die sie dann auch hartnäckig verfolgen.

67 Michel: Sie haben recht. Sich konkrete Ziele für die Zukunft zu setzen, ist unheimlich wichtig. Sie kennen vielleicht die Aussage von Vera F. Birkenbihl: „Wer keine Ziele hat, hat die große Freiheit des Treibsandes“?

68 Sophie: Hmm, damit meint sie wohl, ein Mensch ohne Ziele wird vom Wind wie eine Wanderdüne mal hierhin und mal dahin geweht.

69 Michel: Genau.

70 Sophie: Ich hatte mir beispielsweise Anfang des Jahres das Ziel gesetzt, bis zu einem bestimmten Stichtag meine Wohnung fertig renoviert zu haben. Und ich hab's geschafft!

Eine Serviererin bringt den Kaffee und den Kuchen. Michel und Sophie beginnen zu essen. Als sie fertig sind, zahlt Michel die Rechnung. Michel und Sophie stehen auf, verlassen das Café und bummeln weiter.

Lektion 32 Wort für Wort

Leçon Trente-deux: «Avec des si ...»
Lektion Dreißig-zwei: „Mit von-den Falls ...“

(...)

48 Sophie: Regardez, Michel, la femme qui passe, là! Les bijoux
Anschaut, Michel, die Frau die vorbeigeht, da! Die Schmuckstücke

qu'elle porte représentent bien la valeur d'une automobile! Sans
die-sie trägt darstellen wohl den Wert von-einem Automobil! Ohne

doute est-elle aussi enveloppée d'un nuage du plus
Zweifel ist-sie auch eingehüllt von-einer Wolke von-dem meist

cher des parfums qui se sent à deux mètres à la
teueren von-den Parfüms das sich riecht zu zwei Metern an dem

ronde. Moi, si j'avais autant d'argent, je ne le
Rundherum. Ich, falls ich-hatte soviel von-Geld, ich nicht es

dépenserais certainement pas pour des colliers, des
ausgeben-würde gewiß nicht für von-den Halsketten, von-den

bracelets ou des boucles d'oreille, pas non plus pour
Armbändern oder von-den Ringen von-Ohr, nicht ebensowenig für

des parfums de luxe.
von-den Parfüms von Luxus.

49 Michel: Si vous aviez beaucoup d'argent, vous en feriez quoi,
Falls ihr hattet viel von-Geld, ihr davon machen-würdet was,

alors?
dann?

50 Sophie: Ah, je réaliserais un rêve. Je m'achèterais
Ah, ich verwirklichen-würde einen Traum. Ich mir-kaufen-würde

une petite maison quel que part à la campagne.
ein kleines Haus irgen deine Seite[1] an dem Land.

Et vous? Si vous aviez beaucoup d'argent à quoi
Und ihr? Falls ihr hattet viel von-Geld zu was

[1] *irgendeine Seite = irgendwo*

le dépenseriez-vous?
es ausgeben-würdet-ihr?

51 Michel: D'abord, j'inviterais une de mes amies à
Von-zuerst, ich-einladen-würde eine von meinen Freundinnen zu

prendre un café ou un thé.
nehmen einen Kaffee oder einen Tee.

52 Sophie: Oh, merci bien!
Oh, danke wohl!

(...)

53 Michel: Ensuite, si j'étais riche, j'essaierais de lui faire
Infolge, falls ich-war reich, ich-versuchen-würde von ihr machen

plaisir, à cette amie.
Vergnügen[2], zu dieser Freundin.

(...)

54 Sophie: Oh, encore des fleurs, deux fois le même jour du
Oh, nochmals von-den Blumen, zwei Mal den selben Tag von-dem

même homme Merci, Michel.
selben Mann Danke, Michel.

55 Michel: Je vous en prie.
Ich euch davon bitte.

56 Sophie: Mais revenons á nos moutons – si vous gagniez
Aber zurückkommen[-wir] zu unseren Schafen[3] – falls ihr gewannt

au lotto ou bien si vous héritiez d'une somme
an-dem Lotto oder aber falls ihr erbtet von-einer Summe

importante, qu'est-ce qui changerait dans votre vie?
wichtigen, was-ist-dies was ändern-würde in euerem Leben?

57 Michel: Il n'y aurait presque rien de changé. Je
Es nicht-da haben-würde beinahe nichts von Geändertem. Ich

continuerais de travailler et j'aurais les mêmes
weitermachen-würde von arbeiten und ich-haben-würde die selben

[2] *Vergnügen machen = Freude bereiten*
[3] *zu unseren Schafen zurückkommen = zum Eigentlichen zurückkommen*

loisirs que maintenant. J'aurais simplement la
Freizeitbeschäftigungen als jetzt. Ich-haben-würde einfach die

certitude d'avoir une réserve à laquelle je pourrais
Gewißheit von-haben eine Reserve zu der-welcher ich können-würde[4]

avoir recours en cas de nécessité.
haben Rückgriff in [dem] Fall von Notwendigkeit.

(...)

58 Sophie: C'est drôle. Ce petit jeu des «si», nous, nous le
Dies-ist komisch. Dieses kleine Spiel von-den „Falls", wir, wir es

jouons au présent, mais la plupart des gens le
spielen zu-der Gegenwart, aber der Großteil von-den Leuten es

jouent au passé.
spielen zu-der Vergangenheit.

59 Michel: Que voulez-vous dire?
Was wollt-ihr sagen?

60 Sophie: Je viens de penser à mon oncle. Plus il vieillit,
Ich komme von denken[5] **an meinen Onkel. [Je] mehr er altert,**

plus il utilise ce genre de phrases qui commencent
[desto] mehr er benutzt dieses Genre von Sätzen die beginnen

par «Ah, si cela ne s'était pas passé comme
durch „Ah, falls dies-da nicht sich-war nicht geschehen wie

cela ...» ou bien «Ah, si j'avais fait ceci ou
dies-da ..." oder aber „Ah, falls ich-hatte gemacht dies-hier oder

cela ...»
dies-da ..."

61 Michel: C'est intéressant. Et que dit-il ensuite?
Dies-ist interessant. Und was sagt-er infolge?

[4] Im Französischen werden zwei Arten von *Können* unterschieden: nämlich
a) Können aufgrund äußerer Umstände, welches durch *können* de-kodiert wird und
b) Können aufgrund eigener Fähigkeiten, welches durch *wissen [zu]* de-kodiert wird.

[5] Anstatt *Ich habe gerade gelesen., Du hast gerade geschreiben., Er hat gerade geraucht,* u.a. sagt man im Französischen *Ich komme von lesen., Du kommst von schreiben., Er kommt von rauchen,* usw.

62 Sophie: Eh bien, ce que j'entends très souvent, c'est: «S'il n'y
Nun gut, dies was ich-höre sehr oft, dies-ist: „Falls-es nicht-da

avait pas eu la deuxième guerre mondiale, je
hatte[6] nicht gehabt den zweiten Krieg weltweiten, ich

n'aurais pas été mobilisé et j'aurais
nicht-haben-würde nicht gewesen mobilisiert und ich-haben-würde

pu passer mon bac[7] et faire des études.»
gekonnt ablegen mein Abitur und machen von-den Studien."

63 Michel: Bien, mais c'est le genre de destin que beaucoup de
Gut, aber dies-ist das Genre von Bestimmung das viele von

gens ont connu à l'époque.
Leuten haben kennengelernt zu der-Epoche.

64 Sophie: C'est vrai. Ce qu'il dit souvent aussi, c'est: «Ah, si
Dies-ist wahr. Dies was-er sagt oft auch, dies-ist: „Ah, falls

j'étais devenu fonctionnaire dans les années cinquante, je
ich-war geworden Beamter in den Jahren fünfzig, ich

n'aurais pas à avoir peur de me retrouver sans
nicht-haben-würde nicht zu haben Angst von mich wiederfinden ohne

travail aujourd'hui.»
Arbeit an-dem-Tag-von-heute."

65 Michel: Hum, à mon avis, votre oncle fait partie de cette sorte
Hm, zu meiner Ansicht, euer Onkel macht Teil von dieser Sorte

de gens qui se voient volontiers en tant que victime de leur
von Leuten die sich sehen gerne in soviel als Opfer von ihrer

destin au lieu de considérer ce destin comme
Bestimmung an-der Stelle von betrachten diese Bestimmung als

un défi, et d'en tirer le meilleur parti.
eine Herausforderung, und von-davon ziehen den besten Vorteil.

66 Sophie: Oui, ou bien ils vivent dans le passé, et ne font
Ja, oder aber sie leben in der Vergangenheit, und nicht machen

[6] *es da hatte = es gab*
[7] *bac = baccalauréat = Abitur*

que déplorer les occasions manquees, au lieu
[anderes] als nachweinen den Gelegenheiten verpaßten, an-der Stelle

de se fixer des objectifs d'avenir et de chercher à
von sich setzen von-den Zielen von-Zukunft und von suchen zu

les réaliser à tout prix.
sie verwirklichen zu allem Preis.

67 Michel: Vous avez raison. Avoir des buts concrets dans la vie
Ihr habt Recht. Haben von-den Zielen konkreten in dem Leben

est quelque chose d'extrêmement important. Vous connaissez
ist irgendeine Sache von-extrem wichtigem. Ihr kennt

peut-être cette formule de Vera F. Birkenbihl: «Ne pas
vielleicht diese Formulierung von Vera F. Birkenbihl: „Nicht nicht

avoir de but, c'est être libre comme le grain de sable
haben von Ziel, dies-ist sein frei wie das Korn von Sand

poussé par le vent»?
herumgestoßen durch den Wind"?

68 Sophie: Hum, elle veut sans doute dire par là que celui qui
Hm, sie will ohne Zweifel sagen durch da daß dieser der

n'a pas de but est comme le grain de sable que le
nicht-hat nicht von Ziel ist wie ein Korn von Sand das der

vent emporte où il le veut.
Wind hinträgt wohin er es will.

69 Michel: Exactement.
Genau.

70 Sophie: Au début de l'année par exemple, je m'étais fixé
An-dem Anfang von dem-Jahr durch Beispiel, ich mir-war gesetzt

comme but de rénover mon appartement et de terminer les
als Ziel von renovieren meine Wohnung und von beenden die

travaux à une date précise. Eh bien, j'y suis
Arbeiten zu einem Datum präzisen. Nun gut, ich-da bin

parvenue.
durchgekommen.

(...)

Lektion 32 Französisch

Leçon Trente-deux: «Avec des si …»

(…)

48 Sophie: Regardez, Michel, la femme qui passe, là! Les bijoux qu'elle porte représentent bien la valeur d'une automobile! Sans doute est-elle aussi enveloppée d'un nuage du plus cher des parfums qui se sent à deux mètres à la ronde. Moi, si j'avais autant d'argent, je ne le dépenserais certainement pas pour des colliers, des bracelets ou des boucles d'oreille, pas non plus pour des parfums de luxe.

49 Michel: Si vous aviez beaucoup d'argent, vous en feriez quoi, alors?

50 Sophie: Ah, je réaliserais un rêve. Je m'achèterais une petite maison quelque part à la campagne. Et vous? Si vous aviez beaucoup d'argent, à quoi le dépenseriez-vous?

51 Michel: D'abord, j'inviterais une de mes amies à prendre un café ou un thé.

52 Sophie: Oh, merci bien!

(…)

53 Michel: Ensuite, si j'étais riche, j'essaierais de lui faire plaisir, à cette amie.

(…)

54 Sophie: Oh, encore des fleurs, deux fois le même jour du même homme … Merci, Michel.

55 Michel: Je vous en prie.

56 Sophie: Mais revenons à nos moutons – si vous gagniez au lotto ou bien si vous héritiez d'une somme importante, qu'est-ce qui changerait dans votre vie?

57 Michel: Il n'y aurait presque rien de changé. Je continuerais de travailler et j'aurais les mêmes loisirs que maintenant. J'aurais simplement la certitude d'avoir une réserve à laquelle je pourrais avoir recours en cas de nécessité.

(…)

58 Sophie: C'est drôle. Ce petit jeu des «si», nous, nous le jouons au présent, mais la plupart des gens le jouent au passé.

59 Michel: Que voulez-vous dire?

60 Sophie: Je viens de penser à mon oncle. Plus il vieillit, plus il utilise ce genre de phrases qui commencent par «Ah, si cela ne s'était pas passé comme cela …» ou bien «Ah, si j'avais fait ceci ou cela …»

61 Michel: C'est intéressant. Et que dit-il ensuite?

62 Sophie: Eh bien, ce que j'entends très souvent, c'est: «S'il n'y avait pas eu la deuxième guerre mondiale, je n'aurais pas été mobilisé et j'aurais pu passer mon bac et faire des études.»

63 Michel: Bien, mais c'est le genre de destin que beaucoup de gens ont connu à l'époque.

64 Sophie: C'est vrai. Ce qu'il dit souvent aussi, c'est: «Ah, si j'étais devenu fonctionnaire dans les années cinquante, je n'aurais pas à avoir peur de me retrouver sans travail aujourd'hui.»

65 Michel: Hum, à mon avis, votre oncle fait partie de cette sorte de gens qui se voient volontiers en tant que victimes de leur destin au lieu de considérer ce destin comme un défi, et d'en tirer le meilleur parti.

66 Sophie: Oui, ou bien ils vivent dans le passé, et ne font que déplorer les occasions manquees, au lieu de se fixer des objectifs d'avenir et de chercher à les réaliser à tout prix.

67 Michel: Vous avez raison. Avoir des buts concrets dans la vie est quelque chose d'extrêmement important. Vous connaissez peut-être cette formule de Vera F. Birkenbihl: «Ne pas avoir de but, c'est être libre comme le grain de sable poussé par le vent»?

68 Sophie: Hum, elle veut sans doute dire par là que celui qui n'a pas de but est comme le grain de sable que le vent emporte où il le veut.

69 Michel: Exactement.

70 Sophie: Au début de l'année par exemple, je m'étais fixé comme but de rénover mon appartement et de terminer les travaux à une date précise. Eh bien, j'y suis parvenue.

(...)

➤ *Konzentrieren Sie sich nicht auf den Text, wenn Sie ihn passiv hören. Gewöhnen Sie sich nur an die Sprachmelodie. Ihr Sprachgefühl entwickelt sich dann ganz von allein.*

LEÇON 33

Lektion Dreiunddreißig: Unfälle

Das Geräusch quietschender Reifen läßt Michel und Sophie herumfahren. Beide sehen, wie ein etwa zehnjähriger Junge von einem Auto angefahren wird. Der Junge wird zu Boden geworfen. Sofort strömen Menschen zusammen.

71 Michel: Bitte warten Sie hier, Sophie.

Nach etwa zwei Minuten kommt Michel zu Sophie zurück.

72 Michel: Uff, so wie es aussieht, ist nichts Schlimmes geschehen. Der kleine Junge hat nur ein paar Schürfwunden abbekommen. Einer der Passanten ist Arzt und konnte sofort Erste Hilfe leisten. Haben Sie denn gesehen, wie der Unfall abgelaufen ist?

73 Sophie: Nein, ich habe mich auch erst umgedreht, nachdem ich die quietschenden Reifen gehört hatte. Ich habe nur mehr gesehen, wie der kleine Junge vor Schreck erstarrte, vom Auto erfaßt und zu Boden geschleudert wurde. Ob der Junge oder der Autofahrer schuld war, kann ich nicht sagen.

74 Michel: Die Passanten, die Zeugen des Unfalls waren, sind sich da auch nicht einig. Die einen meinen, das Auto sei zu schnell gefahren, andere sind der Ansicht, der Junge hätte weder nach rechts noch nach links geschaut, bevor er vom Gehsteig auf die Straße trat.

75 Sophie: Vielleicht trifft beide Schuld. Der Autofahrer hat die Geschwindigkeitsbeschränkung übertreten, und der kleine Junge hat die Straße nicht auf dem Zebrastreifen oder an der Ampel überquert.

76 Michel: Ah, da kommen ja auch schon der Krankenwagen und eine Polizeistreife.

Michel und Sophie beobachten die Szenerie, bis der Junge auf einer Trage in den Krankenwagen gehoben wird. Michel wendet sich noch an einen der Beamten und gibt ihm für eventuelle spätere Zeugenbefragungen seine Adresse.

77 Michel: Hätten Sie eigentlich Erste Hilfe leisten können?

78 Sophie: Ich glaube ja. Seit meiner Führerscheinprüfung habe ich schon drei Erste-Hilfe-Kurse absolviert. Wissen Sie, meine Schwester Carine ist Krankenschwester in der Unfallaufnahme, und sie erzählt mir oft von Unfallopfern, die bleibende Schäden davontragen, nur weil keine oder keine richtige Erstversorgung am Unfallort geleistet wurde. Sie hat mich davon überzeugt, mein Wissen über Erste Hilfe alle paar Jahre aufzufrischen.

79 Michel: Haben Sie dieses Wissen schon einmal anwenden müssen?

80 Sophie: Gott sei Dank, nein. Hatten Sie denn schon mal einen Unfall?

81 Michel: Ja, das ist jetzt fast zwanzig Jahre her. Ich hatte gerade meinen Motorrad-Führerschein gemacht und fuhr gemächlich mit meinem nagelneuen Motorrad auf einer Landstraße dahin. Es war windig und regnete leicht. Ein Lastwagen war hinter mir und setzte zum Überholen an. Während des Überholens drückte ihn der Seitenwind immer weiter in meine Richtung. Ich wollte anhalten, aber beim Bremsen geriet mein Motorrad ins Schleudern und rutschte in den Straßengraben.

82 Sophie: Und dann?

83 Michel: Ich schlug so unglücklich auf, daß ich bewußtlos wurde.

84 Sophie: Und der Lastwagenfahrer, hat er Ihnen Erste Hilfe geleistet?

85 Michel: Von wegen. Ob er wirklich nicht bemerkt hat, was geschehen war, oder ob er Fahrerflucht beging, weiß ich nicht. Jedenfalls lag ich über drei Stunden ohne Bewußtsein in dem Graben, bis mich ein Autofahrer fand und einen Krankenwagen rief. Ich kam erst wieder im Krankenhaus zu mir.

86 Sophie: Und wie ging es weiter?

87 Michel: Als ich zu mir kam, sah ich meine Eltern am Krankenbett stehen. Meine Gedanken drehten sich natürlich nur um das Motorrad. Als mir mein Vater sagte, daß es einen Totalschaden hätte, war ich vollkommen niedergeschlagen. Ich hatte zwei Jahre eisern daraufgespart, auf Kino und alles verzichtet, in jeden Ferien irgendwo gejobt, und dann das.

88 Sophie: Und Ihr Gesundheitszustand war Ihnen nicht so wichtig?

89 Michel: Daß ich nur knapp an einer Querschnittlähmung vorbeigeschrammt war, beschäftigte mich damals nicht so, dafür aber meine Mutter um so mehr. Ihnen sind solche Erlebnisse hoffentlich erspart geblieben.

90 Sophie: Unfälle glücklicherweise ja, dafür hatte ich aber jede Menge Kinderkrankheiten; Windpocken, Masern und so. Und der Blinddarm, die Mandeln und die Weisheitszähne wurden mir auch bereits entfernt. Aber ich glaube, wir sollten das Thema wechseln.

91 Michel: Einverstanden, Sophie. Reden wir über angenehmere Dinge.

Die Folgen des Unfalles sind mittlerweile beseitigt, und die Menschenansammlung hat sich verlaufen. Michel und Sophie gehen weiter Richtung Sophies Wohnung.

Lektion 33 Wort für Wort

Leçon Trente-trois: Accidents
Lektion Dreißig-drei: Unfälle

(…)

71 Michel: Attendez-moi ici, Sophie.
Erwartet-mich hier, Sophie.

(…)

72 Michel: Ouf, il semble que ce ne soit pas trop grave.
Uff, es scheint daß dies nicht sein-möge nicht zu-sehr schwerwiegend.

Le petit garçon n'a que quelques égratignures.
Der kleine Junge nicht-hat [anderes] als irgendwelche Schürfwunden.

L'un des passants est médecin et il a pu lui
Der-eine von-den Passanten ist Arzt und er hat gekonnt ihm

donner les premiers soins. Avez-vous vu comment
geben die ersten Bemühungen[1]. Habt-ihr gesehen wie

l'accident s'est produit?
der-Unfall sich-ist produziert?

73 Sophie: Non, je ne me suis retournée qu'après avoir entendu
Nein, ich nicht mich bin umgedreht [anders] als-nach haben gehört

le crissement de pneus. J'ai seulement vu l'enfant
das Quietschen von Reifen. Ich-habe nur gesehen das-Kind

figé par la peur, la voiture arriver sur lui et le
erstarrt durch die Angst, den Wagen ankommen auf ihm und es

renverser. Mais je suis incapable de dire qui est dans son
niederreißen. Aber ich bin unfähig von sagen wer ist in seinem

tort du gamin ou de l'automobiliste.
Unrecht von-dem Bub oder von dem-Autofahrer.

74 Michel: Les passants qui ont été témoins de l'accident ne sont
Die Passanten die haben gewesen Zeugen von dem-Unfall nicht sind

[1] *die ersten Bemühungen geben = erste Hilfe leisten*

pas tous d'accord nonplus. Certains disent que
nicht alle von-Übereinstimmung[2] ebensowenig. Gewisse sagen daß

la voiture roulait trop vite, les autres sont d'avis
der Wagen rollte zu-sehr geschwind, die anderen sind von-Ansicht

que l'enfant n'a regardé ni à droite ni à
daß das-Kind nicht-hat geschaut noch zu [der] Rechten noch zu

gauche avant de descendre du trottoir pour
[der] Linken davor von herabsteigen von-dem Gehsteig für

traverser.
überqueren.

75 Sophie: Les torts sont peut-être partagés. L'automobiliste n'a pas
Die Unrechte sind vielleicht[3] geteilt. Der-Autofahrer nicht-hat nicht

respecté la limitation de vitesse et le petit garçon
respektiert die Begrenzung von Geschwindigkeit und der kleine Junge

a voulu traverser en dehors du passage
hat gewollt überqueren in [dem] Außenherum von-dem Übergang

clouté ou sans attendre le feu.
genagelten[4] oder ohne [zu] erwarten das Feuer[5].

76 Michel: Ah, voici l'ambulance et la police.
Ah, sieh-hier den-Krankenwagen und die Polizei.

(...)

77 Michel: Et vous-même, auriez-vous pu faire les premiers
Und ihr-selbst, haben-würdet-ihr gekonnt machen die ersten

gestes qui sauvent?
Handgriffe die retten[6]?

78 Sophie: Je pense que oui. Depuis que j'ai passé mon
Ich denke daß ja. Seit daß ich-habe bestanden meine

permis, j'ai suivi trois stages de secouriste.
Fahrerlaubnis, ich-habe verfolgt drei Lehrgänge von Sanitätshelfer.

[2] *von-Übereinstimmung = einig*
[3] *peut-être = kann-sein = vielleicht*
[4] *Übergang genagelter = Zebrastreifen*
[5] *Feuer – Ampel*
[6] *die ersten Handgriffe, die retten = Erste Hilfe*

Vous savez, ma sœur Carine est infirmière dans un
Ihr wißt, meine Schwester Carine ist Krankenschwester in einem

service d'urgences et elle m'a souvent parlé de ces
Dienst von-Notfällen und sie mir-hat oft gesprochen von diesen

victimes qui restent infirmes, simplement parce qu'on ne
Opfern die bleiben behindert, einfach durch-dies daß-man nicht

leur a pas donné les premiers soins, ou pas les
ihnen hat nicht gegeben die ersten Bemühungen, oder nicht die

premiers soins qu'il fallait. C'est elle qui m'a
ersten Bemühungen die-es nötig-war. Dies-ist sie die mich-hat

fait comprendre qu'il faut régulièrement rafraîchir ses
gemacht verstehen daß-es nötig-ist regelmäßig [zu] auffrischen seine

connaissances dans ce domaine.
Kenntnisse in diesem Gebiet.

79 Michel: Et avez-vous déjà eu l'occasion de les mettre en
Und habt-ihr schon gehabt die-Gelegenheit von sie setzen in [die]

pratique?
Praxis?

80 Sophie: Non, heureusement. Et vous, avez-vous déjà eu un
Nein, glücklicherweise. Und ihr, habt-ihr schon gehabt einen

accident?
Unfall?

81 Michel: Oui. Il y a près de 20 ans de cela. Je venais
Ja. Es da hat nahe von 20 Jahren von diesem-da[7]. Ich kam

d'avoir mon permis moto et je roulais
von-haben meine Fahrerlaubnis [von] Motorrad und ich rollte

tranquillement sur ma machine toute neuve, sur une route de
ruhig auf meiner Maschine ganz neuen, auf einer Straße von

campagne. Il y avait du vent et un peu de bruine.
Land. Es da hatte von-dem Wind und ein bißchen von Nieseln.

[7] Anstatt *vor drei Tagen, vor einer Woche* usw. sagt man im Französischen *es da hat drei Tage, es da hat eine Woche* usw.

Arrive un poids lourd derrière moi qui se met à
Ankommt ein Gewicht schweres[8] hinter mir das sich ansetzt zu

me doubler. Pendant la manœvre de dépassement, je
mich überholen. Während des Manövers von Überholung, ich

l'ai vu se rabattre vers moi à cause
ihn-habe gesehen sich [zu] herdrücken gegen mich zu [der] Ursache

d'un coup de vent latéral. J'ai voulu freiner,
von-einem Schlag von Wind seitlichem. Ich-habe gewollt bremsen,

mais la moto a dérapé et je me suis
aber das Motorrad hat geschleudert und ich mich bin

retrouvé dans le fossé.
wiedergefunden in dem Graben.

82 Sophie: Et après?
Und danach?

83 Michel: Hé bien, je me suis mal reçu et j'ai
Nun gut, ich mich bin schlecht bekommen[9] und ich-habe

perdu connaissance.
verloren Bewußtsein.

84 Sophie: Et le routier, est-ce qu'il vous a porté secours?
Und der Fahrer, ist-dies daß-er euch hat getragen Hilfe?

85 Michel: Pas du tout. N'avait-il pas remarque ce qui
Nicht von-dem Ganzen.[10] Nicht-hatte-er nicht bemerkt dies was

s'était passé, ou bien a-t-il pris la fuite, je
sich-war geschehen, oder aber hat-er genommen die Flucht, ich

l'ignore. En tout cas, je suis resté plus de trois
es-nicht-weiß. In allem Fall,[11] ich bin geblieben mehr von drei

heures inconscient dans mon fossé, jusqu'à ce qu'un
Stunden ohnmächtig in meinem Graben, bis-zu diesem daß-ein

[8] *Gewicht schweres = Laster*
[9] *ich mich bin schlecht bekommen = ich bin schlecht aufgekommen*
[10] *nicht von-dem Ganzen = überhaupt nicht*
[11] *in allem Fall = jedenfalls*

automobiliste me découvre et appelle une
Autofahrer mich entdecken-möge[12] und rufen-möge einen

ambulance. C'est seulement à l'hôpital que je
Krankenwagen. Dies-ist erst an dem-Krankenhaus daß ich

suis revenu à moi.
bin zurückgekommen zu mir.

86 Sophie: Que s'est-il passé ensuite?
Was sich-ist-es geschehen infolge?

87 Michel: Lorsque je me suis réveillé à l'hôpital, j'ai
Anläßlich-daß[13] ich mich bin erwacht an dem-Krankenhaus, ich-habe

vu mes parents à mon chevet. Moi, je ne pensais
gesehen meine Eltern an meinem Kopfende. Ich, ich nicht dachte

qu'à ma moto bien entendu. Lorsque mon
[anders] als-an mein Motorrad wohl verstanden. Anläßlich-daß mein

père m'a dit qu'elle était irrécupérable, je me suis
Vater mir-hat gesagt daß-es war unwiederverwertbar, ich mich bin

senti complètement abattu. J'avais économisé deux ans
gefühlt vollkommen niedergeschlagen. Ich-hatte gespart zwei Jahre

pour l'acheter, j'avais renoncé au cinéma, à tout, j'avais
für es-kaufen, ich-hatte verzichtet zu-dem Kino, zu allem, ich-hatte

accepté tous les jobs de vacances possibles et imaginables,
akzeptiert all die Jobs von Ferien möglichen und vorstellbaren,

pour en arriver là.
für davon ankommen da.

88 Sophie: Et votre santé, vous n'y pensiez pas?
Und euere Gesundheit, ihr nicht-daran dachtet nicht?

89 Michel: J'avais échappé de justesse à la paraplégie,
Ich-hatte entkommen von Knappheit[14] zu der Querschnittlähmung,

[12] Wird ein Teilsatz durch *obwohl daß, bis-zu diesem daß, für daß, bevor daß, nachdem daß* u.a. eingeleitet, steht das Zeitwort dieses Teilsatzes ebenfalls in der Form, die durch angehängtes *mögen* de-kodiert wird.

[13] *anläßlich-daß = wenn, als*

[14] *von Knappheit = knapp*

mais à l'époque, cela ne me tracassait pas outre mesure.
aber zu der-Epoche, dies-da nicht mich scherte nicht über Maß.

Ma mère, par contre … J'espère pour vous que vous
Meine Mutter, als Gegenstück … Ich-hoffe für euch daß ihr

n'avez pas connu ce genre d'expérience.
nicht-habt nicht gekannt dieses Genre von-Erfahrung.

90 Sophie: Pas d'accidents, heureusement. Mais j'ai eu toutes les
Nicht von-Unfallen, glücklicherweise. Aber ich-habe gehabt all die

maladies que les enfants peuvent avoir. La varicelle,
Krankheiten die die Kinder können haben. Die Windpockenkrankheit,

la rougeole et ainsi de suite. Sans parler
die Masernkrankheit und so von Fortsetzung[15]. Ohne [zu] sprechen

de l'appendicite, les amygdales et puis les dents de
von dem-Blinddarm, den Mandeln und dann den Zähnen von

sagesse, on me les a enlevées elles aussi. Mais je
Weisheit, man mir sie hat herausgenommen sie auch. Aber ich

pense que nous devrions changer de sujet de
denke daß wir sollen-würden wechseln von Thema von

conversation.
Unterhaltung.

91 Michel: D'accord, Sophie. Parlons de choses plus
Von-Übereinstimmung, Sophie. Sprechen [-wir] von Sachen mehr

agréables.
angenehmen.

(…)

➤ *Benutzen Sie dieses Buch als Arbeitsmittel. Unterstreichen Sie Wörter, markieren Sie Satzteile farbig, schreiben Sie eventuelle Fragen an den Rand. Je aktiver Sie mit der De-Kodierung umgehen, desto länger bleibt das Gelernte in Ihrem Gedächtnis.*

[15] *und so von Fortsetzung = und so weiter*

Lektion 33 Französisch

Leçon Trente-trois: Accidents

(...)

71 Michel: Attendez-moi ici, Sophie.

(...)

72 Michel: Ouf, il semble que ce ne soit pas trop grave. Le petit garçon n'a que quelques égratignures. L'un des passants est médecin et il a pu lui donner les premiers soins. Avez-vous vu comment l'accident s'est produit?

73 Sophie: Non, je ne me suis retournée qu'après avoir entendu le crissement de pneus. J'ai seulement vu l'enfant figé par la peur, la voiture arriver sur lui et le renverser. Mais je suis incapable de dire qui est dans son tort du gamin ou de l'automobiliste.

74 Michel: Les passants qui ont été témoins de l'accident ne sont pas tous d'accord non plus. Certains disent que la voiture roulait trop vite, les autres sont d'avis que l'enfant n'a regardé ni à droite ni à gauche avant de descendre du trottoir pour traverser.

75 Sophie: Les torts sont peut-être partagés. L'automobiliste n'a pas respecté la limitation de vitesse et le petit garçon a voulu traverser en dehors du passage clouté ou sans attendre le feu.

76 Michel: Ah, voici l'ambulance et la police.

(...)

77 Michel: Et vous-même, auriez-vous pu faire les premiers gestes qui sauvent?

78 Sophie: Je pense que oui. Depuis que j'ai passé mon permis, j'ai suivi trois stages de secouriste. Vous savez, ma sœur Carine est infirmière dans un service d'urgences et elle m'a souvent parlé de ces victimes qui restent infirmes, simplement parce qu'on ne leur a pas donné les premiers soins, ou pas les premiers soins qu'il fallait. C'est elle qui m'a fait comprendre qu'il faut régulièrement rafraîchir ses connaissances dans ce domaine.

79 Michel: Et avez-vous déjà eu l'occasion de les mettre en pratique?

80 Sophie: Non, heureusement. Et vous, avez-vous déjà eu un accident?

81 Michel: Oui. Il y a près de 20 ans de cela. Je venais d'avoir mon permis moto et je roulais tranquillement sur ma machine toute neuve, sur une route de campagne. Il y avait du vent et un peu de bruine. Arrive un poids lourd derrière moi qui se met à me doubler. Pendant la manœuvre de dépassement,

je l'ai vu se rabattre vers moi à cause d'un coup de vent latéral. J'ai voulu freiner, mais la moto a dérapé et je me suis retrouvé dans le fossé.

82 Sophie: Et après?

83 Michel: Hé bien, je me suis mal reçu et j'ai perdu connaissance.

84 Sophie: Et le routier, est-ce qu'il vous a porté secours?

85 Michel: Pas du tout. N'avait-il pas remarqué ce qui s'était passé, ou bien a-t-il pris la fuite, je l'ignore. En tout cas, je suis resté plus de trois heures inconscient dans mon fossé, jusqu'à ce qu'un automobiliste me découvre et appelle une ambulance. C'est seulement à l'hôpital que je suis revenu à moi.

86 Sophie: Que s'est-il passé ensuite?

87 Michel: Lorsque je me suis réveillé à l'hôpital, j'ai vu mes parents à mon chevet. Moi, je ne pensais qu'à ma moto bien entendu. Lorsque mon père m'a dit qu'elle était irrécupérable, je me suis senti complètement abattu. J'avais économisé deux ans pour l'acheter, j'avais renoncé au cinéma, à tout, j'avais accepté tous les jobs de vacances possibles et imaginables, pour en arriver là.

88 Sophie: Et votre santé, vous n'y pensiez pas?

89 Michel: J'avais échappé de justesse à la paraplégie, mais à l'époque, cela ne me tracassait pas outre mesure. Ma mère, par contre … J'espère pour vous que vous n'avez pas connu ce genre d'expérience.

90 Sophie: Pas d'accidents, heureusement. Mais j'ai eu toutes les maladies que les enfants peuvent avoir. La varicelle, la rougeole et ainsi de suite. Sans parler de l'appendicite, les amygdales et puis les dents de sagesse, on me les a enlevées elles aussi. Mais je pense que nous devrions changer de sujet de conversation.

91 Michel: D'accord, Sophie. Parlons de choses plus agréables.

(…)

LEÇON 34

Lektion Vierunddreißig: Gute Laune

Michel und Sophie kommen an einer Buchhandlung vorbei.

92 Sophie: Haben Sie Lust, ein bißchen schmökern zu gehen?

93 Michel: Ja, warum nicht?

Michel und Sophie betreten die Buchhandlung und sehen sich um.

94 Sophie: Haben Sie ein Lieblingsbuch?

95 Michel: Ich habe eigentlich kein besonderes Lieblingsbuch. Die Art von Büchern, die ich am meisten mag, sind populärwissenschaftlich geschriebene Sachbücher. Wenn ich auf ein Thema stoße, das mich interessiert, greife ich zuerst zu solchen Büchern, um mich einzulesen. Und was lesen Sie am liebsten?

96 Sophie: Oh, ich mag am liebsten Familiensagas oder Romane, in denen ich das Leben eines einzelnen Menschen über Jahre hinweg verfolgen kann. In die Beschreibungen kann ich mich so richtig versenken.

97 Michel: Das meinte die Sängerin Melanie wohl, als sie in einem ihrer Lieder davon sprach, „in einem Buch zu leben."

98 Sophie: Ja! Genau!

Michel und Sophie sehen sich weiter um. Sophies Blick fällt auf die Reiseabteilung.

99 Michel: Mögen Sie Reisebeschreibungen?

100 Sophie: Wenn sie gut geschrieben sind, ja. Übrigens, da fallt mir ein, Carine, mein Schwager und Marc verbringen dieses Jahr ihren Sommerurlaub in Deutschland. Carine meinte, sie würde gerne noch ein bißchen Deutsch lernen, aber sie hätte keine Ahnung, wie sie sich das noch schnell aneignen könnte.

101 Michel: Na, mit der Birkenbihl-Methode natürlich.

102 Sophie: Mal sehen, ob dieses Geschäft Birkenbihl-Kurse anbietet… Die müßten da drüben sein … ich sehe Wörterbücher, Reiseführer … ah, Sprachkurse! Wissen Sie was? Ich kaufe den Kurs „Deutsch für Einsteiger" und schenke ihn Carine zum Geburtstag.

103 Michel: Gute Idee.

Sophie nimmt den Kurs, geht zur Kasse und bezahlt ihn. Michel folgt ihr. Michel und Sophie verlassen die Buchhandlung und setzen ihren Weg fort.

104 Michel: Was wird es denn zum Abendessen geben?

Sophie lächelt.

105 Sophie: Lassen Sie sich überraschen!

106 Michel: Ich habe es Ihnen zwar schon mal gesagt, aber … was mich an Ihnen am meisten fasziniert, ist Ihr Lächeln.

107 Sophie: Wirklich? Mein Lächeln fasziniert Sie am meisten? Und was ist mit dem ganzen Rest?

108 Michel: Nein, ich meine … ach, Sie wissen schon. Ihr Lächeln versprüht irgendwie gute Laune.

109 Sophie: Sie haben mich noch nie erlebt, wenn ich schlechter Laune bin.

110 Michel: Ja klar, schließlich ist jeder mal schlecht drauf. Die Frage ist, wie man aus so einer negativen Stimmung wieder herauskommt …

111 Sophie: Ich kenne da einen Trick. Eine Freundin hat ihn mir vor langer Zeit verraten. Wenn ich mal so richtig schlechte Laune habe, dann zwinge ich mich, 60 Sekunden ununterbrochen zu lächeln.

112 Michel: Was?

113 Sophie: Ich stelle mich vor einen Spiegel oder hole meinen Taschenspiegel heraus, schaue hinein, ziehe meine Mundwinkel nach oben und halte die Muskelanspannung eine Minute lang an. Zuerst ist es natürlich eine Grimasse, aber im Laufe dieser 60 Sekunden gibt es immer einen Moment, in dem ein echtes Lächeln draus wird. Jedenfalls fühle ich mich anschließend immer weit besser als vorher.

114 Michel: Aha. Und warum funktioniert das?

115 Sophie: Es ist eine Art Wechselwirkung zwischen Körper und Seele. Wenn man gut drauf ist, sagt die Seele dem Körper, er soll lächeln, und die Mundwinkel gehen nach oben. Wenn man schlecht drauf ist, sagt man dem Körper, er solle lächeln. Die Seele bemerkt das und folgert: „Aha, Mundwinkel gehen nach oben, also ist gute Laune angesagt.“ Es klingt fantastisch, aber es funktioniert.

Michel beginnt zu grinsen.

116 Sophie: Ist das Ihr erster Versuch?

117 Michel: Nein, nein. Ich habe mir nur gerade vorgestellt, wie ich schlecht gelaunt in einer Besprechung sitze und plötzlich 60 Sekunden krampfhaft lächle. Dieses Grinsen muß ziemlich witzig aussehen.

118 Sophie: Aber Michel, Sie sollen das doch nicht in der Öffentlichkeit machen. Nur wo Sie niemand sieht. Das ist eine Kommunikation mit sich selbst, kein Signal, das man der Umwelt senden will.

119 Michel: Und wenn ich mitten in einem Meeting bin?

120 Sophie: Dann entschuldigen Sie sich kurz und verschwinden auf die Toilette.

121 Michel: Ah, gute Idee.

122 Sophie: Und da sind wir auch schon zu Hause.

Lektion 34 Wort für Wort

Leçon Trente-quatre: La bonne humeur
Lektion Dreißig-vier: Die gute Laune

(...)

92 Sophie: Si on allait jeter un coup d'œil aux
Falls man ginge [zu] werfen einen Schlag von-Auge zu-den

rayons des livres? Vous êtes d'accord?
Abteilungen von-den Büchern? Ihr seid von-Übereinstimmung?

93 Michel: Pourquoi pas, allons-y.
Für-was nicht, gehen[-wir]-dahin.

(...)

94 Sophie: Avez-vous un livre préféré?
Habt-ihr ein Buch bevorzugtes?

95 Michel: Non, pas de livre en particulier. Mais un type de
Nein, nicht von Buch in [dem] besonderen. Aber ein Typ von

livres, celui que je préfère, c'est le livre spécialisé,
Büchern, dieser den ich vorziehe, dies-ist das Buch spezialisierte[1],

le livre scientifique pour grand public. Quand je tombe
das Buch wissenschaftliche für große Öffentlichkeit. Wenn ich falle

[1] *Buch spezialisiertes = Fachbuch*

sur un sujet qui m'intéresse, c'est le type de livre que
auf ein Thema das mich-interessiert, dies-ist der Typ von Buch den

je choisis pour me mettre dans l'ambiance. Et vous, que
ich wähle für mich setzen in das-Ambiente[2]. Und ihr, was

lisez-vous de préférence?
lest-ihr von Vorliebe?

96 Sophie: Les grandes sagas familiales ou les romans qui me permettent
Die großen Sagas familiären oder die Romane die mir erlauben

de suivre la vie d'un individu pendant des
von verfolgen das Leben von-einem Individuum während von-den

années. Je me laisse littéralement entraîner par les
Jahren. Ich mich lasse buchstäblich mitreißen durch die

descriptions.
Beschreibungen.

97 Michel: C'est sans doute ce que voulait dire la chanteuse Melanie
Dies-ist ohne Zweifel dies was wollte sagen die Sängerin Melanie

lorsqu'elle parlait de «Vivre dans un livre».
anläßlich-daß-sie sprach von „Leben in einem Buch".

98 Sophie: Oui! C'est exactement cela!
Ja! Dies-ist genau dies-da!

(...)

99 Michel: Vous aimez les récits de voyage?
Ihr liebt die Berichte von Reise?

100 Sophie: S'ils sont bien écrits, oui. A propos,
Falls-sie sind gut geschrieben, ja. Zu [dem] Gesprächsthema,

j'y pense: cette année, Carine, mon beau-frère et Marc
ich-daran denke: dieses Jahr, Carine, mein Schwager und Marc

vont passer leurs vacances d'été en Allemagne.
gehen [zu] verbringen ihre Ferien von-Sommer in Deutschland.

Carine m'a dit qu'elle aimerait se mettre un
Carine mir-hat gesagt daß-sie lieben-würde sich [zu] setzen ein

[2] *sich setzen in das-Ambiente = sich einlesen*

peu à l'allemand avant, mais qu'elle ne savait pas
bißchen an das-Deutsche davor, aber daß-sie nicht wußte nicht

comment y arriver en si peu de temps.
wie da [zu] ankommen in so wenig von Zeit.

101 Michel: Mais avec la méthode Birkenbihl, bien sûr!
Aber mit der Methode Birkenbihl, natürlich!

102 Sophie: Alors, voyons si on peut trouver la méthode Birkenbihl dans
Dann, sehen [-wir] ob man kann finden die Methode Birkenbihl in

ce magasin … Ça devrait être là-bas … Je
diesem Geschäft … Dies-da müssen-würde sein da-drüben … Ich

vois des dictionnaires, des guides touristiques … ah,
sehe von-den Wörterbüchern, von-den Führern touristischen … ah,

voilà les cours de langue! Vous savez ce que je vais
sieh-da die Kurse von Sprache! Ihr wißt dies was ich gehe [zu]

faire? Je prends le cours d' «Allemand pour débutants» et
machen? Ich nehme den Kurs von „Deutsch für Anfänger" und

je l'offre à Carine pour son anniversaire.
ich ihn-anbiete zu Carine für ihren Geburtstag.

103 Michel: Très bonne idée.
Sehr gute Idee.

(…)

104 Michel: Quel sera le menu de ce soir?
Welche sein-wird die Speisenfolge von diesem Abend?

(…)

105 Sophie: Surprise!
Überraschung!

(…)

106 Michel: J'ai certes déjà eu l'occasion de vous le dire,
Ich-habe gewiß schon gehabt die-Gelegenheit von euch es sagen,

mais … ce qui me fascine le plus chez vous, c'est votre
aber … dies was mich fasziniert das meiste bei euch, dies-ist euer

sourire.
Lächeln.

107 Sophie: Ha ha …! C'est mon sourire qui vous fascine le plus?
Ha ha …! Dies-ist mein Lächeln das euch fasziniert das meiste?

Et le reste?
Und der Rest?

108 Michel: Non, ce que je veux dire, c'est que …
Nein, dies was ich will sagen, dies-ist daß …

Mais vous le savez très bien – que vous avez un sourire
Aber ihr es wißt sehr gut – daß ihr habt ein Lächeln

radieux, qui trahit la bonne humeur.
strahlendes, das verrät die gute Laune.

109 Sophie: Vous ne m'avez encore jamais vue de mauvaise humeur!
Ihr nicht mich-habt noch niemals gesehen von schlechter Laune!

110 Michel: Bien sûr que tout le monde n'a pas que des
Natürlich daß all die Welt nicht-hat nicht [anderes] als von-den

bons jours. Le tout, c'est de savoir s'en
guten Tagen. Das Ganze, dies-istvon wissen [zu] sich-davon

sortir …
herausgehen …

111 Sophie: Moi, j'ai un truc. Une de mes amies me l'a
Ich, ich-habe einen Trick. Eine von meinen Freundinnen mir ihn-hat

confié il y a assez longtemps de cela. Chaque fois
anvertraut es da hat ziemlich lange-Zeit von dieser-da. Jedes Mal

que je me sens vraiment de mauvaise humeur, je me force
daß ich mich fühle wahrlich von schlechter Laune, ich mich zwinge

à sourire sans arrêt pendant soixante secondes.
zu lächeln ohne Halt während sechzig Sekunden.

112 Michel: Comment?
Wie?

113 Sophie: Je me mets devant une glace ou je sors mon
Ich mich stelle vor einen Spiegel oder ich hervorhole meinen

miroir de poche, je me regarde bien en face, je
Spiegel von Tasche, ich mir schaue gut in [das] Angesicht, ich

tire les commissures des lèvres vers le haut et je
ziehe die Winkel von-den Lippen nach der Höhe und ich

maintiens la tension pendant une minute. Au début,
aufrechterhalte die Spannung während einer Minute. An-dem Anfang,

ça ressemble davantage à une grimace, c'est vrai, mais
dies-da ähnelt mehr zu einer Grimasse, dies-ist wahr, aber

au cours des soixante secondes, il y a toujours un
an-dem Lauf von-den sechzig Sekunden, es da hat[3] immer einen

moment où elle se transforme en vrai sourire. En tout
Moment wo sie sich umwandelt in [ein] wahres Lächeln. In allem

cas, je me sens toujours mieux après.
Fall, ich mich fühle immer besser danach.

114 Michel: Ah? Et pourquoi[4] cela fonctionne-t-il aussi bien?
Ah? Und für-was dies-da funktioniert-es so gut?

115 Sophie: Parce que l'esprit et le corps s'influencent
Durch-dies daß der-Geist und der Körper sich-beeinflussen

mutuellement. Quand je me sens bien dans ma peau, mon
gegenseitig. Wenn ich mich fühle gut in meiner Haut, mein

esprit dit à mon corps qu'il doit sourire, et les
Geist sagt zu meinem Körper daß-er soll lächeln, und die

commissures de mes lèvres remontent. Quand je me sens
Winkel von meinen Lippen hinaufgehen. Wenn ich mich fühle

mal, j'ordonne à mon corps de sourire, mon esprit est
schlecht, ich-anordne zu meinem Körper von Lächeln, mein Geist ist

mis en alerte, il remarque la position des lèvres et se
gesetzt in Alarm, er bemerkt die Position von-den Lippen und sich

dit qu'il faut être de bonne humeur. C'est peu
sagt daß-es nötig-ist [zu] sein von guter Laune. Dies-ist wenig

[3] *es da hat = es gibt*
[4] *für-was = warum*

conventionnel, mais cela marche.
konventionell, aber dies-da läuft.

(...)

116 Sophie: Vous essayez déjà?
Ihr versucht schon?

117 Michel: Non, non. Je m'imaginais seulement pendant un entretien
Nein, nein. Ich mir-vorstellte nur während einer Unterhaltung

d'affaires, en train de combattre ma mauvaise
von-Geschäften, in [dem] Zug von bekämpfen[5] meine schlechte

humeur en me mettant à sourire pendant soixante secondes.
Laune durch mich setzend zu lächeln während sechzig Sekunden.

C'est le genre de sourire forcé qui doit être assez
Dies-ist das Genre von Lächeln erzwungenem das muß sein ziemlich

drôle.
komisch.

118 Sophie: Mais Michel, vous ne devez pas faire cela en
Aber Michel, ihr nicht sollt nicht machen dies-da in [der]

public ... uniquement lorsque personne ne vous voit.
Öffentlichkeit ... einzig anläßlich-daß niemand nicht euch sieht.

Dans ce genre de situation, vous communiquez avec
In diesem Genre von Situation, ihr kommuniziert mit

vous-même; ce n'est pas un signal que vous envoyez à
euch-selbst; dies nicht-ist nicht ein Signal das ihr schickt zu

ceux qui vous entourent.
diesen die euch umgeben.

119 Michel: Mais si je me trouve justement en pleine réunion?
Aber falls ich mich finde gerade in voller Versammlung?

120 Sophie: Alors, vous vous excusez et vous passez un bref
Dann, ihr euch entschuldigt und ihr verbringt einen kurzen

[5] Anstatt *Er lernt gerade., Sie schreibt gerade,* usw. sagt man im Französischen *Er ist in [dem] Zug von lernen., Sie ist in [dem] Zug von schreiben,* usw.

		instant	aux	toilettes.
		Augenblick	**an-den**	**Toiletten.**

121	Michel:	Bonne	idée.
		Gute	**Idee.**

122	Sophie:	Ah,	nous	voilà	arrivés.
		Ah,	**wir**	**sieh-da [sind]**	**angekommen.**

Lektion 34 Französisch

Leçon Trente-quatre: La bonne humeur

(...)

92 Sophie: Si on allait jeter un coup d'œil aux rayons des livres? Vous êtes d'accord?

93 Michel: Pourquoi pas, allons-y.

(...)

94 Sophie: Avez-vous un livre préféré?

95 Michel: Non, pas de livre en particulier. Mais un type de livres, celui que je préfère, c'est le livre spécialisé, le livre scientifique pour grand public. Quand je tombe sur un sujet qui m'intéresse, c'est le type de livre que je choisis pour me mettre dans l'ambiance. Et vous, que lisez-vous de préférence?

96 Sophie: Les grandes sagas familiales ou les romans qui me permettent de suivre la vie d'un individu pendant des années. Je me laisse littéralement entraîner par les descriptions.

97 Michel: C'est sans doute ce que voulait dire la chanteuse Melanie lorsqu'elle parlait de «Vivre dans un livre».

98 Sophie: Oui! C'est exactement cela!

(...)

99 Michel: Vous aimez les récits de voyage?

100 Sophie: S'ils sont bien écrits, oui. A propos, j'y pense: cette année, Carine, mon beau-frère et Marc vont passer leurs vacances d'été en Allemagne. Carine m'a dit qu'elle aimerait se mettre un peu à l'allemand avant, mais qu'elle ne savait pas comment y arriver en si peu de temps.

101 Michel: Mais avec la méthode Birkenbihl, bien sûr!

102 Sophie: Alors, voyons si on peut trouver la méthode Birkenbihl dans ce magasin … Ça devrait être là-bas … Je vois des dictionnaires, des guides touristiques … ah, voilà les cours de langue! Vous savez ce queje vais faire? Je prends le cours d' «Allemand pour débutants» et je l'offre à Carine pour son anniversaire.

103 Michel: Très bonne idée.

(…)

104 Michel: Quel sera le menu de ce soir?

105 Sophie: Surprise!

106 Michel: J'ai certes déjà eu l'occasion de vous le dire, mais … ce qui me fascine le plus chez vous, c'est votre sourire.

107 Sophie: Ha ha …! C'est mon sourire qui vous fascine le plus? Et le reste?

108 Michel: Non, ce que je veux dire, c'est que … Mais vous le savez très bien – que vous avez un sourire radieux, qui trahit la bonne humeur.

109 Sophie: Vous ne m'avez encore jamais vue de mauvaise humeur!

110 Michel: Bien sûr que tout le monde n'a pas que des bons jours. Le tout, c'est de savoir s'en sortir …

111 Sophie: Moi, j'ai un truc. Une de mes amies me l'a confié il y a assez longtemps de cela. Chaque fois que je me sens vraiment de mauvaise humeur, je me force à sourire sans arrêt pendant 60 secondes.

112 Michel: Comment?

113 Sophie: Je me mets devant une glace ou je sors mon miroir de poche, je me regarde bien en face, je tire les commissures des lèvres vers le haut et je maintiens la tension pendant une minute. Au début, ça ressemble davantage à une grimace, c'est vrai, mais au cours des 60 secondes, il y a toujours un moment où elle se transforme en vrai sourire. En tout cas, je me sens toujours mieux après.

114 Michel: Ah? Et pourquoi cela fonctionne-t-il aussi bien?

115 Sophie: Parce que l'esprit et le corps s'influencent mutuellement. Quand je me sens bien dans ma peau, mon esprit dit à mon corps qu'il doit sourire, et les commissures de mes lèvres remontent. Quand je me sens mal, j'ordonne à mon corps de sourire, mon esprit est mis en alerte, il remarque la position des lèvres et se dit qu'il faut être de bonne humeur. C'est peu conventionnel, mais cela marche.

(…)

116 Sophie: Vous essayez déjà?

117 Michel: Non, non. Je m'imaginais seulement pendant un entretien d'affaires, en train de combattre ma mauvaise humeur en me mettant à sourire pendant 60 secondes. C'est le genre de sourire forcé qui doit être assez drôle.

118 Sophie: Mais Michel, vous ne devez pas faire cela en public … uniquement lorsque personne ne vous voit. Dans ce genre de situation, vous communiquez avec vous-même; ce n'est pas un signal que vous envoyez à ceux qui vous entourent.

119 Michel: Mais si je me trouve justement en pleine réunion?

120 Sophie: Alors, vous vous excusez et vous passez un bref instant aux toilettes.

121 Michel: Bonne idée.

122 Sophie: Ah, nous voilà arrivés.

➤ *Vergegenwärtigen Sie sich immer wieder die Grundlage der Birkenbihl-Methode: Ein langsames Vorgehen spart im Endeffekt Ihre Zeit!*

LEÇON 35

Lektion Fünfunddreißig: Kochen und Abendessen

Michel und Sophie betreten das Wohnhaus. Sophie öffnet die Tür ihrer Wohnung. Michel und Sophie gehen in die Küche. Sophie öffnet den Küchenschrank und holt einige Lebensmittel heraus.

123 Sophie: Gut. Butter, Eier und Milch haben wir gekauft. Mehl, Salz und Zucker habe ich noch da. Was kann man aus diesen Zutaten machen, Michel?

124 Michel: Hmm … ich kenne mich auf dem Gebiet nicht so genau aus.

125 Sophie: Wir brauchen noch eine Schüssel, einen Kochlöffel und eine Bratpfanne …

126 Michel: Ach, Pfannkuchen!

127 Sophie: Richtig.

128 Michel: Eigentlich wollte ich immer schon mal lernen, wie man Pfannkuchen macht.

129 Sophie: Na, dann bringe ich Ihnen jetzt bei, wie das geht.

130 Michel: Gerne!

131 Sophie: Also, als erstes geben Sie die Eier in die Schüssel.

Michel versucht, ein Ei aufzuschlagen, was aber mißlingt. Sophie ist amüsiert.

132 Sophie: Achtung, sonst fallen die Schalen mit in die Schüssel. Schauen Sie, so geht das.

Sophie macht vor, wie man Eier fachmännisch aufschlägt. Michel macht es nach, und diesmal gelingt es.

133 Sophie: Jetzt geben Sie zwei Eßlöffel Zucker in die Schüssel, und rühren Sie das Ganze mit dem Kochlöffel schaumig. Ich wiege inzwischen das Mehl ab.

Michel beginnt wild in der Schüssel herumzurühren.

134 Michel: Gut so?

135 Sophie: Für einen Anfanger gar nicht schlecht. Jetzt geben Sie die Milch und das Mehl dazu, und rühren Sie, bis der Teig schön gleichmäßig ist. Ich mache derweil etwas Butter in der Pfanne warm.

Michel rührt weiter, während Sophie am Herd beschäftigt ist. Sophie blickt prüfend in die Schüssel.

136 Sophie: Prima. Jetzt geben Sie bitte eine Prise Salz dazu, und rühren Sie noch ein bißchen weiter.

137 Michel: Von der Rührerei krieg ich ja Muskelkater!

Sophie nimmt die Schüssel und läßt den Teig für den ersten Pfannkuchen in die Pfanne rinnen. Langsam bildet sich der Pfannkuchen.

138 Michel: Ich hoffe, ich soll den Pfannkuchen jetzt nicht wenden?

139 Sophie: Nein, nein. Wenn Sie den Pfannkuchen hochschleudern würden, würde er an der Zimmerdecke kleben bleiben, und ich könnte meine Küche gleich wieder renovieren!

Beide lachen bei dieser Vorstellung.

140 Sophie: Decken Sie bitte schon mal den Tisch?

141 Michel: Aber mit Vergnügen!

142 Sophie: Teller und Gläser finden Sie hier im Küchenschrank, und das Besteck ist in der Schublade dort.

Michel deckt den Tisch, während Sophie weiter Pfannkuchen bäckt.

143 Sophie: Was möchten Sie trinken?

144 Michel: Zu Pfannkuchen schmeckt mir am besten Milch oder Kakao.

145 Sophie: Mir auch. Was ist Ihnen heute lieber?

146 Michel: Kakao, wenn es nicht zuviel Mühe macht.

147 Sophie: Für Sie ist mir keine Mühe zuviel …

148 Michel: Das hört man gern …

149 Sophie: Essen Sie Pfannkuchen übrigens immer süß oder manchmal auch pikant?

150 Michel: Ach, mal so, mal so. Ich mag Pfannkuchen sowohl süß als auch pikant.

151 Sophie: Wenn Sie sie süß essen, was tun Sie dann drauf?

152 Michel: Dann bestreiche ich sie mit Honig, Marmelade, Quark, Schokoladencreme oder Apfelmus.

153 Sophie: Und wenn Sie sie pikant essen?

154 Michel: Dann belege ich sie mit Heringen, Fleisch, Schinken oder Eingemachtem.

155 Sophie: Nehmen Sie sich einfach alles, was Sie für die Pfannkuchen haben möchten, aus dem Kühlschrank, und dann setzen Sie sich schon mal!

Michel tut wie geheißen und setzt sich.

156 Michel: Nachdem ich Pfannkuchenbacken gelernt habe, hoffe ich, Sie wollen mir heute nicht auch noch Nähen, Stricken und Häkeln beibringen.

157 Sophie: Mal sehen. Zumindest einen Knopf sollte auch ein Mann annähen können. Warten Sie, Nadel und Faden finden Sie …

158 Michel: Bitte nicht. Lassen Sie uns erst essen!

159 Sophie: Okay.

Sophie stellt einen Stapel Pfannkuchen auf den Tisch. Michel und Sophie nehmen sich je einen, belegen ihn und beginnen zu essen.

160 Michel: Oh, ist das köstlich!

Sie essen den ganzen Stapel Pfannkuchen auf.

161 Michel: Mmmh, das war ein gutes Abendessen. Soll ich Ihnen beim Abwasch helfen?

162 Sophie: Nicht nötig, ich stelle das Geschirr in die Spülmaschine und wische den Tisch ab. Wenn Sie inzwischen die Sachen, die kühl aufbewahrt werden müssen, in den Kühlschrank zurückräumen …

163 Michel: Mach ich doch glatt.

Man hört die beiden aufräumen.

164 Sophie: Was möchten Sie jetzt trinken, Michel?

165 Michel: Jetzt hätte ich Lust auf ein Mineralwasser. Soll ich es holen?

166 Sophie: Ja, bitte, Sie kennen sich ja inzwischen prima aus …

Michel holt eine Flasche und zwei Gläser.

167 Michel: Soll ich die Flasche und die Gläser gleich ins Wohnzimmer mitnehmen?

168 Sophie: Ja bitte, ich bin so gut wie fertig hier.

Lektion 35 Wort für Wort

Leçon	Trente-cinq:	Cuisine	et	dîner
Lektion	**Dreißig-fünf:**	**Kochkunst**[1]	**und**	**Abendessen**

(…)

123 Sophie:	Bien.	Nous	avons	acheté	du	beurre,	des	œuf	s et du
	Gut.	**Wir**	**haben**	**gekauft**	**von-der**	**Butter,**	**von-den**	**Eiern**	**und von-der**

[1] *cuisine = Kochkunst, Küche*

lait. J'avais de la farine, du sel et du sucre.
Milch. Ich-hatte von dem Mehl, von-dem Salz und von-dem Zucker.

Que peut-on faire à partir de ces ingrédients, Michel?
Was kann-man machen zu ausgehen von diesen Zutaten, Michel?

124 Michel: Hum, c'est un domaine que je connais assez mal.
Hm, dies-ist ein Gebiet das ich kenne ziemlich schlecht.

125 Sophie: Il nous faut aussi un saladier, une cuillère en bois et une
Es uns nötig-ist auch eine Schüssel, ein Löffel aus Holz und eine

poêle à frire …
Pfanne zu braten …

126 Michel: J'ai trouvé! Des crêpes!
Ich-habe gefunden! Von-den Pfannkuchen!

127 Sophie: Exact.
Genau.

128 Michel: Ça tombe bien, il y a longtemps que je voulais apprendre
Dies-da fällt gut[2], es da hat lange-Zeit daß ich wollte lernen

à faire les crêpes.
zu machen die Pfannkuchen.

129 Sophie: Eh bien, je vais vous montrer comment on fait.
Nun gut, ich gehe euch [zu] zeigen wie man macht.

130 Michel: Volontiers.
Gerne.

131 Sophie: D'abord, vous cassez les œufs dans le saladier.
Von-zuerst, ihr brecht die Eier in der Schüssel.

(…)

132 Sophie: Attention, Michel, sinon, des morceaux de coquille vont
Aufmerksamkeit, Michel, sonst, von-den Stücken von Schale gehen

tomber dans le saladier. Regardez! Comme cela!
[zu] fallen in die Schüssel. Schaut! Wie dies-da!

[2] *Dies-da fällt gut. = Das paßt.*

(...)

133 Sophie: Maintenant, vous ajoutez deux cuillerées à soupe de sucre
Jetzt, ihr hinzufügt zwei Löffelvoll zu Suppe[3] von Zucker

et vous battez le tout à l'aide de la cuillère
und ihr schlagt das Ganze mit der-Unterstützung von dem Löffel

en bois. Pendant ce temps, moi, je vais peser la
aus Holz. Während dieser Zeit, ich, ich gehe [zu] wiegen das

farine.
Mehl.

(...)

134 Michel: Comme ça, c'est bien?
Wie dies-da, dies-ist gut?

135 Sophie: Pas mal du tout pour un débutant. Maintenant, vous
Nicht schlecht von-dem Ganzen für einen Anfänger. Jetzt, ihr

ajoutez le lait et la farine et vous mélangez jusqu'à
hinzufügt die Milch und das Mehl und ihr mischt bis-zu

ce que la pâte soit bien onctueuse. Pendant ce
diesem daß der Teig sein-möge gut gleichmäßig. Während dieser

temps, je fais fondre une noix de beurre dans la poêle.
Zeit, ich mache schmelzen eine Nuß von Butter in der Pfanne.

(...)

136 Sophie: Impeccable. Maintenant, vous ajoutez une prise de sel et vous
Einwandfrei. Jetzt, ihr hinzufügt eine Prise von Salz und ihr

mélangez encore un peu.
mischt nochmals ein bißchen.

137 Michel: Dites, mais à mélanger comme cela, je risque de fatiguer.
Sagt, aber zu mischen wie dies-da, ich riskiere von ermüden.

(...)

138 Michel: J'espère que je ne vais pas devoir la faire sauter!
Ich-hoffe daß ich nicht gehe nicht [zu] müssen ihn machen springen!

[3] *Löffelvoll zu Suppe = zwei Eßlöffel*

139 Sophie: Pas question! Si vous la faisiez sauter, elle resterait
Nicht Frage! Falls ihr ihn machtet springen, er bleiben-würde

collée au plafond et moi, j'en serais quitte pour
geklebt an-der Decke und ich, ich-davon sein-würde genötigt für

refaire rénover ma cuisine!
wiedermachen renovieren meine Küche!

(…)

140 Sophie: Pouvez-vous commencer à mettre le couvert?
Könnt-ihr beginnen zu setzen das Gedeck[4]?

141 Michel: Mais avec plaisir!
Aber mit Vergnügen!

142 Sophie: Les assiettes et les verres sont dans le petit buffet, et les
Die Teller und die Gläser sind in dem kleinen Büffet, und die

couverts dans le tiroir là-bas.
Bestecke in der Schublade da-drüben.

(…)

143 Sophie: Que désirez-vous boire?
Was wünscht-ihr [zu] trinken?

144 Michel: Ce que je préfère avec des crêpes, c'est du
Dies was ich vorziehe mit von-den Pfannkuchen, dies-ist von-der

lait ou du cacao.
Milch oder von-dem Kakao.

145 Sophie: Moi aussi. Et cette fois, que prendrez-vous?
Ich auch. Und dieses Mal, was nehmen-werdet-ihr?

146 Michel: Du cacao, si ce n'est pas trop vous demander.
Von-dem Kakao, falls dies nicht-ist nicht zuviel euch [zu] fragen.

147 Sophie: Quand c'est pour vous, Michel …
Wenn dies-ist für euch, Michel …

4 *das Gedeck setzen = den Tisch decken*

148 Michel: C'est le genre de choses qu'on aime entendre …
Dies-ist das Genre von Sachen das-man liebt [zu] hören …

149 Sophie: Mais à propos des crêpes, les mangez-vous
Aber zu [dem] Gesprächsthema von-den Pfannkuchen, sie eßt-ihr

toujours sucrées ou bien parfois salées également?
immer gezuckert oder aber manchmal gesalzen gleichermaßen?

150 Michel: Cela dépend. J'aime toutes les crêpes, aussi bien
Dies-da abhängt. Ich-liebe all die Pfannkuchen, so wohl

sucrées que salées.
gezuckert wie gesalzen.

151 Sophie: Quand vous les mangez sucrées, que mettez-vous dessus?
Wenn ihr sie eßt gezuckert, was legt-ihr darauf?

152 Michel: Je les tartine de miel ou de confiture, de fromage
Ich sie bestreiche von Honig oder von Marmelade, von Käse

blanc, de chocolat ou de compote de pommes.
weißem, von Schokolade oder von Kompott von Äpfeln.

153 Sophie: Et quand vous les mangez salées?
Und wenn ihr sie eßt gesalzen?

154 Michel: Je les aime au hareng, à la viande, au jambon
Ich sie liebe zu-dem Hering, zu dem Fleisch, zu-dem Schinken

ou avec des conserves en bocal.
oder mit von-den Konserven in [dem] Einmachglas.

155 Sophie: Eh bien, prenez tout ce qu'il vous faut pour vos
Nun gut, nehmt all dies was-es euch nötig-ist für euere

crêpes dans le réfrigérateur et asseyez-vous, je vous en
Pfannkuchen in dem Kühlschrank und setzt-euch, ich euch davon

prie!
bitte!

(…)

156 Michel: Maintenant que je sais faire des crêpes, j'espère
Jetzt daß ich weiß [zu] machen von-den Pfannkuchen, ich-hoffe

que c'est fini pour aujourd'hui – vous n'allez
daß dies-ist beendet für an-dem-Tag-von-heute – ihr nicht-geht

pas encore m'apprendre à coudre, à tricoter ou à faire
nicht noch [zu] mir-lernen zu nähen, zu stricken oder zu machen

du crochet.
von-der Häkelnadel[5].

157 Sophie: On verra. En fait, un homme devrait au moins
Man sehen-wird. In [der] Tat, ein Mann sollen-würde zumindest

savoir recoudre un bouton. Attendez, les aiguilles et le
wissen [zu] annähen einen Knopf. Wartet, die Nadeln und der

fil sont dans …
Faden sind in …

158 Michel: Oh, non, s'il vous plaît, Sophie. Mangeons d'abord!
Oh, nein, falls-es euch gefällt[6], Sophie. Essen[-wir] von-zuerst!

159 Sophie: D'accord.
Von-Übereinstimmung.

(…)

160 Michel: Hum, c'est délicieux.
Hm, dies-ist köstlich.

(…)

161 Michel: C'était un merveilleux dîner! Puis-je vous aider
Dies-war ein wunderbares Abendessen! Kann-ich euch unterstützen

pour la vaisselle?
für das Geschirr?

162 Sophie: Ce n'est pas la peine, je la mets dans le lave-vaisselle
Dies nicht-ist nicht die Mühe, ich es lege in den Geschirrspüler

et je nettoie la table. Pendant ce temps, si vous pouvez
und ich reinige den Tisch. Während dieser Zeit, falls ihr könnt

remettre au réfrigérateur tout ce qu'il faut
zurücklegen zu-dem Kühlschrank all dies was-es nötig-ist [zu]

5 *von der Häkelnadel machen = häkeln*
6 *falls-es euch gefällt = bitte*

garder au frais …
aufbewahren an-der Kühle …

163 Michel: C'est comme si c'était déjà fait.
Dies-ist als ob dies-war schon gemacht.

(…)

164 Sophie: Et maintenant, que puis-je vous offrir à boire, Michel?
Und jetzt, was kann-ich euch anbieten zu trinken, Michel?

165 Michel: J'aurais envie d'une eau minérale. Je vais la chercher?
Ich-haben-würde Lust von-einem Wasser mineralischen. Ich gehe es [zu] suchen?

166 Sophie: Oui, volontiers, maintenant que vous connaissez la maison comme votre poche …
Ja, gerne, jetzt daß ihr kennt das Haus wie euere Tasche …

(…)

167 Michel: Est-ce que j'emporte les verres et la bouteille directement dans le séjour?
Ist-dies daß ich-hinübertrage die Gläser und die Flasche direkt in das Wohnzimmer?

168 Sophie: Oui, s'il vous plaît. Je n'en ai plus pour longtemps.
Ja, falls-es euch gefällt. Ich nicht-davon habe mehr für lange-Zeit.[7]

[7] *Ich nicht-davon habe mehr für lange-Zeit. = Ich brauche nicht mehr lange.*

Lektion 35 Französisch

Leçon Trente-cinq: Cuisine et dîner

(...)

123 Sophie: Bien. Nous avons acheté du beurre, des œufs et du lait. J'avais de la farine, du sel et du sucre. Que peut-on faire à partir de ces ingrédients, Michel?

124 Michel: Hum, c'est un domaine que je connais assez mal.

125 Sophie: Il nous faut aussi un saladier, une cuillère en bois et une poêle à frire ...

126 Michel: J'ai trouvé! Des crêpes!

127 Sophie: Exact.

128 Michel: Ça tombe bien, il y a longtemps que je voulais apprendre à faire les crêpes.

129 Sophie: Eh bien, je vais vous montrer comment on fait.

130 Michel: Volontiers.

131 Sophie: D'abord, vous cassez les œufs dans le saladier.

(...)

132 Sophie: Attention, Michel, sinon, des morceaux de coquille vont tomber dans le saladier. Regardez! Comme cela!

(...)

133 Sophie: Maintenant, vous ajoutez deux cuillerées à soupe de sucre et vous battez le tout à l'aide de la cuillère en bois. Pendant ce temps, moi, je vais peser la farine.

(...)

134 Michel: Comme ça, c'est bien?

135 Sophie: Pas mal du tout pour un débutant. Maintenant, vous ajoutez le lait et la farine et vous mélangez jusqu'à ce que la pâte soit bien onctueuse. Pendant ce temps, je fais fondre une noix de beurre dans la poêle.

(...)

136 Sophie: Impeccable. Maintenant, vous ajoutez une prise de sel et vous mélangez encore un peu.

137 Michel: Dites, mais à mélanger comme cela, je risque de fatiguer.

(...)

138 Michel: J'espère que je ne vais pas devoir la faire sauter!

139 Sophie: Pas question! Si vous la faisiez sauter, elle resterait collée au plafond et moi, j'en serais quitte pour refaire rénover ma cuisine!

(...)

140 Sophie: Pouvez-vous commencer à mettre le couvert?

141 Michel: Mais avec plaisir!

142 Sophie: Les assiettes et les verres sont dans le petit buffet, et les couverts dans le tiroir là-bas.

(...)

143 Sophie: Que désirez-vous boire?

144 Michel: Ce que je préfère avec des crêpes, c'est du lait ou du cacao.

145 Sophie: Moi aussi. Et cette fois, que prendrez-vous?

146 Michel: Du cacao, si ce n'est pas trop vous demander.

147 Sophie: Quand c'est pour vous, Michel ...

148 Michel: C'est le genre de choses qu'on aime entendre ...

149 Sophie: Mais à propos des crêpes, les mangez-vous toujours sucrées ou bien parfois salées également?

150 Michel: Cela dépend. J'aime toutes les crêpes, aussi bien sucrées que salées.

151 Sophie: Quand vous les mangez sucrées, que mettez-vous dessus?

152 Michel: Je les tartine de miel ou de confiture, de fromage blanc, de chocolat ou de compote de pommes.

153 Sophie: Et quand vous les mangez salées?

154 Michel: Je les aime au hareng, à la viande, au jambon ou avec des conserves en bocal.

155 Sophie: Eh bien, prenez tout ce qu'il vous faut pour vos crêpes dans le réfrigérateur et asseyez-vous, je vous en prie!

(...)

156 Michel: Maintenant que je sais faire des crêpes, j'espère que c'est fini pour aujourd'hui – vous n'allez pas encore m'apprendre à coudre, à tricoter ou à faire du crochet.

157 Sophie: On verra. En fait, un homme devrait au moins savoir recoudre un bouton. Attendez, les aiguilles et le fil sont dans ...

158 Michel: Oh, non, s'il vous plaît, Sophie. Mangeons d'abord!

159 Sophie: D'accord.

(...)

160 Michel: Hum, c'est délicieux.

(...)

161 Michel: C'était un merveilleux dîner! Puis-je vous aider pour la vaisselle?

162 Sophie: Ce n'est pas la peine, je la mets dans le lave-vaisselle et je nettoie la table. Pendant ce temps, si vous pouvez remettre au réfrigérateur tout ce qu'il faut garder au frais ...

163 Michel: C'est comme si c'était déjà fait.

(...)

164 Sophie: Et maintenant, que puis-je vous offrir à boire, Michel?

165 Michel: J'aurais envie d'une eau minérale. Je vais la chercher?

166 Sophie: Oui, volontiers, maintenant que vous connaissez la maison comme votre poche

(...)

167 Michel: Est-ce que j'emporte les verres et la bouteille directement dans le séjour?

168 Sophie: Oui, s'il vous plaît. Je n'en ai plus pour longtemps.

➤ *Fünf von zehn Lektionen und den Prolog haben Sie nun schon gelernt. Herzlichen Glückwunschi Ihr Wortschatz reicht nun schon aus, um auch sprachliche Nuancen wahrzunehmen. Weiter so!*

LEÇON 36

Lektion Sechsunddreißig: Was ist ein gutes Team? (Anfang)

Michel geht ins Wohnzimmer, öffnet die Flasche, gießt beiden ein und setzt sich. Sophie folgt ihm und setzt sich ebenfalls. Sie nimmt einen ersten Schluck.

169 Sophie: Aahh … das tut gut. Komisch, ich trinke ab und zu gerne Kakao, aber Kakao ist eigentlich kein Durstlöscher …

170 Michel: Stimmt. Er ist eher eine Ergänzung des Essens …

171 Sophie: … beziehungsweise er kann wegen der Nährwerte in der Milch sogar als kleine flüssige Zwischenmahlzeit gesehen werden.

172 Michel: Apropos Essen. Danke für das feine Abendessen, Sophie. Sie sind eine hervorragende Köchin!

173 Sophie: Oh, danke. Sie haben den Teig aber auch hervorragend gerührt!

174 Michel: Sagen wir, die Pfannkuchen waren ein Gemeinschaftsprojekt.

175 Sophie: Ja, vom gemeinsamen Einkaufen bis zum gemeinsamen Aufessen haben wir alles zusammen gemacht.

176 Michel: Wir sind überhaupt ein gutes Team …

177 Sophie: Hm …

Sophie nimmt einen weiteren Schluck.

178 Michel: Wovon hängt es eigentlich ab, ob zwei Leute ein gutes Team bilden? Ich meine jetzt ganz allgemein, egal ob beruflich oder privat. Wie entsteht Teamgeist?

179 Sophie: Nun, zuerst einmal müssen die beiden sich verstehen, sozusagen auf einer Wellelänge liegen …

180 Michel: Sie müssen also ähnlich denken?

181 Sophie: Wie soll ich ausdrücken, was ich meine? Ich meine nicht, daß sie inhaltlich immer einer Meinung sein müssen …

182 Michel: … sondern, daß sie in ähnlicher Weise über Dinge nachdenken?

183 Sophie: Ja, das kommt der Sache schon ziemlich nah. Wenn einer der beiden, sagen wir einmal, der Typ „penibler Buchhalter“ wäre, und der andere ist der Typ „kreativ-künstlerischer Chaot“, dann kann ich mir vorstellen, daß sie in der Art, wie sie die Dinge sehen, sehr unterschiedlich sind.

184 Michel: Weil der Buchhalter den Schwerpunkt vielleicht auf irgendwelche Details legen würde, während der kreative Typ eher die große Linie sieht … Meinen Sie das?

185 Sophie: Ja. Ich habe z.B. eine Freundin, deren Art, die Welt zu sehen und Probleme anzupacken, sich sehr von meiner Art unterscheidet. Wenn ich mit ihr ein Team bilden müßte, müßte ich mir große Mühe geben, damit die Zusammenarbeit funktioniert.

186 Michel: Ich glaube, ich weiß jetzt, was Sie meinen. Ich habe einen Arbeitskollegen, der dieser Dame recht ähnlich ist. Wenn ein Kunde eine Frage stellt, dann sucht er die Kundendaten heraus und schreibt kleine Berichte über das Problem, aber vor lauter administrativer Details übersieht er das Wichtigste, nämlich dem Kunden eine Lösung anzubieten.

187 Sophie: Ich kann mir vorstellen, daß das Ihre Stärke ist.

188 Michel: Ich glaube schon. Ich rufe den Kunden gleich an und rede mit ihm. Allerdings neige ich dazu, Notizzettel zu schreiben, d.h. ich sorge nicht immer dafür, daß die neuen Informationen über den Kunden in unsere Kundendatei gelangen. Das ist dann eher eine Schwäche von mir.

189 Sophie: Also ergänzt sich Ihre Art doch wunderbar mit der Ihres Kollegen?

190 Michel: Ja, da haben Sie recht.

191 Sophie: Dann müßten Sie und Ihr Kollege doch eigentlich ein gutes Team sein?

192 Michel: Theoretisch schon. Aber er meckert immer an mir herum, wenn ich die in seinen Augen so wichtigen Details vergesse, während ich ihn öfter darauf aufmerksam mache, daß seine Aufgabe die Betreuung von Kunden ist und nicht die Betreuung administrativer Vorgänge. Letztere sind nämlich nur für unsere Firma wichtig, nutzen dem Kunden jedoch nicht viel.

193 Sophie: Also können wir festhalten: Teamarbeit setzt voraus, daß man entweder ähnlich gelagert ist oder aber daß man lernt, die anderen Teammitglieder nach ihren jeweiligen Stärken einzusetzen.

194 Michel: So habe ich das noch gar nicht gesehen!

Lektion 36 Wort für Wort

Leçon	Trente-six:	Qu'est-ce	qu'une	bonne	équipe?	(Début)
Lektion	**Dreißig-sechs:**	**Was-ist-dies**	**daß-ein**	**gutes**	**Team?**	**(Anfang)**

(...)

169 Sophie: Ah ... Ça fait du bien. C'est drôle, j'aime
Ah ... Dies-da macht von-dem Wohl.[1] Dies-ist komisch, ich-liebe

bien boire un bon cacao de temps à autre, mais
wohl [zu] trinken einen guten Kakao von Zeit zu anderer[2], aber

en fait le cacao n'étanche pas la soif ...
in [der] Tat der Kakao nicht-stillt nicht den Durst ...

170 Michel: C'est vrai. C'est plutôt un repas d'appoint ...
Dies-ist wahr. Dies-ist eher eine Mahlzeit von-Ergänzung ...

171 Sophie: ... du fait de la valeur nutritive du lait,
... von-der Tatsache von dem Wert nährmäßigen[3] von-der Milch,

on peut même le considérer comme un vrai casse-croûte
man kann sogar ihn betrachten als einen wahren Imbiß

sous forme liquide.
unter Form flüssiger.

172 Michel: A propos de repas: encore merci pour cet
Zu [dem] Gesprächsthema von Mahlzeit: nochmals Danke für dieses

excellent dîner, Sophie. Vous êtes une fine cuisinière!
ausgezeichnete Abendessen, Sophie. Ihr seid eine feine Köchin!

173 Sophie: Merci, mais de votre côté, vous avez très bien préparé
Danke, aber von euerer Seite, ihr habt sehr gut vorbereitet

la pâte!
den Teig!

174 Michel: Disons que ces crêpes étaient le résultat d'une
Sagen [-wir] daß diese Pfannkuchen waren das Ergebnis von-einer

[1] *Dies-da macht von-dem Wohl. = Das tut gut.*
[2] *von Zeit zu anderer = von Zeit zu Zeit*
[3] *Wert nährmäßiger = Nährwert*

action commune.
Handlung gemeinsamen.

175 Sophie: C'est juste, puisque des courses au repas proprement
Dies-ist richtig, da von-den Einkäufen zu-der Mahlzeit eigentlich

dit, nous avons tout fait ensemble.
gesagten[4], wir haben alles gemacht zusammen.

176 Michel: De toutes façons, nous formons une bonne équipe
Von allen Fassons, wir bilden ein gutes Team

177 Sophie: Hum …
Hum …

(…)

178 Michel: Quand deux personnes forment une bonne équipe, à quoi cela
Wenn zwei Personen bilden ein gutes Team, an was dies-da

tient-il? J'entends en général, aussi bien dans la vie
hält-es? Ich-meine in [dem] allgemeinen, so wohl in dem Leben

professionnelle qu'en privé. D'où vient cet esprit
beruflichen als-in [dem] privaten. Von-wo kommt dieser Geist

d'équipe?
von-Team?

179 Sophie: Eh bien, tout d'abord, ils doivent bien s'entendre. Etre pour
Nun gut, ganz von-zuerst, sie müssen gut sich-verstehen. Sein für

ainsi dire sur la même longueur d'ondes …
so sagen[5] auf der selben Länge von-Wellen …

180 Michel: Ils doivent donc penser la même chose?
Sie müssen also denken die selbe Sache?

181 Sophie: Comment dire? Je ne crois pas qu'ils doivent être
Wie [zu] sagen? Ich nicht glaube nicht daß-sie müssen sein

toujours du même avis sur le fond …
immer von-der selben Ansicht auf dem Grund …

4 *die Mahlzeit eigentlich gesagte = die eigentliche Mahlzeit*
5 *für so sagen = sozusagen*

182 Michel: … mais qu'ils doivent voir les choses de la même façon?
… aber daß-sie müssen sehen die Sachen von der selben Fasson?

183 Sophie: Oui, il y a de ça. Disons que si l'un des
Ja, es da hat von diesem-da. Sagen [-wir] daß falls der-eine von-den

deux est du genre «comptable pointilleux» et l'autre
zweien ist von-dem Genre „Buchhalter kleinlicher" und der-andere

du genre «artiste créatif chaotique», j'imagine sans
von-dem Genre „Künstler kreativer chaotischer", ich-vorstelle ohne

mal qu'ils sont très différents dans leur façon de voir les
Mühe daß-sie sind sehr verschieden in ihrer Fasson von sehen die

choses.
Sachen.

184 Michel: Parce que le comptable va mettre davantage l'accent
Durch-dies daß der Buchhalter geht[zu] setzen mehr den-Akzent

sur les détails, tandis que le créatif verra davantage
auf die Details, wohingegen daß der Kreative sehen-wird mehr

la ligne d'ensemble. C'est bien ce que vous voulez
die Linie von-Gesamtheit. Dies-ist wohl dies was ihr wollt

dire?
sagen?

185 Sophie: Oui. Je connais une femme par exemple dont la façon
Ja. Ich kenne eine Frau durch Beispiel wovon die Fasson

d'appréhender le monde et ses problèmes est complètement
von-erfassen die Welt und ihre Probleme ist vollkommen

différente de la mienne. Si je devais faire équipe avec
verschieden von der meinen. Falls ich mußte machen Team mit

elle, je devrais faire de gros efforts pour que
ihr, ich müssen-würde machen von großen Anstrengungen für daß

cela fonctionne.
dies-da funktionieren-möge.

186 Michel: Je pense que je sais maintenant ce que vous voulez dire.
Ich denke daß ich weiß jetzt dies was ihr wollt sagen.

J'ai un collègue de travail qui ressemble beaucoup à cette
Ich-habe einen Kollegen von Arbeit der ähnelt viel zu dieser

dame. Quand un client pose une question, il sort le
Dame. Wenn ein Kunde stellt eine Frage, er hervorholt die

dossier du client, écrit plusieurs rapports sur le problème
Akte von-dem Kunden, schreibt mehrere Berichte auf das Problem

en question, mais dans la foule des détails administratifs, il
in Frage, aber in der Menge von-den Details administrativen, er

ne voit pas le plus important – à savoir proposer
nicht sieht nicht das meist wichtige – zu wissen [zu] vorschlagen

au client une solution à son problème.
zu-dem Kunden eine Lösung zu seinem Problem.

187 Sophie: J'imagine que cela précisément est votre force.
Ich-vorstelle daß dies-da präzise ist euere Stärke.

188 Michel: Je le pense, oui. J'appelle le client tout de suite et je lui
Ich es denke, ja. Ich-anrufe den Kunden sofort und ich ihm

parle. Mais j'ai aussi tendance à prendre beaucoup de
spreche. Aber ich-habe auch Neigung zu nehmen viele von

notes, c'est-à-dire à faire en sorte que toutes les
Notizen, dies-ist-zu-sagen zu machen in [der] Art daß all die

informations concernant le client soient immédiatement
Informationen betreffend den Kunden sein-mögen unmittelbar

intégrées dans notre fichier. Et cela, c'est plutôt une
eingegeben in unsere Kartothek. Und dies-da, dies-ist eher eine

faiblesse de ma part.
Schwäche von meiner Seite.

189 Sophie: Finalement, vous vous complétez merveilleusement, vous et votre
Schließlich, ihr euch ergänzt wunderbar, ihr und euer

collègue?
Kollege?

190 Michel: Oui, vous n'avez pas tort.
Ja, ihr nicht-habt nicht Unrecht.

191 Sophie: Alors, votre collègue et vous, vous devriez constituer une
Dann, euer Kollege und ihr, ihr müssen-würdet darstellen ein

bonne équipe?
gutes Team?

192 Michel: Théoriquement, oui. Mais il est toujours à me faire des
Theoretisch, ja. Aber er ist immer zu mir machen von-den

remarques lorsque j'oublie des détails qui à ses
Bemerkungen anläßlich-daß ich-vergesse von-den Details die zu seinen

yeux sont importants, tandis que de mon côté, je ne
Augen sind wichtig, wohingegen daß von meiner Seite, ich nicht

me gêne pas pour lui faire remarquer que son travail est
mich geniere nicht für ihm machen bemerken daß seine Arbeit ist

de s'occuper du client et non pas de
von sich-beschäftigen von-dem Kunden und nein nicht von

l'administration. Parce que finalement, l'administration, c'est
der-Verwaltung. Durch-dies daß schließlich, die-Verwaltung, dies-ist

important pour l'entreprise, c'est vrai, mais pas pour le
wichtig für das-Unternehmen, dies-ist wahr, aber nicht für den

dient.
Kunden.

193 Sophie: Alors, ce que l'on peut retenir de tout cela: le travail
Dann, dies was man kann behalten von all diesem-da: die Arbeit

d'équipe suppose que l'on soit absolument sur la même
von-Team voraussetzt daß man sein-möge absolut auf der selben

longueur d'ondes, ou bien que l'on s'efforce
Länge von-Wellen, oder aber daß man sich-anstrengen-möge

d'employer les différents éléments d'une équipe en
von-verwenden die verschiedenen Elemente von-einem Team in [dem]

fonction de leurs points forts.
Einklang von ihren Punkten starken.

194 Michel: Ah, je n'avais pas encore vu la question sous cet
Ah, ich nicht-hatte nicht noch gesehen die Frage unter diesem

angle là!
Winkel da!

Lektion 36 Französisch

Leçon Trente-six: Qu'est-ce qu'une bonne équipe? (Début)

(...)

169 Sophie: Ah ... Ça fait du bien. C'est drôle, j'aime bien boire un bon cacao de temps à autre, mais en fait le cacao n'étanche pas la soif ...

170 Michel: C'est vrai. C'est plutôt un repas d'appoint ...

171 Sophie: ... du fait de la valeur nutritive du lait, on peut même le considérer comme un vrai casse-croûte sous forme liquide.

172 Michel: A propos de repas: encore merci pour cet excellent dîner, Sophie. Vous êtes une fine cuisinière!

173 Sophie: Merci, mais de votre côté, vous avez très bien préparé la pâte!

174 Michel: Disons que ces crêpes étaient le résultat d'une action commune.

175 Sophie: C'est juste, puisque des courses au repas proprement dit, nous avons tout fait ensemble.

176 Michel: De toutes façons, nous formons une bonne équipe ...

177 Sophie: Hum ...

(...)

178 Michel: Quand deux personnes forment une bonne équipe, à quoi cela tient-il? J'entends en général, aussi bien dans la vie professionnelle qu'en privé. D'où vient cet esprit d'équipe?

179 Sophie: Eh bien, tout d'abord, ils doivent bien s'entendre. Etre pour ainsi dire sur la même longueur d'ondes ...

180 Michel: Ils doivent donc penser la même chose?

181 Sophie: Comment dire? Je ne crois pas qu'ils doivent être toujours du même avis sur le fond ...

182 Michel: ... mais qu'ils doivent voir les'choses de la même façon?

183 Sophie: Oui, il y a de ça. Disons que si l'un des deux est du genre «comptable pointilleux» et l'autre du genre «artiste créatif chaotique», j'imagine sans mal qu'ils sont très différents dans leur façon de voir les choses.

184 Michel: Parce que le comptable va mettre davantage l'accent sur les détails, tandis que le créatif verra davantage la ligne d'ensemble ... C'est bien ce que vous voulez dire?

185 Sophie: Oui. Je connais une femme par exemple dont la façon d'appréhender le monde et ses problèmes est complètement différente de la mienne. Si je devais faire équipe avec elle, je devrais faire de gros efforts pour que cela fonctionne.

186 Michel: Je pense que je sais maintenant ce que vous voulez dire. J'ai un collègue de travail qui ressemble beaucoup à cette dame. Quand un client pose une question, il sort le dossier du client, écrit plusieurs rapports sur le problème en question, mais dans la foule des détails administratifs, il ne voit pas le plus important – à savoir proposer au client une solution à son problème.

187 Sophie: J'imagine que cela précisément est votre force.

188 Michel: Je le pense, oui. J'appelle le client tout de suite et je lui parle. Mais j'ai aussi tendance à prendre beaucoup de notes, c'est-à-dire à faire en sorte que toutes les informations concernant le client soient immédiatement intégrées dans notre fichier. Et cela, c'est plutôt une faiblesse de ma part.

189 Sophie: Finalement, vous vous complétez merveilleusement, vous et votre collègue?

190 Michel: Oui, vous n'avez pas tort.

191 Sophie: Alors, votre collègue et vous, vous devriez constituer une bonne équipe?

192 Michel: Théoriquement, oui. Mais il est toujours à me faire des remarques lorsque j'oublie des détails qui à ses yeux sont importants, tandis que de mon côté, je ne me gêne pas pour lui faire remarquer que son travail est de s'occuper du client et non pas de l'administration. Parce que finalement, l'administration, c'est important pour l'entreprise, c'est vrai, mais pas pour le client.

193 Sophie: Alors, ce que l'on peut retenir de tout cela: le travail d'équipe suppose que l'on soit absolument sur la même longueur d'ondes, ou bien que l'on s'efforce d'employer les différents éléments d'une équipe en fonction de leurs points forts.

194 Michel: Ah, je n'avais pas encore vu la question sous cet angle là!

➤ *Verfolgen Sie Ihre Ziele, die Sie sich zu Beginn des Sprachkurses gesteckt haben. Wollen Sie hauptsächlich sprechen lernen? Bücher lesen? Oder möchten Sie auch schreiben können? Richten Sie Ihre Übungen in Schritt 4 danach aus.*

LEÇON 37

Lektion Siebenunddreißig: Was ist ein gutes Team? (Ende)

195 Sophie: Das ist ja das Faszinierende an manchen Gesprächen: man denkt gemeinsam über etwas nach, und dabei entwickelt sich ein Gedankengang, den einer der Gesprächspartner vorher nicht gekannt hatte.

196 Michel: Wobei auch diese Fähigkeit ein Kriterium für Teamfähigkeit sein dürfte.

197 Sophie: Natürlich! Nur wenn die beiden einander schätzen und respektieren, können sie gemeinsam nachdenken und offen sein für neue Gedanken.

198 Michel: Genaugenommen heißt das, daß ich in der Vergangenheit nicht wirklich bereit war, auf die Gedankengänge dieses Kollegen einzugehen. Ich hielt meinen Standpunkt für richtig und seinen für falsch …

199 Sophie: Möglicherweise lehnte er Ihren Standpunkt bisher ebenfalls ab …?

200 Michel: Ich glaube schon. Allerdings könnte das auch an mir liegen. Ich war vor ihm in der Firma und ich habe ihn von Anfang an nicht besonders gemocht, d.h. genaugenommen habe ich seine Art, die Dinge anzupacken, nicht gemocht. Oder noch genauer: ich lehnte seine Art, die Dinge nicht anzupacken, ab.

201 Sophie: Aber, wenn seine Stärken in den administrativen Details liegen und wenn er eben diese angepackt hat, dann scheint er die Dinge doch – auf seine Weise natürlich – anzupacken, oder?

202 Michel: Ja, jetzt glaube ich das auch …

203 Sophie: Möglicherweise hat er denselben Eindruck von Ihnen, weil Sie sich in seinen Augen zu wenig um die Aspekte kümmern, die er nun mal wichtig findet …

204 Michel: Bestimmt ist es so. Aber warum fällt es mir in einem Gespräch mit Ihnen so leicht, abzuklären, was jeder von uns über eine Sache denkt, und warum gelang mir das bisher mit ihm nicht?

205 Sophie: Weil es Männern schwerer fällt, über diese Dinge erstens nachzudenken und zweitens zu reden, insbesondere von Mann zu Mann.

206 Michel: Wieso?

207 Sophie: Weil Männer eher über die Welt und über Probleme, die sie lösen wollen, nachdenken und reden, während Frauen sich bewußter mit den Beziehungen der Menschen zueinander befassen. Und zwar sowohl, was das bewußte Wahrnehmen von Beziehungssignalen angeht als auch, was das Gesprächsthema betrifft.

208 Michel: Deshalb reden Frauen oft über andere Menschen, auch in deren Abwesenheit?

209 Sophie: Ich glaube schon. Zumindest haben eine Reihe von Studien gezeigt, daß Frauen einen weit größeren Teil ihrer Zeit und Aufmerksamkeit den Menschen und ihren Beziehungen zueinander widmen als Männer.

210 Michel: Womit wir beim Thema Männer und Frauen wären. Sie erwähnten, daß Sie sich seit einiger Zeit intensiv mit diesem Thema befassen. Erzählen Sie doch davon.

211 Sophie: Gerne.

Lektion 37 Wort für Wort

Leçon Trente-sept: Qu'est-ce qu'une bonne équipe? (Fin)
Lektion Dreißig-sieben: Was-ist-dies daß-ein gutes Team? (Ende)

195 Sophie: Ça me fascine toujours dans les conversations qu'on
Dies-da mich fasziniert immer in den Unterhaltungen die-man

peut avoir avec les gens: on pense ensemble à quelque
kann haben mit den Leuten: man denkt zusammen an irgendeine

chose et il en résulte une réflexion, une suite d'idées
Sache und es davon resultiert eine Überlegung, eine Folge von-Ideen

que l'un ou l'autre voyait différemment dans un premier
die der-eine oder der-andere sah verschieden in einer ersten

temps.
Zeit.

196 Michel: Une faculté qui est peut-être un critère favorable au
Eine Fähigkeit die ist vielleicht ein Kriterium günstiges zu-der

travail d'équipe.
Arbeit von-Team.

197 Sophie: Naturellement! Il faut s'estimer et se respecter
Natürlich! Es nötig-ist [zu] sich-schätzen und sich respektieren

mutuellement pour réfléchir ensemble et pour être ouvert à
gegenseitig für nachdenken zusammen und für sein geöffnet zu

de nouvelles idées.
von neuen Ideen.

198 Michel: Concrètement, cela signifie qu'avant, je n'étais pas
Konkreterweise, dies-da bedeutet daß-zuvor, ich nicht-war nicht

vraiment prêt à accepter les idées de mon collègue. Mon
wahrlich bereit zu akzeptieren die Ideen von meinem Kollegen. Mein

point de vue était le bon, et le sien était mauvais ...
Punkt von Sicht war der gute, und der seine war schlecht ...

199 Sophie: Peut-être refusait-il lui aussi votre point de vue ...?
Vielleicht ablehnte-er er auch eueren Punkt von Sicht ...?

200 Michel: C'est possible. Mais d'un autre côté, cela peut tenir
Dies-ist möglich. Aber von-einer anderen Seite, dies-da kann halten

aussi à moi. Je suis plus ancien que lui dans l'entreprise
auch zu mir. Ich bin mehr alt[1] **als er in dem-Unternehmen**

et je ne l'ai jamais beaucoup aimé. En réalité,
und ich nicht ihn-habe niemals viel geliebt. In Wirklichkeit,

je n'aimais pas du tout sa façon de voir les
ich nicht-liebte nicht von-dem Ganzen seine Fasson von sehen die

choses. Ou plus précisément encore: je n'aimais pas sa
Sachen. Oder mehr präzise noch: ich nicht-liebte nicht seine

façon de ne pas voir les choses.
Fasson von nicht nicht sehen die Sachen.

201 Sophie: Mais si son point fort, c'est l'administratif et s'il
Aber falls sein Punkt starker, dies-ist das-Administrative und falls-er

prend l'administratif à bras le corps, il semble donc
nimmt das-Administrative zu Arm den Körper[2]**, er scheint also**

capable – à sa manière bien entendu – de bien voir les
fähig – zu seiner Art wohl verstanden – von gut sehen die

choses?
Sachen?

[1] *alt = eingesessen*
[2] *zu Arm den Körper nehmen = sich einer Sache besonders annehmen*

202 Michel: Effectivement, maintenant, c'est aussi mon avis ...
In-der-Tat, jetzt, dies-ist auch meine Ansicht ...

203 Sophie: Peut-être a-t-il la même impression de vous parce
Vielleicht hat-er den selben Eindruck von euch durch-dies

qu'à ses yeux vous ne vous intéressez pas
daß-zu seinen Augen ihr nicht euch interessiert nicht

suffisamment aux détails que lui trouve importants ...
ausreichend zu-den Details die er findet wichtig ...

204 Michel: C'est certainement le cas. Mais pourquoi suis-je capable de
Dies-ist gewiß der Fall. Aber für-was bin-ich fähig von

discuter de tout cela avec vous, même lorsque nous
diskutieren von all diesem-da mit euch, sogar anläßlich-daß wir

ne sommes pas du même avis, et pourquoi en
nicht sind nicht von-der selben Ansicht, und für-was davon

suis-je incapable avec lui?
bin-ich unfähig mit ihm?

205 Sophie: Parce que les hommes ont plus de mal à penser à
Durch-dies daß die Männer haben mehr von Mühe zu denken an

ce genre de choses, premièrement, et deuxièmement, ils ont
dieses Genre von Sachen, erstens, und zweitens, sie haben

plus de mal à en parler, surtout d'homme à homme.
mehr von Mühe zu davon sprechen, vor-allem von-Mann zu Mann.

206 Michel: Pourquoi?
Für-was?

207 Sophie: Parce que les hommes préfèrent parler du monde
Durch-dies daß die Männer vorziehen [zu] sprechen von-der Welt

entier et des problèmes qu'ils veulent résoudre, tandis
ganzen und von-den Problemen die-sie wollen lösen, wohingegen

que les femmes s'intéressent davantage aux relations
daß die Frauen sich-interessieren mehr zu-den Beziehungen

des individus entre eux. Et cela concerne aussi bien
von-den Individuen zwischen ihnen. Und dies-da betrifft auch wohl

la forme que le contenu de la communication entre les
die Form wie den Inhalt von der Kommunikation zwischen den

gens.
Leuten.

208 Michel: Est-ce la raison pour laquelle les femmes parlent davantage
Ist-dies die Ursache für die-welche die Frauen sprechen mehr

des autres, également en leur absence?
von-den anderen, gleichermaßen in ihrer Abwesenheit?

209 Sophie: Je le pense. En tout cas, toute une série d'enquêtes a
Ich es denke. In allem Fall, all eine Serie von-Umfragen hat

montré que les femmes s'intéressent plus, et consacrent plus
gezeigt daß die Frauen sich-interessieren mehr, und widmen mehr

de temps que les hommes, aux autres et aux relations
von Zeit als die Männer, zu-den anderen und zu-den Beziehungen

avec les autres.
mit den anderen.

210 Michel: Ce qui nous ramène au sujet «des relations
Dies was uns zurückführt zu-dem Thema „von-den Beziehungen

hommes/femmes». Vous disiez que vous vous intéressez de près à
Männer/Frauen". Ihr sagtet daß ihr euch interessiert von nahe zu

ce sujet depuis quelque temps. Pouvez-vous m'en dire
diesem Thema seit einiger Zeit. Könnt-ihr mir-davon sagen

plus?
mehr?

211 Sophie: Volontiers.
Gerne.

Lektion 37 Französisch

Leçon Trente-sept: Qu'est-ce qu'une bonne équipe? (Fin)

195 Sophie: Ça me fascine toujours dans les conversations qu'on peut avoir avec les gens: on pense ensemble à quelque chose et il en résulte une réflexion, une suite d'idées que l'un ou l'autre voyait différemment dans un premier temps.

196 Michel: Une faculté qui est peut-être un critère favorable au travail d'équipe.

197 Sophie: Naturellement! Il faut s'estimer et se respecter mutuellement pour réfléchir ensemble et pour être ouvert à de nouvelles idées.

198 Michel: Concrètement, cela signifie qu'avant, je n'étais pas vraiment prêt à accepter les idées de mon collègue. Mon point de vue était le bon, et le sien était mauvais …

199 Sophie: Peut-être refusait-il lui aussi votre point de vue …?

200 Michel: C'est possible. Mais d'un autre côté, cela peut tenir aussi à moi. Je suis plus ancien que lui dans l'entreprise et je ne l'ai jamais beaucoup aimé. En réalité, je n'aimais pas du tout sa façon de voir les choses. Ou plus précisément encore: je n'aimais pas sa façon de ne pas voir les choses.

201 Sophie: Mais si son point fort, c'est l'administratif et s'il prend l'administratif à bras le corps, il semble donc capable – à sa manière bien entendu – de bien voir les choses?

202 Michel: Effectivement, maintenant, c'est aussi mon avis …

203 Sophie: Peut-être a-t-il la même impression de vous parce qu'à ses yeux vous ne vous intéressez pas suffisamment aux détails que lui trouve importants …

204 Michel: C'est certainement le cas. Mais pourquoi suis-je capable de discuter de tout cela avec vous, même lorsque nous ne sommes pas du même avis, et pourquoi en suis-je incapable avec lui?

205 Sophie: Parce que les hommes ont plus de mal à penser à ce genre de choses, premièrement, et deuxièmement, ils ont plus de mal à en parler, surtout d'homme à homme.

206 Michel: Pourquoi?

207 Sophie: Parce que les hommes préfèrent parler du monde entier et des problèmes qu'ils veulent résoudre, tandis que les femmes s'intéressent davantage aux relations des individus entre eux. Et cela concerne aussi bien la forme que le contenu de la communication entre les gens.

208 Michel: Est-ce la raison pour laquelle les femmes parlent davantage des autres, également en leur absence?

209 Sophie: Je le pense. En tout cas, toute une série d'enquêtes a montré que les femmes s'intéressent plus, et consacrent plus de temps que les hommes, aux autres et aux relations avec les autres.

210 Michel: Ce qui nous ramène au sujet «des relations hommes/femmes». Vous disiez que vous vous intéressez de près à ce sujet depuis quelque temps. Pouvez-vous m'en dire plus?

211 Sophie: Volontiers.

LEÇON 38

Lektion Achtunddreißig: Männer und Frauen (Anfang)

212 Sophie: Die Forschung der letzten Jahrzehnte hat wirklich faszinierende Ergebnisse hervorgebracht; allerdings war der Zeitpunkt für die Veröffentlichung dieser Informationen ungünstig.

213 Michel: Sie meinen, weil es als politisch korrekt galt, so zu tun, als seien Männer und Frauen mehr oder weniger gleich?

214 Sophie: Genau! Und nun hat die Gehirnforschung zutage gefördert, daß es echte Unterschiede im Gehirn von Männern und Frauen gibt.

215 Michel: Also wenn es meßbare physiologische Unterschiede gibt, dann kann es sich ja nicht nur um die Ansichten einiger Forscher halten, die von anderen wegdiskutiert werden können …

216 Sophie: So ist es.

217 Michel: Geben Sie mir ein Beispiel für einen solchen Unterschied?

218 Sophie: Nun, Sie wissen sicher, daß unser Gehirn genaugenommen aus zwei Gehirnhemisphären besteht, die über einen Balken von Nervenfasern miteinander verbunden sind. Abgesehen vom Gehirn selbst ist dieser Balken, der mit wissenschaftlichem Namen Corpus callosum heißt, das größte Nervengeflecht im menschlichen Organismus.

219 Michel: Ich habe da mal etwas darüber gelesen. Ich glaube, die linke Gehirnhälfte ist mehr für Sprache, Mathematik, analytisches Denken und Details zuständig und die rechte eher für räumliche Wahrnehmung, Bilder, Rhythmus und Überblick?

220 Sophie: Ja, so hat man das eine Zeitlang gesehen. Wichtig ist, beide Gehirnhemisphären angemessen einsetzen zu können. Nehmen Sie z.B. die Mathematik: das detaillierte Rechnen ist eher eine linkshirnige Tätigkeit, aber das mathematische Denken läuft rechts ab.

221 Michel: So daß jemand, der zwar mit Zahlen gut rechnen kann, aber der eine mathematische Aufgabe nicht selbständig zu lösen vermag, eher halbhirnig vorgeht?

222 Sophie: Genau. Oder nehmen Sie Sprache: das Sprachgefühl, beispielsweise das Gefühl für die Bedeutung dessen, was eher zwischen den Zeilen steht, liegt in der rechten Gehirnhälfte, wie auch bei der Musik die Interpretation des Musikstückes …

223 Michel: … also das, was den eigentlichen Vortrag der Musik ausmacht?

224 Sophie: Richtig; Diese Fähigkeit ist rechts, während das mechanische Lesen der Noten eher links stattfindet.

225 Michel: Ich habe einmal von einem Pianisten gelesen, der nach einem Schlaganfall nur noch wie ein Roboter spielen konnte; das Wesentliche an der Musik war durch die Verletzungen im Gehirn verlorengegangen.

226 Sophie: Das ist ein gutes Beispiel. Sie sehen also, daß die Zusammenarbeit der beiden Gehirnhälften besonders wichtig ist.

227 Michel: Ja. Und diese Zusammenarbeit wird möglich, weil dieser Balken von Nervenfasern die beiden Gehirnhälften verbindet?

228 Sophie: Genau. Und nun hat man festgestellt, daß dieser Balken bei Frauen größer und dichter ist. Das erklärt die Ergebnisse von Studien, wo man den Versuchspersonen sozusagen beim Denken zuschaut. Bei solchen Versuchen hat sich gezeigt, daß bei Frauen die beiden Gehirnhälften weit mehr miteinander kommunizieren als bei Männern.

229 Michel: Ja, da war neulich ein Bericht im Fernsehen … Da sah ich einen Professor, der sagte: „Frauen reden mehr als Männer, sogar im Kopf!"

230 Sophie: Es leuchtet doch sicher ein, Michel, daß solche physiologischen Unterschiede auch Unterschiede in der Art schaffen, wie wir Dinge sehen und auf sie reagieren.

231 Michel: Das ist anzunehmen. Geben Sie mir ein Beispiel!

232 Sophie: Also, Männer hören in einem Gespräch mehr die Worte, die gesagt werden, sie lauschen vorwiegend auf den Inhalt!

233 Michel: Das erscheint mir auch außerordentlich wichtig, liebe Sophie!

234 Sophie: Ja, aber es ist sozusagen nur die halbe Botschaft!

235 Michel: Wie meinen Sie das?

236 Sophie: Frauen achten weit mehr als Männer auf den Tonfall, die Betonung einzelner Worte, auf Gestik und Mimik, also auf Signale, welche uns sagen, wie die Botschaft aufzufassen ist.

237 Michel: Zum Beispiel, ob etwas ironisch oder ernst gemeint ist?

238 Sophie: Genau! Das heißt, sie achten mehr auf Signale, die über die Beziehung der Betroffenen Auskunft geben …

239 Michel: … während Männer mehr die Botschaft als solche beachten?

240 Sophie: Genau. Deshalb reden Männer und Frauen oft aneinander vorbei. Zwar hört jeder dieselben Worte, aber sie hören nicht die gleiche Botschaft.

Lektion 38 Wort für Wort

Leçon Trente-huit: Des hommes et des femmes (Début)
Lektion Dreißig-acht: Von-den Männern und von-den Frauen (Anfang)

212 Sophie: Ces dernières décennies, la recherche scientifique a
Diese letzten Jahrzehnte, die Forschung wissenschaftliche hat

donné des résultats vraiment fascinants; même si le
gegeben von-den Ergebnissen wahrlich faszinierenden; sogar falls der

moment de leur publication était assez malvenu.
Moment von ihrer Veröffentlichung war ziemlich schlecht-gekommen.

213 Michel: A votre avis, il était donc politiquement correct de faire
Zu euerer Ansicht, es war also politisch korrekt von machen

comme si les hommes et les femmes étaient plus ou moins
als ob die Männer und die Frauen waren mehr oder weniger

égaux?
gleich?

214 Sophie: C'est bien ça! Or, les recherches récentes sur le
Dies-ist wohl dies-da! Nun, die Forschungen kürzlichen auf das

cerveau ont montré qu'il existe effectivement des
Gehirn haben gezeigt daß-es existiert in-der-Tat von-den

différence s entre le cerveau de l'homme et celui de
Unterschieden zwischen dem Gehirn von dem-Mann und diesem von

la femme.
der Frau.

215 Michel: Et s'il s'agit de différences physiologiques mesurables,
Und falls-es sich-handelt von Unterschieden physiologischen meßbaren,

ce ne sont pas de simples hypothèses, émises par
dies nicht sind nicht von einfachen Hypothesen, geäußert durch

quelques chercheurs et qui peuvent être balayées par
irgendwelche Forscher und die können sein weggewischt durch

d'autres chercheurs …
von-anderen Forschern …

216 Sophie: Effectivement.
In-der-Tat.

217 Michel: Une de ces différences par exemple?
Einer von diesen Unterschieden durch Beispiel?

218 Sophie: Eh bien, vous savez certainement que notre cerveau est
Nun gut, ihr wißt gewiß daß unser Gehirn ist

composé en fait de deux hémisphères reliés
zusammengesetzt in [der] Tat von zwei Hemisphären verbunden

entre eux par une bande médullaire. Cette bande
zwischen ihnen durch einen Streifen markmäßigen[1]. Dieser Streifen

médullaire, qui porte le nom savant de corpus callosum
markmäßige, der trägt den Namen gelehrten von Corpus callosum

constitue, à côté du cerveau proprement dit, le réseau
darstellt, bei Seite von-dem Gehirn eigentlich gesagten[2], das Netz

nerveux le plus important de l'organisme humain.
nervliche das meist wichtige von dem-Organismus menschlichen.

219 Michel: Je me souviens d'un article à ce propos. Je
Ich mich erinnere von-einem Artikel zu diesem Gesprächsthema. Ich

crois que l'hémisphère gauche est davantage le siège du
glaube daß die-Hemisphäre linke ist mehr der Sitz von-der

langage, de la pensée mathématique et analytique ainsi que
Sprache, von dem Denken mathematischen und analytischen so wie

du détail, tandis qu'à l'hémisphère droit
von-dem Detail, wohingegen daß-zu der-Hemisphäre rechten

correspondent la notion d'espace, les images, le rythme et
entsprechen der Begriff von-Raum, die Bilder, der Rhythmus und

la vue d'ensemble.
die Sicht von-Gesamtheit.

220 Sophie: Oui, c'est ce qu'on a pensé pendant un certain temps.
Ja, dies-ist dies was-man hat gedacht während einer gewissen Zeit.

L'important en fait, c'est de pouvoir utiliser nos deux
Das-Wichtige in [der] Tat, dies-ist von können benutzen unsere zwei

1 *Streifen markmäßiger = Markstreifen*

2 *das Gehirn eigentlich gesagte = das eigentliche Gehirnt*

cerveaux le plus efficacement possible. Prenez les
Gehirne das meist effizient mögliche. Nehmt die

mathématiques par exemple: le calcul en tant que
mathematischen-Studien durch Beispiel: das Rechnen in soviel als

tel vient de l'hémisphère gauche tandis que l'esprit
solches kommt von der-Hemisphäre linken wohingegen daß der-Geist

mathématique vient de l'hémisphère droit.
mathematische kommt von der-Hemisphäre rechten.

221 Michel: En clair – être copain avec les chiffres mais ne
In [dem] klaren – sein Gutfreund mit den Ziffern aber nicht

pas savoir résoudre tel problème mathématique – c'est
nicht wissen [zu] lösen solches Problem mathematische – dies-is

ne travailler que sur une moitié de cerveau?
nicht arbeiten [anders] als auf einer Hälfte von Gehirn?

222 Sophie: Exact. Prenez aussi les langues, ou le contact que l'on a
Genau. Nehmt auch die Sprachen, oder den Kontakt den man hat

avec une langue, par exemple la faculté de pouvoir lire
mit einer Sprache, durch Beispiel die Fähigkeit von können lesen

entre les lignes, cela dépend de l'hémisphère droit –
zwischen den Zeilen, dies-da abhängt von der-Hemisphäre rechten –

tout comme en musique par exemple, l'interprétation
ganz wie in [der] Musik durch Beispiel, die-Interpretation

d'un morceau …
von-einem Stück …

223 Michel: … bref, ce qui constitue la faculté d'interprétation?
… kurz, dies was darstellt die Fähigkeit von-Interpretation?

224 Sophie: Oui. Une faculté qui se trouve dans le cerveau droit,
Ja. Eine Fähigkeit die sich findet in dem Gehirn rechten,

tandis que la lecture mécanique des notes se situe
wohingegen daß das Lesen mechanische von-den Noten sich situiert,

dans l'hémisphère gauche.
in der-Hemisphäre linken.

225 Michel: J'ai lu un article à propos d'un
Ich-habe gelesen einen Artikel zu [dem] Gesprächsthema von-einem

pianiste victime d'une crise d'apoplexie, il ne pouvait
Pianisten Opfer von-einer Krise von-Apoplexie[3], er nicht konnte

plus jouer que comme un robot, l'essentiel de
mehr spielen [anders] als wie ein Roboter, das-Wesentliche von

la musique avait disparu du fait de la lésion
der Musik hatte verschwunden von-der Tatsache von der Verletzung

au cerveau.
an-dem Gehirn.

226 Sophie: C'est un bon exemple. Il met bien en évidence la
Dies-ist ein gutes Beispiel. Es setzt gut in Offensichtlichkeit die

corrélation entre les deux moitiés de cerveau.
Korrelation zwischen den zwei Hälften von Gehirn.

227 Michel: Oui. Et cette coopération est possible grâce à ce réseau
Ja. Und diese Zusammenarbeit ist möglich dank zu diesem Netz

nerveux, cette bande qui relie les deux hémisphères?
nervlichen, diesem Streifen der verbindet die zwei Hemisphären?

228 Sophie: Exactement. Or, on a constaté que cette bande nerveuse
Genau. Nun, man hat festgestellt daß dieser Streifen nervliche

est plus épaisse et plus dense chez les femmes. Cela explique
ist mehr dick und mehr dicht bei den Frauen. Dies-da erklärt

le résultat de ce genre d'études au cours
das Ergebnis von diesem Genre von-Studien an-dem Lauf

desquelles on regarde pour ainsi dire comment fonctionne
von-den-welchen man anschaut für so sagen wie funktioniert

la pensée. Ces expériences ont montré que les deux
das Denken. Diese Erfahrungen haben gezeigt daß die zwei

hémisphère communiquent beaucoup mieux entre eux chez
Hemisphären kommunizieren viel besser zwischen ihnen bei

les femmes que chez les hommes.
den Frauen als bei den Männern.

[3] *Krise von-Apoplexie = Schlaganfall*

229 Michel: J'ai vu une émission à ce sujet récemment à la
Ich-habe gesehen eine Sendung zu diesem Thema kürzlich an dem

télévision … Un professeur disait «que même dans leur tête,
Fernsehen … Ein Professor sagte „daß sogar in ihrem Kopf,

les femmes communiquent entre elles davantage que les hommes!»
die Frauen kommunizieren zwischen ihnen mehr als die Männer!“

230 Sophie: Et il est évident, Michel, que de telles différences
Und es ist offensichtlich, Michel, daß von solchen Unterschieden

physiologiques entraînent aussi des différences dans la
physiologischen herrühren auch von-den Unterschieden in der

façon dont nous voyons les choses et dont nous réagissons.
Fasson wovon wir sehen die Sachen und wovon wir reagieren.

231 Michel: Il faut bien l'admettre. Donnez-moi un exemple!
Es nötig-ist wohl [zu] es-zugeben. Gebt-mir ein Beispiel!

232 Sophie: Eh bien, dans une conversation par exemple, les hommes font
Nun gut, in einer Unterhaltung durch Beispiel, die Männer machen

davantage attention aux mots et au contenu qu'ils
mehr Aufmerksamkeit zu-den Worten und zu-dem Inhalt den-sie

transportent.
transportieren.

233 Michel: Mais c'est ce qui me paraît être le plus important,
Aber dies-ist dies was mir scheint [zu] sein das meist wichtige,

ma chère Sophie!
meine teuere Sophie!

234 Sophie: Oui, mais ce n'est pour ainsi dire que la moitié
Ja, aber dies nicht-ist für so sagen [anderes] als die Hälfte

du message.
von-der Botschaft.

235 Michel: Comment cela?
Wie dies-da?

236 Sophie: Plus que les hommes, les femmes font attention au
Mehr als die Männer, die Frauen machen Aufmerksamkeit zu-dem

ton, à l'accentuation des mots, aux gestes, à la
Ton, zu der-Akzentuierung von-den Worten, zu-den Gesten, zu der

mimique, c'est-à-dire à tous ces signaux qui nous disent
Mimik, dies-ist-zu-sagen zu all diesen Signalen die uns sagen

comment le message doit être compris.
wie die Botschaft soll sein verstanden.

237 Michel: Par exemple, si quelque chose est dit ironiquement ou
Durch Beispiel, ob irgendeine Sache ist gesagt ironisch oder

sérieusement?
ernsthaft?

238 Sophie: Vous avez raison! Elles font davantage attention aux
Ihr habt Recht! Sie machen mehr Aufmerksamkeit zu-den

signaux qui mettent en évidence les rapports
Signalen die setzen in Offensichtlichkeit die Zusammenhänge

entre les personnes concernées …
zwischen den Personen betroffenen …

239 Michel: … tandis que les hommes retiennent davantage le message
… wohingegen daß die Männer behalten mehr die Botschaft

en tant que tel?
in soviel als solche?

240 Sophie: Exactement. C'est ce qui explique qu'hommes et femmes se
Genau. Dies-ist dies was erklärt daß-Männer und Frauen sich

parlent souvent sans se comprendre. Ils entendent certes les
sprechen oft ohne sich [zu] verstehen. Sie hören gewiß die

mêmes mots mais pas le même message.
selben Worte aber nicht die selbe Botschaft.

Lektion 38 Französisch

Leçon Trente-huit: Des hommes et des femmes (Début)

212 Sophie: Ces dernières décennies, la recherche scientifique a donné des résultats vraiment fascinants; même si le moment de leur publication était assez malvenu.

213 Michel: A votre avis, il était donc politiquement correct de faire comme si les hommes et les femmes étaient plus ou moins égaux?

214 Sophie: C'est bien ça! Or, les recherches récentes sur le cerveau ont montré qu'il existe effectivement des différences entre le cerveau de l'homme et celui de la femme.

215 Michel: Et s'il s'agit de différences physiologiques mesurables, ce ne sont pas de simples hypothèses, émises par quelques chercheurs et qui peuvent être balayées par d'autres chercheurs …

216 Sophie: Effectivement.

217 Michel: Une de ces différences par exemple?

218 Sophie: Eh bien, vous savez certainement que notre cerveau est composé en fait de deux hémisphères reliés entre eux par une bande médullaire. Cette bande médullaire, qui porte le nom savant de corpus callosum constitue, à côté du cerveau proprement dit, le réseau nerveux le plus important de l'organisme humain.

219 Michel: Je me souviens d'un article à ce propos. Je crois que l'hémisphère gauche est davantage le siège du langage, de la pensée mathématique et analytique ainsi que du détail, tandis qu'à l'hémisphère droit correspondent la notion d'espace, les images, le rythme et la vue d'ensemble.

220 Sophie: Oui, c'est ce qu'on a pensé pendant un certain temps. L'important en fait, c'est de pouvoir utiliser nos deux cerveaux le plus efficacement possible. Prenez les mathématiques par exemple: le calcul en tant que tel vient de l'hémisphère gauche tandis que l'esprit mathématique vient de l'hémisphère droit.

221 Michel: En clair – être copain avec les chiffres mais ne pas savoir résoudre tel problème mathématique – c'est ne travailler que sur une moitié de cerveau?

222 Sophie: Exact. Prenez aussi les langues, ou le contact que l'on a avec une langue, par exemple la faculté de pouvoir lire entre les lignes, cela dépend de l'hémisphère droit – tout comme en musique par exemple, l'interprétation d'un morceau …

223 Michel: … bref, ce qui constitue la faculté d'interprétation?

224 Sophie: Oui. Une faculté qui se trouve dans le cerveau droit, tandis que la lecture mécanique des notes se situe dans l'hémisphère gauche.

225 Michel: J'ai lu un article à propos d'un pianiste victime d'une crise d'apoplexie, il ne pouvait plus jouer que comme un robot, l'essentiel de la musique avait disparu du fait de la lésion au cerveau.

226 Sophie: C'est un bon exemple. Il met bien en évidence la corrélation entre les deux moitiés de cerveau.

227 Michel: Oui. Et cette coopération est possible grâce à ce réseau nerveux, cette bande qui relie les deux hémisphères?

228 Sophie: Exactement. Or, on a constaté que cette bande nerveuse est plus épaisse et plus dense chez les femmes. Cela explique le résultat de ce genre d'études au cours desquelles on regarde pour ainsi dire comment fonctionne la pensée. Ces expériences ont montré que les deux hémisphères communiquent beaucoup mieux entre eux chez les femmes que chez les hommes.

229 Michel: J'ai vu une émission à ce sujet récemment à la télévision … Un professeur disait «que même dans leur tête, les femmes communiquent entre elles davantage que les hommes!»

230 Sophie: Et il est évident, Michel, que de telles différences physiologiques entraînent aussi des différences dans la façon dont nous voyons les choses et dont nous réagissons.

231 Michel: Il faut bien l'admettre. Donnez-moi un exemple!

232 Sophie: Eh bien, dans une conversation par exemple, les hommes font davantage attention aux mots et au contenu qu'ils transportent.

233 Michel: Mais c'est ce qui me paraît être le plus important, ma chère Sophie!

234 Sophie: Oui, mais ce n'est pour ainsi dire que la moitié du message.

235 Michel: Comment cela?

236 Sophie: Plus que les hommes, les femmes font attention au ton, à l'accentuation des mots, aux gestes, à la mimique, c'est-à-dire à tous ces signaux qui nous disent comment le message doit être compris.

237 Michel: Par exemple, si quelque chose est dit ironiquement ou sérieusement?

238 Sophie: Vous avez raison! Elles font davantage attention aux signaux qui mettent en évidence les rapports entre les personnes concernées …

239 Michel: … tandis que les hommes retiennent davantage le message en tant que tel?

240 Sophie: Exactement. C'est ce qui explique qu'hommes et femmes se parlent souvent sans se comprendre. Ils entendent certes les mêmes mots mais pas le même message.

LEÇON 39

Lektion Neununddreißig: Männer und Frauen (Fortsetzung)

241 Michel: Können Sie das an einem Beispiel illustrieren?

242 Sophie: Gern. Nehmen Sie an, ein Ehepaar überlegt, wo man gemeinsam zum Essen hingehen könnte. Er sieht die Frage auf der Inhaltsebene und sagt: „Wohin möchtest du gehen?" Er erwartet auf diese Frage eine klare Antwort. Sie hingegen registriert seine Bereitschaft, sie wählen zu lassen und möchte ihm signalisieren, daß sie wiederum an seiner Wahl interessiert ist. Also fragt sie: „Wohin möchtest du denn gerne gehen?", worauf er sauer reagiert, was wiederum sie nicht versteht.

243 Michel: Er sagt dann vielleicht etwas Abfälliges über ihre Unfähigkeit, eine Entscheidung zu treffen.

244 Sophie: Ja. Und das verletzt sie.

245 Michel: Er hat aber keine Ahnung davon, was in ihrem Kopf vorgeht?

246 Sophie: Genau. Weil seine Art zu denken anders ist. Er will auf klare Fragen klare Antworten.

247 Michel: Darum hat er jetzt das Gefühl, sie weiche der Frage oder dem Problem aus.

248 Sophie: Oder nehmen Sie an, die beiden sprechen über den Sohn, der in der Schule Probleme hat. Er will das Problem lösen und schlägt Nachhilfestunden vor.

249 Michel: Keine schlechte Idee …

250 Sophie: Und jetzt stellen Sie sich vor, sie meint, er solle vielleicht einmal mit dem Sohn darüber reden.

251 Michel: Aha, ich verstehe, worauf Sie hinauswollen. Er meint, das Problem sei die schlechte Leistung in der Schule, aber sie findet andere Aspekte wichtiger …

252 Sophie: Sie denkt vielleicht an die Persönlichkeit des Kindes und meint deshalb, daß man mit dem Kind erst in Ruhe reden sollte, ehe man eine Entscheidung trifft, wie das Leistungsproblem gelöst werden soll.

253 Michel: Das würde aber heißen, daß Männer und Frauen Probleme generell anders angehen.

254 Sophie: Ja. Männer sehen eher das Problem als solches, Frauen hingegen richten ihre Aufmerksamkeit stärker auf die Personen, die von dem Problem betroffen sind.

255 Michel: Jetzt, da Sie es sagen, fallen mir einige Beispiele ein.

256 Sophie: Ja?

257 Michel: Ich war auf einem Seminar, und da wies der Trainer daraufhin, daß Chefs Kritikgespräche mit Frauen anders führen sollten als mit Männern. Allerdings schien er von den Forschungen zu dem Thema nichts zu wissen. Er stellte es so hin, als seien Frauen einfach emotionaler und weniger logisch … Aber im Lichte dessen, was Sie gerade gesagt haben, wirken einige seiner Gedanken ganz anders auf mich.

258 Sophie: Zum Beispiel?

259 Michel: Er behauptete unter anderem, daß eine Frau, wenn sie kritisiert wird, nie auf die Sache als solche reagiere, sondern immer alles persönlich nehme.

260 Sophie: Klar. Weil sie sich fragt, was die Kritik für die Beziehung bedeutet. Sie fragt sich also, ob der Chef im allgemeinen mit ihr zufrieden ist und ob diese spezifische Kritik ein Signal dafür ist, daß er sie als Person ablehnt.

261 Michel: Das paßt! Der Trainer sagte nämlich auch, man sollte zuerst sagen, daß man mit den Leistungen zufrieden sei, und daß das, was man jetzt kritisieren wolle, nur einen Einzelaspekt darstelle.

262 Sophie: Also im Klartext: ein Chef sollte etwas über die Beziehung sagen, eben weil Beziehungen für Frauen so wichtig sind.

263 Michel: Ich kann mir auch das Gegenteil vorstellen: Wenn jetzt eine Chefin einen männlichen Mitarbeiter kritisiert und sie läßt sich erst großartig über die Beziehung aus, dann fragt er sich, warum sie nicht endlich zur Sache kommt, denn er will auf der Inhaltsebene erfahren, was jetzt eigentlich los ist!

264 Sophie: Genau! Männer und Frauen nehmen andere Aspekte wahr, und je mehr man darüber weiß, desto besser kann man miteinander auskommen.

265 Michel: Das stimmt. Es geht ja nicht darum, die eine oder andere Art besser zu finden, sondern zu begreifen, daß es Unterschiede gibt, die zu unnötigen Mißverständnissen fuhren können.

266 Sophie: Ein Autor namens John Gray hat das in seinen Büchern ganz wunderbar auf den Punkt gebracht. Er sagt, wir könnten uns vorstellen, daß die Männer vor langer, langer Zeit einmal auf dem Mars wohnten und daß die Frauen ursprünglich von der Venus kamen. Solange sie wußten, daß sie von unterschiedlichen Planeten stammen, respektierten sie die Tatsache, daß sie in vielem anders dachten, fühlten oder handelten. Aber irgendwann kamen sie zur Erde und vergaßen ihre Herkunft.

267 Michel: Und damit begannen die Probleme! Nicht weil sie anders sind, sondern weil jede Partei erwartet, die andere sei wie sie …?

268 Sophie: Genau! Das ist das einzige Problem!

Lektion 39 Wort für Wort

Leçon Trente-neuf: Des hommes et des femmes (Suite)
Lektion Dreißig-neun: Von-den Männern und von-den Frauen (Fortsetzung)

241 Michel: Pouvez-vous me donner un exemple?
Könnt-ihr mir geben ein Beispiel?

242 Sophie: Volontiers. Prenez un couple qui se demande où aller
Gerne. Nehmt ein Ehepaar das sich fragt wohin[zu] gehen

dîner. Lui pose la question au niveau du
[zu] abendessen. Er stellt die Frage an-dem Niveau von-dem

contenu et dit: «Où veux-tu aller?» A cette question il
Inhalt und sagt: „Wohin willst-du gehen?“ Zu dieser Frage er

attend une réponse claire. Elle par contre enregistre le
erwartet eine Antwort klare. Sie als Gegenstück registriert die

fait qu'il lui laisse le choix et désire lui
Tatsache daß-er ihr läßt die Wahl und wünscht ihm [zu]

signaler qu'elle aimerait que lui choisisse. Alors, elle
signalisieren daß-sie lieben-würde daß er wählen-möge. Dann, sie

dit: «Et toi, où veux-tu aller?» Ce à quoi il réagit
sagt: „Und du, wohin willst-du gehen?“ Dies zu was er reagiert

mal. Réaction qu'à son tour elle ne comprend pas.
schlecht. Reaktion daß-zu ihrer Reihe[1] sie nicht versteht nicht.

243 Michel: Là dessus, il lui reproche de ne pas savoir se
Da darauf, er ihr vorwirft von nicht nicht wissen sich [zu]

décider.
entscheiden.

244 Sophie: Oui, et cela la blesse.
Ja, und dies-da sie verletzt.

245 Michel: Et lui ne se rend pas compte, bien sûr de
Und er nicht sich abstattet nicht Berücksichtigung, natürlich von

[1] *zu ihrer Reihe = ihrerseits*

ce qui se passe dans sa tête, à elle?
diesem was sich geschieht in ihrem Kopf, zu ihr?

246 Sophie: Non. Parce que sa façon de penser est différente. A
Nein. Durch-dies daß seine Fasson von denken ist verschieden. Zu
question claire, il attend une réponse nette.
Frage klarer, er erwartet eine Antwort deutliche.

247 Michel: C'est pourquoi il a le sentiment qu'elle élude la question
Dies-ist für-was er hat das Gefühl daß-sie umgeht die Frage
ou le problème.
oder das Problem.

248 Sophie: Ou bien prenez le même couple parlant du fils qui
Oder aber nehmt das selbe Ehepaar sprechend von-dem Sohn der
a des difficultés à l'école. Lui veut résoudre le
hat von-den Schwierigkeiten an der-Schule. Er will lösen das
problème et propose des cours particuliers.
Problem und vorschlägt von-den Unterrichtsstunden besonderen[2].

249 Michel: Dans le fond, ce n'est pas une mauvaise idée …
In dem Grund, dies nicht-ist nicht eine schlechte Idee …

250 Sophie: Peut-être, mais elle répond qu'il devrait peut-être d'abord
Vielleicht, aber sie antwortet daß-er sollen-würde vielleicht von-zuerst
en parler à son fils.
davon sprechen zu seinem Sohn.

251 Michel: Ah, je vois où vous voulez en venir. Lui pense que le
Ah, ich sehe wo ihr wollt davon kommen. Er denkt daß das
problème réside dans les mauvais résultats au
Problem residiert in den schlechten Ergebnissen an-dem
lycée tandis qu'elle, elle accorde davantage de
Gymnasium wohingegen daß-sie, sie bewilligt mehr von
poids à d'autres aspects …
Gewichten zu von-anderen Aspekten …

2 *Unterrichtsstunden besondere = Nachhilfestunden*

252 Sophie: Elle veut peut-être prendre en compte la personnalité
Sie will vielleicht nehmen in Berücksichtigung die Persönlichkeit

de l'enfant c'est pourquoi elle est d'avis qu'il
von dem-Kind, dies-ist für-was sie ist von-Ansicht daß-es

faut parler avec l'enfant avant de prendre une
nötig-ist [zu] sprechen mit dem-Kind davor von nehmen eine

décision sur la façon de résoudre son problème.
Entscheidung auf die Fasson von lösen sein Problem.

253 Michel: Cela signifie qu'en général, les hommes et les
Dies-da bedeutet daß-in[dem] allgemeinen, die Männer und die

femmes abordent les problèmes de façon différente.
Frauen angehen die Probleme von Fasson verschiedener.

254 Sophie: Oui. Les hommes voient le problème en tant que tel. Les femmes
Ja. Die Männer sehen das Problem in soviel als solches. Die Frauen

par contre sont plus attentives aux personnes concernées
als Gegenstück sind mehr aufmerksam zu-den Personen betroffen

par le problème.
durch das Problem.

255 Michel: Maintenant que vous le dites, il me vient plusieurs exemples à
Jetzt daß ihr es sagt, es mir kommt mehrere Beispiele zu

l'esprit.
dem-Geist.

256 Sophie: Ah oui?
Ach ja?

257 Michel: Lors d'un séminaire notamment, l'animateur expliquait
Anläßlich von-einem Seminar besonders, der-Trainer erklärte

que les cadres d'entreprises devaient formuler leurs
daß die Führungskräfte von-Unternehmen sollten formulieren ihre

critiques différemment avec les femmes et avec les hommes.
Kritiken verschieden mit den Frauen und mit den Männern.

Cela dit, il n'était certainement pas au courant
Dies-da sagt, er nicht-war gewiß nicht an-dem Laufenden

des recherches dans ce domaine. Sa thèse était que les
von-den Forschungen in diesem Gebiet. Seine These war daß die

femmes sont plus émotives, moins logiques … mais maintenant, à
Frauen sind mehr emotional, weniger logisch … aber jetzt, an

la lumière de ce que vous dites, certaines de ses
dem Licht von diesem was ihr sagt, gewisse von seinen

remarques prennent une toute autre dimension.
Bemerkungen nehmen eine ganz andere Dimension.

258 Sophie: Par exemple?
Durch Beispiel?

259 Michel: Il affirmait entre autres qu'une femme critiquée
Er behauptete zwischen anderen [Sachen] daß-eine Frau kritisierte

ne réagit jamais en fonction de l'objet de la
nicht reagiert niemals in [der] Hinsicht von dem-Objekt von der

critique, mais qu'elle s'estime attaquée personnellement.
Kritik, aber daß-sie sich-schätzt angegriffen persönlich.

260 Sophie: Oui. Parce qu'elle se demande ce que la critique signifie
Ja. Durch-dies daß-sie sich fragt dies was die Kritik bedeutet

sur le plan relationnel. Elle se demande si son chef
auf der Ebene beziehungsmäßigen. Sie sich fragt ob ihr Chef

est satisfait d'elle en général et, si cette critique
ist zufrieden von-ihr in [dem] allgemeinen und, ob diese Kritik

spécifique est un signal indiquant une attitude de refus
spezifische ist ein Signal anzeigend eine Haltung von Abwehr

envers sa personne.
gegenüber ihrer Person.

261 Michel: Exactement! Notre animateur de séminaire précisait bien que le
Genau! Unser Trainer von Seminar präzisierte wohl daß der

chef doit toujours commencer par donner un satisfecit général
Chef muß immer beginnen durch geben ein Satisfecit[3] allgemeines

avant d'expliquer que la critique ne porte que sur
davor von-erklären daß die Kritik nicht trägt [anders] als auf

[3] *Satisfecit = Kommentar, der Zufriedenheit zum Ausdruck bringt*

un point particulier.
einen Punkt besonderen.

262 Sophie: En clair: un chef doit toujours évoquer le niveau
In [dem] klaren: ein Chef muß immer erörtern das Niveau

relationnel, parce que le niveau relationnel joue
beziehungsmäßige, durch-dies daß das Niveau beziehungsmäßige spielt

un rôle primordial pour les femmes.
eine Rolle vorgeordnete für die Frauen.

263 Michel: Je peux très bien m'imaginer la situation inverse:
Ich kann sehr gut mir-vorstellen die Situation umgekehrte:

lorsqu'une femme cadre critique un
anläßlich-daß-eine Frau [von] Führungskraft kritisiert einen

subordonné; elle commence par de grands discours sur la
Untergebenen; sie beginnt durch von großen Reden auf die

qualité des relations de travail, et lui se demande
Qualität von-den Beziehungen von Arbeit, und er sich fragt

pourquoi elle n'en vient pas au fait tout de suite.
für-was sie nicht-davon kommt nicht zu-der Tatsache sofort.

Car sa priorité à lui, c'est de connaître le contenu de
Denn seine Priorität zu ihm, dies-ist von erkennen den Inhalt von

la critique.
der Kritik.

264 Sophie: C'est ça! Les hommes et les femmes ont une
Dies-ist dies-da! Die Männer und die Frauen haben eine

perception différente des choses. Et de la
Wahrnehmung verschiedene von-den Sachen. Und von der

connaissance de ces différences dépend la qualité de leurs
Kenntnis von diesen Unterschieden abhängt die Qualität von ihren

relations.
Beziehungen.

265 Michel: C'est vrai. Il ne s'agit pas de préférer telle ou
Dies-ist wahr. Es nicht sich-handelt nicht von vorziehen solche oder

telle approche, mais de comprendre qu'il existe des
solche Annäherung, aber von verstehen daß-es existiert von-den

différences qui peuvent conduire à des malentendus
Unterschieden die können hinführen zu von-den Mißverständnissen

inutiles.
unnützen.

266 Sophie: Un écrivain du nom de John Gray résume
Ein Schriftsteller von-dem Namen von John Gray zusammenfaßt

cela de façon admirable dans un de ses
dies-da von Fasson bewundernswerter in einem von seinen

ouvrages. Imaginons, écrit-il, imaginons qu'il y a
Werken. Vorstellen [-wir], schreibt-er, vorstellen [-wir] daß-es da hat

très longtemps de cela, les hommes aient vécu sur
sehr lange-Zeit von dieser-da, die Männer haben-mögen gelebt auf

la planète Mars et les femmes sur Vénus. Tant qu'ils
dem Planeten Mars und die Frauen auf Venus. Solange daß-sie

ont su qu'ils venaient de planètes différentes, ils ont
haben gewußt daß-sie kamen von Planeten verschiedenen, sie haben

respecté les différences dans leur façon de penser, de
respektiert die Unterschiede in ihrer Fasson von denken, von

sentir ou d'agir. Et puis un jour, ils sont
fühlen oder von-handeln. Und dann eines Tages, sie sind

arrivés sur terre. Alors, ils ont oublié leurs
angekommen auf Erde. Dann, sie haben vergessen ihre

origines.
Abstammungen.

267 Michel: Et leurs problèmes ont commencé! Non pas parce qu'ils
Und ihre Probleme haben begonnen! Nein nicht durch-dies daß-sie

sont différents mais parce que chacun attend de
sind verschieden aber durch-dies daß jeder-einer erwartet von

l'autre qu'il soit pareil à lui ...?
dem-anderen daß-er sein-möge gleich zu ihm ...?

268 Sophie: Exactement! C'est là le seul et unique problème!
Genau! Dies-ist da das alleinige und einzige Problem!

Lektion 39 Französisch

Leçon Trente-neuf: Des hommes et des femmes (Suite)

241 Michel: Pouvez-vous me donner un exemple?

242 Sophie: Volontiers. Prenez un couple qui se demande où aller dîner. Lui pose la question au niveau du contenu et dit: «Où veux-tu aller?» A cette question il attend une réponse claire. Elle par contre enregistre le fait qu'il lui laisse le choix et désire lui signaler qu'elle aimerait que lui choisisse. Alors, elle dit: «Et toi, où veux-tu aller?» Ce à quoi il réagit mal. Réaction qu'à son tour elle ne comprend pas.

243 Michel: Là dessus, il lui reproche de ne pas savoir se décider.

244 Sophie: Oui, et cela la blesse.

245 Michel: Et lui ne se rend pas compte, bien sûr de ce qui se passe dans sa tête, à elle?

246 Sophie: Non. Parce que sa façon de penser est différente. A question claire, il attend une réponse nette.

247 Michel: C'est pourquoi il a le sentiment qu'elle élude la question ou le problème.

248 Sophie: Ou bien prenez le même couple parlant du fils qui a des difficultés à l'école. Lui veut résoudre le problème et propose des cours particuliers.

249 Michel: Dans le fond, ce n'est pas une mauvaise idée …

250 Sophie: Peut-être, mais elle répond qu'il devrait peut-être d'abord en parler à son fils.

251 Michel: Ah, je vois où vous voulez en venir. Lui pense que le problème réside dans les mauvais résultats au lycée tandis qu'elle, elle accorde davantage de poids à d'autres aspects …

252 Sophie: Elle veut peut-être prendre en compte la personnalité de l'enfant, c'est pourquoi elle est d'avis qu'il faut parler avec l'enfant avant de prendre une décision sur la façon de résoudre son problème.

253 Michel: Cela signifie qu'en général, les hommes et les femmes abordent les problèmes de façon différente.

254 Sophie: Oui. Les hommes voient le problème en tant que tel. Les femmes par contre sont plus attentives aux personnes concernées par le problème.

255 Michel: Maintenant que vous le dites, il me vient plusieurs exemples à l'esprit.

256 Sophie: Ah oui?

257 Michel: Lors d'un séminaire notamment, l'animateur expliquait que les cadres d'entreprises devaient formuler leurs critiques différemment avec lès femmes et avec les hommes. Cela dit, il n'était certainement pas au courant des recherches dans ce domaine. Sa thèse était que les femmes sont plus émotives, moins logiques … mais maintenant, à la lumière de ce que vous dites, certaines de ses remarques prennent une toute autre dimension.

258 Sophie: Par exemple?

259 Michel: Il affirmait entre autres qu'une femme critiquée ne réagit jamais en fonction de l'objet de la critique, mais qu'elle s'estime attaquée personnellement.

260 Sophie: Oui. Parce qu'elle se demande ce que la critique signifie sur le plan relationnel. Elle se demande si son chef est satisfait d'elle en général et, si cette critique spécifique est un signal indiquant une attitude de refus envers sa personne.

261 Michel: Exactement! Notre animateur de séminaire précisait bien que le chef doit toujours commencer par donner un satisfecit général avant d'expliquer que la critique ne porte que sur un point particulier.

262 Sophie: En clair: un chef doit toujours évoquer le niveau relationnel, parce que le niveau relationnel joue un rôle primordial pour les femmes.

263 Michel: Je peux très bien m'imaginer la situation inverse: lorsqu'une femme cadre critique un subordonné; elle commence par de grands discours sur la qualité des relations de travail, et lui se demande pourquoi elle n'en vient pas au fait tout de suite. Car sa priorité à lui, c'est de connaître le contenu de la critique.

264 Sophie: C'est ça! Les hommes et les femmes ont une perception différente des choses. Et de la connaissance de ces différences dépend la qualité de leurs relations.

265 Michel: C'est vrai. Il ne s'agit pas de préférer telle ou telle approche, mais de comprendre qu'il existe des différences qui peuvent conduire à des malentendus inutiles.

266 Sophie: Un écrivain du nom de John Gray résume cela de façon admirable dans un de ses ouvrages. Imaginons, écrit-il, imaginons qu'il y a très longtemps de cela, les hommes aient vécu sur la planète Mars et les femmes sur Vénus. Tant qu'ils ont su qu'ils venaient de planètes différentes, ils ont respecté les différences dans leur façon de penser, de sentir ou d'agir. Et puis un jour, ils sont arrivés sur terre. Alors, ils ont oublié leurs origines.

267 Michel: Et leurs problèmes ont commencé! Non pas parce qu'ils sont différents mais parce que chacun attend de l'autre qu'il soit pareil à lui …?

268 Sophie: Exactement! C'est là le seul et unique problème!

LEÇON 40

Lektion Vierzig: Männer und Frauen (Ende)

269 Michel: Geben Sie mir noch ein Beispiel, Sophie.

270 Sophie: Männer neigen dazu, sich zurückzuziehen, um alleine nachzudenken, wenn sie ein Problem nicht sofort lösen können.

271 Michel: Das kann ich gut nachvollziehen.

272 Sophie: John Gray sagt: „Der Mars war voller Höhlen, in die sich die Marsianer zurückzogen, wenn sie alleine denken wollten."

273 Michel: Und die Venusianerinnen gingen die Probleme ganz anders an?

274 Sophie: Richtig! Auf der Venus gab es keine einzige Höhle, weil Venusianerinnen dazu neigen, Probleme gemeinsam zu besprechen. John Gray betont sogar, daß es auf der Venus regelrecht verboten war, jemanden alleine zu lassen, der ein Problem hatte …

275 Michel: Das muß ja zu ernsten Kommunikationsproblemen führen!

276 Sophie: Stellen Sie sich vor, er kommt von der Arbeit nach Hause, und sie merkt, daß er irgendwie bedrückt ist. Sie fragt also: „Was ist los, Liebling?"

277 Michel: Worauf er antwortet: „Nichts."

278 Sophie: Womit er auf der Beziehungsebene sagt: „Laß mich in die Höhle gehen!"

279 Michel: Was sie als Venusianerin natürlich nicht zulassen kann.

280 Sophie: Also hat er das Gefühl, sie bedrängt ihn, während sie das Gefühl hat, er will nicht mit ihr reden … Das wiederum ist aus ihrer Sicht ein Beziehungssignal …

281 Michel: … weil sie Angst hat, die Beziehung sei nicht in Ordnung.

282 Sophie: So ist es.

283 Michel: Ich habe mich oft gewundert, daß manche Menschen – und jetzt weiß ich, warum dies vorwiegend Frauen sind – also daß manche Menschen gerne über Probleme reden, wenn sie noch gar nicht genau wissen, worin das Problem besteht. Wissen Sie, was ich meine

284 Sophie: Klar. Venusianerinnen benutzen das Gespräch, um das Problem zu erforschen, um es von allen Seiten zu beleuchten und um gemeinsam herauszufinden, was das eigentlich Problematische an der Situation ist.

285 Michel: Wohingegen Marsianer eher in die Höhle gehen, um alleine darüber nachzudenken nach dem Motto: „Solange ich das Problem noch nicht einmal sauber definieren kann, will ich auch nicht darüber reden.“

286 Sophie: Sie sehen, es sind einfach zwei sehr unterschiedliche Arten, auf ein Problem zuzugehen.

287 Michel: Von denen keine besser oder schlechter sein muß.

288 Sophie: Genau. Nur anders!

289 Michel: Wenn man beginnt, das zu begreifen, würde man so manches Verhalten nicht mehr mißverstehen …

290 Sophie: … Und man könnte sich besser auf den anderen einstellen. So könnten Frauen akzeptieren lernen, daß Männer in die Höhle wollen, ohne gleich zu denken, er habe kein Vertrauen zu ihnen …

291 Michel: … während Männer lernen könnten, mit Frauen über Probleme zu sprechen, wenn Frauen noch in der Phase des Nachdenkens sind.

292 Sophie: Richtig! Weil Frauen eben gerne gemeinsam im Gespräch nachdenken.

293 Michel: Wissen Sie, ich sehe auf einmal eine Reihe von Situationen in der Vergangenheit ganz anders … Gespräche mit meiner Mutter, mit meiner Schwester, mit meiner früheren Freundin …

294 Sophie: Auch ich habe das Gefühl, Männer viel besser zu verstehen, seit ich mich damit befasse. Zum Beispiel, wenn ein Ehepaar bei mir einen Teppich kaufen will.

295 Michel: Interessant. Worin unterscheiden sie sich denn zum Beispiel?

296 Sophie: Ihn interessieren meist Größe und Qualität, während sie vor allem wissen will, ob es gefährliche Fasern gibt, weil sie das Kind auf dem Teppich spielen sieht …

297 Michel: … denn sie setzt im Zweifelsfall alles in Beziehung zu Menschen?

298 Sophie: Genau. Oder nehmen Sie meine Freundin. Neulich war sie mit ihrem Freund unterwegs, er saß am Steuer, und dann hat er den Weg zu einem neuen Restaurant nicht gefunden. Er kreiste also eine Zeitlang im Stadtviertel herum …

299 Michel: … weil er das Problem alleine lösen wollte!

300 Sophie: Und als sie vorschlug, jemanden zu fragen, war er ziemlich sauer.

301 Michel: Weil es seinen Stolz verletzte?

302 Sophie: Ich nehme an, er empfand ihren Vorschlag als Kritik an seinem Verhalten, während sie es als Frau völlig normal fand, mit anderen über das Problem zu reden …

303 Michel: … beispielsweise mit einem Ortskundigen.

304 Sophie: Genau!

305 Michel: Also ich hoffe, daß wir beide, wissend, daß es solche Unterschiede im Denken und Handeln gibt, etwaige Mißverständnisse leichter aufklären können, so sie doch einmal auftauchen …

306 Sophie: Das Wissen um diese Dinge wird es uns mit Sicherheit sehr erleichtern!

307 Michel: Und es macht mich neugierig! Ich stelle es mir sehr spannend vor, solche Unterschiede bewußter wahrzunehmen und sie zum Anlaß zu nehmen, einander besser kennenzulernen. Ich möchte Sie nämlich wie ein Forscher erforschen, meine liebe Sophie …

308 Sophie: Und ich Sie, mein lieber Michel …

Lektion 40 Wort für Wort

Leçon Quarante: Des hommes et des femmes (Fin)
Lektion Vierzig: Von-den Männern und von-den Frauen (Ende)

269 Michel: Donnez-moi encore un exemple, Sophie.
Gebt-mir noch ein Beispiel, Sophie.

270 Sophie: Les hommes ont tendance à s'isoler pour réfléchir
Die Männer haben Neigung zu sich-isolieren für nachdenken
lorsqu'ils ne peuvent pas résoudre immédiatement un
anläßlich-daß-sie nicht können nicht lösen unmittelbar ein
problème.
Problem.

271 Michel: Je vois bien le genre de situation.
Ich sehe wohl das Genre von Situation.

272 Sophie: John Gray l'exprime comme cela: «Il y avait sur Mars un
John Gray es-ausdrückt wie dies-da: „Es da hatte auf Mars eine

grand nombre de cavernes dans lesquelles les Martiens se
große Zahl von Höhlen in den-welchen die Marsianer sich

retiraient pour penser.»
zurückzogen für denken.“

273 Michel: Tandis que les Vénusiennes, elles, s’attaquaient autrement
Wohingegen daß die Venusianerinnnen, sie, sich-angriffen anders

à leurs problèmes?
zu ihren Problemen?

274 Sophie: Oui! Sur Vénus, il n’y avait pas une seule caverne
Ja! Auf Venus, es nicht-da hatte nicht eine einzige Höhle

parce que ses habitantes discutaient leurs problèmes
durch-dies daß seine Bewohnerinnen diskutierten ihre Probleme

ensemble. John Gray souligne même que sur Vénus, il était
zusammen. John Gray unterstreicht sogar daß auf Venus, es war

carrément interdit de laisser quelqu’un seul aux prises
geradezu verboten von lassen irgend-einen allein zu-den Ergreifungen

avec un problème …
mit einem Problem …

275 Michel: Pas étonnant qu’il y ait de sérieux problèmes
Nicht erstaunlich daß-es da haben-möge von ernsthaften Problemen

de communication!
von Kommunikation!

276 Sophie: Imaginez un peu la situation: il rentre du travail.
Vorstellt ein bißchen die Situation: er zurückkehrt von-der Arbeit.

Elle remarque qu’il a un problème. Alors, elle lui dit:
Sie bemerkt daß-er hat ein Problem. Dann, sie ihm sagt:

«Qu’est-ce que tu as, chéri?»
„Was-ist-dies daß du hast, Liebling?“

277 Michel: Et lui, répond: «Rien!»
Und er, antwortet: „Nichts!“

278 Sophie: Ce qui signifie au niveau relationnel: «Laisse moi
Dies was bedeutet an-dem Niveau beziehungsmäßigen: „Laß mich

seul dans ma caverne!»
allein in meiner Höhle!“

279 Michel: Chose que la Vénusienne n’admet pas, bien sûr.
Sache die die Venusianerin nicht-zuläßt nicht, natürlich.

280 Sophie: Il a donc l’impression qu’elle le force à parler. Elle de
Er hat also den-Eindruck daß-sie ihn zwingt zu sprechen. Sie von

son côté a l’impression qu’il refuse de lui parler …
ihrer Seite hat den-Eindruck daß-er ablehnt von sie sprechen …

Pour la femme, cela constitue un signal au plan
Für die Frau, dies-da darstellt ein Signal an-der Ebene

relationnel …
beziehungsmäßigen …

281 Michel: … parce qu’elle craint que leur relation commune
… durch-dies daß-sie fürchtet daß ihre Beziehung gemeinsame

soit en crise.
sein-möge in [der] Krise.

282 Sophie: Exact.
Genau.

283 Michel: J’ai toujours été étonné par les gens – et
Ich-habe immer gewesen erstaunt durch die Leute – und

maintenant je sais qu’il s’agit souvent de femmes – les
jetzt ich weiß daß-es sich-handelt oft von Frauen – die

gens qui aiment parler de problèmes avant même
Leute die lieben [zu] sprechen von Problemen davor sogar

d’en connaître la nature. Si vous voyez ce que je veux
von-davon kennen die Natur. Falls ihr seht dies was ich will

dire?
sagen?

284 Sophie: Bien sûr. Les Vénusiennes utilisent la discussion pour étudier
Natürlich. Die Venusianerinnen benutzen die Diskussion für studieren

le problème, pour éclairer ses différents aspects et pour
das Problem, für klären seine verschiedenen Aspekte und für

définir ensemble ce qu'il y a de problématique à
definieren zusammen dies was-es da hat von problematischem an

telle ou telle situation.
solcher oder solcher Situation.

285 Michel: Tandis que les Martiens se retirent dans leur caverne
Wohingegen daß die Marsianer sich zurückziehen in ihre Höhle

pour réfléchir au problème. Et ils se disent: «Tant que
für nachdenken zu-dem Problem. Und sie sich sagen: „Solange daß

je ne parviens pas à définir le problème proprement
ich nicht hinkomme nicht zu definieren das Problem eigentlich

dit, je ne veux pas en parler.»
gesagte, ich nicht will nicht davon sprechen."

286 Sophie: Vous voyez: il s'agit de deux approches fondamentalement
Ihr seht: es sich-handelt von zwei Annäherungen grundlegend

différentes.
verschiedenen.

287 Michel: Et l'une n'est pas meilleure que l'autre.
Und die-eine nicht-ist nicht besser als die-andere.

288 Sophie: Exact. Elles sont seulement différentes!
Genau. Sie sind nur verschieden!

289 Michel: Lorsqu'on comprend ça, on évite beaucoup de
Anläßlich-daß-man versteht dies-da, man vermeidet viele von

malentendus ...
Mißverständnissen ...

290 Sophie: ... et on peut mieux s'adapter à l'autre. La femme
... und man kann besser sich-anpassen an den-anderen. Die Frau

pourrait ainsi apprendre à accepter que l'homme se
können-würde so lernen zu akzeptieren daß der-Mann sich

réfugie dans sa caverne sans pour autant y voir
flüchten-möge in seine Höhle ohne für soviel darin [zu] sehen

un manque de confiance de sa part ...
einen Mangel von Vertrauen von seiner Seite ...

291 Michel: … et l'homme pourrait apprendre à parler des
… und der-Mann können-würde lernen zu sprechen von-den

problèmes, alors que la femme en est à la phase de
Problemen, während daß die Frau davon ist an der Phase von

réflexion.
Überlegung.

292 Sophie: Oui! Tout simplement parce que les femmes aiment
Ja! Ganz einfach durch-dies daß die Frauen lieben [zu]

réfléchir en parlant.
nachdenken bei sprechend.

293 Michel: Vous savez, tout à coup, je perçois différemment toute une série
Ihr wißt, plötzlich, ich wahrnehme verschieden all eine Serie

de situations que j'ai vécues dans le passé …
von Situationen die ich-habe erlebt in der Vergangenheit …

Certaines conversations avec ma mère, avec ma sœur,
Gewisse Unterhaltungen mit meiner Mutter, mit meiner Schwester,

avec ma petite amie d'autrefois
mit meiner kleinen Freundin[1] von-damals

294 Sophie: Moi aussi, j'ai le sentiment de mieux comprendre les hommes
Ich auch, ich-habe das Gefühl von besser verstehen die Männer

depuis que je m'intéresse à ce sujet. Par exemple
seit daß ich mich-interessiere zu diesem Thema. Durch Beispiel

lorsqu'un couple vient au magasin acheter un
anläßlich-daß-ein Ehepaar kommt zu-dem Geschäft [zu] kaufen einen

tapis.
Teppich.

295 Michel: Un bon exemple. Où sont les différences?
Ein gutes Beispiel. Wo sind die Unterschiede?

296 Sophie: Lui s'intéresse essentiellement aux dimensions et à la
Er sich-interessiert wesentlicherweise zu-den Maßen und zu der

[1] *kleine Freundin = feste Freundin*

qualité, tandis qu'elle veut surtout savoir s'il contient
Qualität, wohingegen daß-sie will vor-allem wissen ob-er enthält

des fibres dangereuses parce qu'elle voit déjà le
von-den Fasern gefährlichen durch-dies daß-sie sieht schon den

petit jouer dessus …
Kleinen spielen darauf …

297 Michel: … car dans le doute, elle ramène tout à un niveau
… denn in dem Zweifel, sie zurückführt alles zu einem Niveau

de relations humaines.
von Beziehungen menschlichen.

298 Sophie: Exactement. Ou bien prenez une de mes amies, un
Genau. Oder aber nehmt eine von meinen Freundinnen, eines

soir de sortie avec son petit ami. Il était au
Abends von Ausgang mit ihrem kleinen Freund. Er war an-dem

volant et ne trouvait pas le restaurant où ils voulaient
Steuer und nicht fand nicht das Restaurant wohin sie wollten

aller. Il a donc fait plusieurs fois le tour du
gehen. Er hat also gemacht mehrere Male die Tour von-dem

quartier …
Viertel …

299 Michel: … parce qu'il voulait résoudre son problème seul!
… durch-dies daß-er wollte lösen sein Problem allein!

300 Sophie: Et lorsqu'elle a suggéré de demander à quelqu'un, il
Und anläßlich-daß-sie hat angeregt von fragen zu irgend-einem, er

a plutôt mal réagi.
hat eher schlecht reagiert.

301 Michel: Son amour propre en a pris un coup?
Seine Liebe eigene davon hat genommen einen Schlag?

302 Sophie: Je pense, oui. Il a ressenti sa proposition comme une
Ich denke, ja. Er hat empfunden ihren Vorschlag als eine

critique alors qu'elle, en tant que femme, trouvait tout à fait
Kritik wohingegen daß-sie, in soviel als Frau, fand ganz und gar

normal de parler du problème avec quelqu'un
normal von sprechen von-dem Problem mit irgend-einem

d'autre …
von-anderem …

303 Michel: … par exemple, avec quelqu'un connaissant le quartier.
… durch Beispiel, mit irgend-einem kennend das Viertel.

304 Sophie: Exactement!
Genau!

305 Michel: Eh bien, j'espère que nous deux, puisque nous savons maintenant
Nun gut, ich-hoffe daß wir zwei, da wir wissen jetzt

que ces différences existent dans nos façons de penser
daß diese Unterschiede existieren in unserer Fasson von denken

et d'agir, j'espère que nous pourrons régler plus
und von-handeln, ich-hoffe daß wir können-werden regeln mehr

facilement nos malentendus – si jamais il devait y en
leicht unsere Mißverständnisse – falls jemals es sollte da davon

avoir …
haben …

306 Sophie: Le fait de connaître tout cela nous aidera
Die Tatsache von kennen all dies-da uns unterstützen-wird

certainement!
gewiß!

307 Michel: Voilà qui m'intrigue! Comme il doit être palpitant de
Sieh-da was mich-neugierig-macht! Da es muß sein spannend von

mieux prendre conscience de ces différences et de les
besser nehmen Bewußtsein von diesen Unterschieden und von sie

mettre à profit pour mieux se connaître mutuellement.
setzen zu [dem] Profit für besser sich kennenlernen gegenseitig.

J'aimerais partir à la découverte de nos
Ich-lieben-würde [zu] losgehen zu der Entdeckung von unseren

		différences,	ma	chère	Sophie …
		Unterschieden,	**meine**	**teuere**	**Sophie …**

308	Sophie:	Moi	aussi,	mon	cher	Michel …
		Ich	**auch,**	**mein**	**teuerer**	**Michel …**

Lektion 40 Französisch

Leçon Quarante: Des hommes et des femmes (Fin)

269 Michel: Donnez-moi encore un exemple, Sophie.

270 Sophie: Les hommes ont tendance à s'isoler pour réfléchir lorsqu'ils ne peuvent pas résoudre immédiatement un problème.

271 Michel: Je vois bien le genre de situation.

272 Sophie: John Gray l'exprime comme cela: «Il y avait sur Mars un grand nombre de cavernes dans lesquelles les Martiens se retiraient pour penser.»

273 Michel: Tandis que les Vénusiennes, elles, s'attaquaient autrement à leurs problèmes?

274 Sophie: Oui! Sur Vénus, il n'y avait pas une seule caverne parce que ses habitantes discutaient leurs problèmes ensemble. John Gray souligne même que sur Vénus, il était carrément interdit de laisser quelqu'un seul aux prises avec un problème …

275 Michel: Pas étonnant qu'il y ait de sérieux problèmes de communication!

276 Sophie: Imaginez un peu la situation: il rentre du travail. Elle remarque qu'il a un problème. Alors, elle lui dit: «Qu'est-ce que tu as, chéri?»

277 Michel: Et lui, répond: «Rien!»

278 Sophie: Ce qui signifie au niveau relationnel: «Laisse moi seul dans ma caverne!»

279 Michel: Chose que la Vénusienne n'admet pas, bien sûr.

280 Sophie: Il a donc l'impression qu'elle le force à parler. Elle de son côté a l'impression qu'il refuse de lui parler … Pour la femme, cela constitue un signal au plan relationnel …

281 Michel: … parce qu'elle craint que leur relation commune soit en crise.

282 Sophie: Exact.

283 Michel: J'ai toujours été étonné par les gens – et maintenant je sais qu'il s'agit souvent de femmes – les gens qui aiment parler de problèmes avant même d'en connaître la nature. Si vous voyez ce que je veux dire?

284 Sophie: Bien sûr. Les Vénusiennes utilisent la discussion pour étudier le problème, pour éclairer ses différents aspects et pour définir ensemble ce qu'il y a de problématique à telle ou telle situation.

285 Michel: Tandis que les Martiens se retirent dans leur caverne pour réfléchir au problème. Et ils se disent: «Tant que je ne parviens pas à définir le problème proprement dit, je ne veux pas en parler.»

286 Sophie: Vous voyez: il s'agit de deux approches fondamentalement différentes.

287 Michel: Et l'une n'est pas meilleure que l'autre.

288 Sophie: Exact. Elles sont seulement différentes!

289 Michel: Lorsqu'on comprend ça, on évite beaucoup de malentendus …

290 Sophie: … et on peut mieux s'adapter à l'autre. La femme pourrait ainsi apprendre à accepter que l'homme se réfugie dans sa caverne sans pour autant y voir un manque de confiance de sa part …

291 Michel: … et l'homme pourrait apprendre à parler des problèmes, alors que la femme en est à la phase de réflexion.

292 Sophie: Oui! Tout simplement parce que les femmes aiment réfléchir en parlant.

293 Michel: Vous savez, tout à coup, je perçois différemment toute une série de situations que j'ai vécues dans le passé … Certaines conversations avec ma mère, avec ma sœur, avec ma petite amie d'autrefois …

294 Sophie: Moi aussi, j'ai le sentiment de mieux comprendre les hommes depuis que je m'intéresse à ce sujet. Par exemple lorsqu'un couple vient au magasin acheter un tapis.

295 Michel: Un bon exemple. Où sont les différences?

296 Sophie: Lui s'intéresse essentiellement aux dimensions et à la qualité, tandis qu'elle veut surtout savoir s'il contient des fibres dangereuses parce qu'elle voit déjà le petit jouer dessus …

297 Michel: … car dans le doute, elle ramène tout à un niveau de relations humaines.

298 Sophie: Exactement. Ou bien prenez une de mes amies, un soir de sortie avec son petit ami. Il était au volant et ne trouvait pas le restaurant où ils voulaient aller. Il a donc fait plusieurs fois le tour du quartier …

299 Michel: … parce qu'il voulait résoudre son problème seul!

300 Sophie: Et lorsqu'elle a suggéré de demander à quelqu'un, il a plutôt mal réagi.

301 Michel: Son amour propre en a pris un coup?

302 Sophie: Je pense, oui. Il a ressenti sa proposition comme une critique alors qu'elle, en tant que femme, trouvait tout à fait normal de parler du problème avec quelqu'un d'autre …

303 Michel: … par exemple, avec quelqu'un connaissant le quartier.

304 Sophie: Exactement!

305 Michel: Eh bien, j'espère que nous deux, puisque nous savons maintenant que ces différences existent dans nos façons de penser et d'agir, j'espère que nous pourrons régler plus facilement nos malentendus – si jamais il devait y en avoir …

306 Sophie: Le fait de connaître tout cela nous aidera certainement!

307 Michel: Voilà qui m'intrigue! Comme il doit être palpitant de mieux prendre conscience de ces différences et de les mettre à profit pour mieux se connaître mutuellement. J'aimerais partir à la découverte de nos différences, ma chère Sophie …

308 Sophie: Moi aussi, mon cher Michel …

EPILOGUE

Epilog

309 Sophie: Liebe Freunde, wir möchten Ihnen jetzt von Herzen gratulieren, denn Sie haben Unglaubliches geleistet.

310 Michel: Sie haben die Vorurteile, die Neuem meist entgegengebracht werden, beiseite geschoben, …

311 Sophie: … indem Sie diesen Kurs erworben haben.

312 Michel: Sie haben sich eine Lernmethode in der Theorie angeeignet, …

313 Sophie: … indem Sie die einleitenden Kapitel dieses Buches gelesen haben.

314 Michel: Sie haben diese neue Lernmethode in der Praxis angewandt, …

315 Sophie: … während Sie diesen Kurs nach der Birkenbihl-Methode durchgearbeitet haben.

316 Michel: Und Sie haben Ausdauer und Zähigkeit bewiesen, …

317 Sophie: … denn Sie haben bis zum Ende des Kurses durchgehalten.

318 Michel: Aber Sie haben noch mehr geleistet. Sie haben nicht nur das gehirn-gerechte Lernen einer Fremdsprache erlernt.

319 Sophie: Sie haben sich auch mit Gedanken zu allen möglichen Themen befaßt, über die Sie vielleicht auch nach dem Kurs noch reflektieren wollen …

320 Michel: Wie zum Beispiel das Thema „Männer und Frauen". Ich werde mich mit Sicherheit näher damit befassen, denn schließlich gewinnen wir alle, Männer wie Frauen, wenn wir besser verstehen, wo die Unterschiede liegen …

321 Sophie: … und wo wir uns ergänzen, damit wir einander besser begreifen und einfühlsamer aufeinander eingehen können.

322 Michel: Dies kann für alle Arten von Situationen hilfreich sein, ob wir nun beruflich mit Kollegen oder mit Kunden sprechen …

323 Sophie: … oder im privaten Bereich mit Familie und Freunden.

324 Michel: Genau. So daß Sie bei jedem weiteren Hören des Kurses auch immer wieder an diese Ideen erinnert werden …

325 Sophie: … wobei häufiges Hören natürlich die Erfolgserlebnisse beim Sprachenlernen weiter steigert.

326 Michel: Wir wünschen Ihnen in Ihrem Leben noch viele Erfolgserlebnisse, beim Sprachenlernen und überhaupt!

327 M&S: Machen Sie's gut!

Epilog Wort für Wort

Epilogue
Epilog

309 Sophie: Eh bien voilà, chers amis! Toutes nos félicitations: vous
Nun gut sieh-da, teuere Freunde! All unsere Glückwünsche: ihr

avez réalisé une performance incroyable.
habt verwirklicht eine Leistung unglaubliche.

310 Michel: Vous avez ignoré tous les préjugés que l'on oppose
Ihr habt ignoriert all die Vorurteile die man entgegenbringt

habituellement à ce qui est nouveau …
gewöhnlich zu diesem was ist neu …

311 Sophie: … par le simple fait de vous être procuré ce
… durch die einfache Tatsache von euch sein verschafft diesen

cours.
Kurs.

312 Michel: Vous avez assimilé les principes théoriques d'une méthode
Ihr habt verarbeitet die Prinzipien theoretischen von-einer Methode

d'apprentissage …
von-Lernen …

313 Sophie: … en lisant le mode d'emploi.
… durch lesend den Modus von-Anwendung[1].

314 Michel: Vous avez mis cette méthode d'apprentissage en pratique …
Ihr habt gesetzt diese Methode von-Lernen in [die] Praxis …

315 Sophie: … en suivant jusqu'au bout la méthode Birkenbihl.
… durch befolgend bis-zu-dem Schluß die Methode Birkenbihl.

316 Michel: Vous avez apporté la preuve de votre ténacité et de
Ihr habt hergetragen den Beweis von euerer Zähigkeit und von

votre persévérance …
euerer Ausdauer …

317 Sophie: en nous étant fidèle jusqu'à la dernière ligne.
durch uns seiend treu bis-zu der letzten Zeile.

318 Michel: Mais vous avez fait beaucoup plus. Non seulement vous avez
Aber ihr habt gemacht viel mehr. Nein nur ihr habt

appris une langue étrangère de manière cerveauphile.
gelernt eine Sprache fremde von Art gehirn-freundlicher.

319 Sophie: Vous avez également réfléchi à toutes sortes de choses
Ihr habt gleichermaßen nachgedacht zu allen Sorten von Sachen

qui continueront peut-être à vous occuper l'esprit une
die weitermachen-werden vielleicht zu euch besetzen den-Geist ein

fois ce cours terminé …
Mal diesen Kurs beendet …

320 Michel: … par exemple, le thème «homme/femme». Je vais personnellement
… durch Beispiel, das Thema „Mann/Frau". Ich gehe persönlich

m'y intéresser de plus près, car finalement tous,
[zu] mich-da interessieren von mehr nahe, denn schließlich alle,

hommes et femmes, ne peuvent que tirer profit
Männer und Frauen, nicht können [anders] als ziehen Profit

d'une meilleure connaissance de leurs différences …
von-einer besseren Kenntnis von ihren Unterschieden …

321 Sophie: … et de leurs complémentarités pour pouvoir mieux se
… und von ihren Ergänzungsmöglichkeiten für können besser sich

comprendre mutuellement.
verstehen gegenseitig.

322 Michel: Cela peut être très utile dans toutes sortes de situations,
Dies-da kann sein sehr nützlich in allen Sorten von Situationen,

qu'il s'agisse de relations professionnelles avec
daß-es sich-handeln-möge von Beziehungen beruflichen mit

des collègues ou des clients …
von-den Kollegen oder von-den Kunden …

323 Sophie: … ou bien de relations privées, en famille ou avec
… oder aber von Beziehungen privaten, in [der] Familie oder mit

des amis.
von-den Freunden.

324 Michel: Exactement. Et songez-y: vous retrouverez toutes ces
Genau. Und denkt-daran: ihr wiederfinden-werdet all diese

idées chaque fois que vous réécouterez ce cours …
Ideen jedes Mal daß ihr wiederanhören-werdet diesen Kurs …

325 Sophie: … sans compter qu'une écoute fréquente favorise
… ohne [zu] berücksichtigen daß-ein Anhören häufiges begünstigt

aussi l'apprentissage de la langue.
auch das-Lernen von der Sprache.

326 Michel: Alors, tous nos vœux de réussite dans l'apprentissage des
Dann, all unsere Wünsche von Erfolg in dem-Lernen von-den

langues en particulier, et dans la vie en
Sprachen in [dem] besonderen, und in dem Leben in [dem]

général.
allgemeinen.

327 M&S: Bonne chance!
Gute Chance!

Epilog Französisch

Epilogue

309 Sophie: Eh bien voilà, chers amis! Toutes nos félicitations: vous avez réalisé une performance incroyable.

310 Michel: Vous avez ignoré tous les préjugés que l'on oppose habituellement à ce qui est nouveau …

311 Sophie: … par le simple fait de vous être procuré ce cours.

312 Michel: Vous avez assimilé les principes théoriques d'une méthode d'apprentissage …

313 Sophie: … en lisant le mode d'emploi.

314 Michel: Vous avez mis cette méthode d'apprentissage en pratique …

315 Sophie: … en suivant jusqu'au bout la méthode Birkenbihl.

316 Michel: Vous avez apporté la preuve de votre ténacité et de votre persévérance …

317 Sophie: … en nous étant fidèle jusqu'à la dernière ligne.

318 Michel: Mais vous avez fait beaucoup plus. Non seulement vous avez appris une langue étrangère de manière cerveauphile.

319 Sophie: Vous avez également réfléchi à toutes sortes de choses qui continueront peut-être à vous occuper l'esprit une fois ce cours terminé …

320 Michel: … par exemple, le thème «homme/femme». Je vais personnellement m'y intéresser déplus près, car finalement tous, hommes et femmes, ne peuvent que tirer profit d'une meilleure connaissance de leurs différences …

321 Sophie: … et de leurs complémentarités pour pouvoir mieux se comprendre mutuellement.

322 Michel: Cela peut être très utile dans toutes sortes de situations, qu'il s'agisse de relations professionnelles avec des collègues ou des clients …

323 Sophie: … ou bien de relations privées, en famille ou avec des amis.

324 Michel: Exactement. Et songez-y: vous retrouverez toutes ces idées chaque fois que vous réécouterez ce cours …

325 Sophie: … sans compter qu'une écoute fréquente favorise aussi l'apprentissage de la langue.

326 Michel: Alors, tous nos vœux de réussite dans l'apprentissage des langues en particulier, et dans la vie en général.

327 M&S: Bonne chance!

➤ *Um Ihnen, liebe Lerner, die Möglichkeit zu geben, auch die Du-Form des Französischen kennenzulernen, beschließen wir diesen Kurs mit einer entsprechenden Fassung von Lektion 35.*

[1] *Modus von-Anwendung = Gebrauchsanweisung*

LEÇON 35*

Ergänzungslektion: Kochen und Abendessen

Michel und Sophie betreten das Wohnhaus. Sophie öffnet die Tür ihrer Wohnung. Michel und Sophie gehen in die Küche. Sophie öffnet den Küchenschrank und holt einige Lebensmittel heraus.

123*Sophie: Gut. Butter, Eier und Milch haben wir gekauft. Mehl, Salz und Zucker habe ich noch da. Was kann man aus diesen Zutaten machen, Michel?

124* Michel: Hmm … ich kenne mich auf dem Gebiet nicht so genau aus.

125*Sophie: Wir brauchen noch eine Schüssel, einen Kochlöffel und eine Bratpfanne …

126* Michel: Ach, Pfannkuchen!

127*Sophie: Richtig.

128* Michel: Eigentlich wollte ich immer schon mal lernen, wie man Pfannkuchen macht.

129*Sophie: Na, dann bringe ich dir jetzt bei, wie das geht.

130* Michel: Gerne!

131*Sophie: Also, als erstes gibst du die Eier in die Schüssel.

Michel versucht, ein Ei aufzuschlagen, was aber mißlingt. Sophie ist amüsiert.

132*Sophie: Achtung, sonst fallen die Schalen mit in die Schüssel. Schau, so geht das.

Sophie macht vor, wie man Eier fachmännisch aufschlägt. Michel macht es nach, und diesmal gelingt es.

133*Sophie: Jetzt gibst du zwei Eßlöffel Zucker in die Schüssel, und rührst das Ganze mit dem Kochlöffel schaumig. Ich wiege inzwischen das Mehl ab.

Michel beginnt wild in der Schüssel herumzurühren.

134* Michel: Gut so?

135*Sophie: Für einen Anfänger gar nicht schlecht. Jetzt gibst du die Milch und das Mehl dazu und rührst, bis der Teig schön gleichmäßig ist. Ich mache derweil etwas Butter in der Pfanne warm.

Michel rührt weiter, während Sophie am Herd beschäftigt ist. Sophie blickt prüfend in die Schüssel.

136*Sophie: Prima. Jetzt gibst du bitte eine Prise Salz dazu, und rührst noch ein bißchen weiter.

137* Michel: Von der Rührerei krieg ich ja Muskelkater!

Sophie nimmt die Schüssel und läßt den Teig für den ersten Pfannkuchen in die Pfanne rinnen. Langsam bildet sich der Pfannkuchen.

138* Michel: Ich hoffe, ich soll den Pfannkuchen jetzt nicht wenden?

139* Sophie: Nein, nein. Wenn du den Pfannkuchen hochschleudern würdest, würde er an der Zimmerdecke kleben bleiben und ich könnte meine Küche gleich wieder renovieren!

Beide lachen bei dieser Vorstellung.

140* Sophie: Deckst du bitte schon mal den Tisch?

141* Michel: Aber mit Vergnügen!

142* Sophie: Teller und Gläser findest du hier im Küchenschrank, und das Besteck ist in der Schublade dort.

Michel deckt den Tisch, während Sophie weiter Pfannkuchen bäckt.

143* Sophie: Was möchtest du trinken?

144* Michel: Zu Pfannkuchen schmeckt mir am besten Milch oder Kakao.

145* Sophie: Mir auch. Was ist dir heute lieber?

146* Michel: Kakao, wenn es nicht zuviel Mühe macht.

147* Sophie: Für dich ist mir keine Mühe zuviel …

148* Michel: Das hört man gern …

149* Sophie: Ißt du Pfannkuchen übrigens immer süß oder manchmal auch pikant?

151 * Sophie: Wenn du sie süß ißt, was tust du dann drauf?

152* Michel: Dann bestreiche ich sie mit Honig, Marmelade, Quark, Schokoladencreme oder Apfelmus.

150* Michel: Ach, mal so, mal so. Ich mag Pfannkuchen sowohl süß als auch pikant.

153* Sophie: Und wenn du sie pikant ißt?

154* Michel: Dann belege ich sie mit Heringen, Fleisch, Schinken oder Eingemachtem.

155* Sophie: Nimm dir einfach alles, was du für die Pfannkuchen haben möchtest, aus dem Kühlschrank, und dann setz dich schon mal!

Michel tut wie geheißen und setzt sich.

156* Michel: Nachdem ich Pfannkuchenbacken gelernt habe, hoffe ich, du willst mir heute nicht auch noch Nähen, Stricken und Häkeln beibringen.

157* Sophie: Mal sehen. Zumindest einen Knopf sollte auch ein Mann annähen können. Warte mal, Nadel und Faden findest du …

158* Michel: Bitte nicht. Laß uns erst essen!

159* Sophie: Okay.

Sophie stellt einen Stapel Pfannkuchen auf den Tisch. Michel und Sophie nehmen sich je einen, belegen ihn und beginnen zu essen.

160* Michel: Oh, ist das köstlich!

Sie essen den ganzen Stapel Pfannkuchen auf.

161* Michel: Mmmh, das war ein gutes Abendessen. Soll ich dir beim Abwasch helfen?

162* Sophie: Nicht nötig, ich stelle das Geschirr in die Spülmaschine und wische den Tisch ab. Wenn du inzwischen die Sachen, die kühl aufbewahrt werden müssen, in den Kühlschrank zurückräumst …

163* Michel: Mach ich doch glatt.

Man hört die beiden aufräumen.

164* Sophie: Was möchtest du jetzt trinken, Michel?

165* Michel: Jetzt hätte ich Lust auf ein Mineralwasser. Soll ich es holen?

166* Sophie: Ja, bitte, du kennst dich ja inzwischen prima aus …

Michel holt eine Flasche und zwei Gläser.

167* Michel: Soll ich die Flasche und die Gläser gleich ins Wohnzimmer mitnehmen?

168* Sophie: Ja bitte, ich bin so gut wie fertig hier.

Lektion 35* Wort für Wort

Leçon supplémentaire: Cuisine et dîner
Lektion ergänzungsmäßige: Kochkunst und Abendessen

(…)

123* Sophie: Bien. Nous avons acheté du beurre, des œufs et du
Gut. Wir haben gekauft von-der Butter, von-den Eiern und von-der

lait. J'avais de la farine, du sel et du sucre.
Milch. Ich-hatte von dem Mehl, von-dem Salz und von-dem Zucker.

Que peut-on faire à partir de ces ingrédients, Michel?
Was kann-man machen zu ausgehen von diesen Zutaten, Michel?

124* Michel: Hum, c'est un domaine que je connais assez mal.
Hm, dies-ist ein Gebiet das ich kenne ziemlich schlecht.

125* Sophie: Il nous faut aussi un saladier, une cuillère en bois et une
Es uns nötig-ist auch eine Schüssel, ein Löffel aus Holz und eine

poêle à frire …
Pfanne zu braten …

126* Michel: J'ai trouvé! Des crêpes!
Ich-habe gefunden! Von-den Pfannkuchen!

127* Sophie: Exact.
Genau

128* Michel: Ça tombe bien, il y a longtemps que je voulais
Dies-da fällt gut, es da hat lange-Zeit daß ich wollte

apprendre à faire les crêpes.
lernen zu machen die Pfannkuchen.

129* Sophie: Eh bien, je vais te montrer comment on fait.
Nun gut, ich gehe dir [zu] zeigen wie man macht.

130* Michel: Volontiers.
Gerne.

131* Sophie: D'abord, tu casses les œufs dans le saladier.
Von-zuerst, du brichst die Eier in der Schüssel.

(…)

132* Sophie: Attention, Michel, sinon, des morceaux de coquille vont
Aufmerksamkeit, Michel, sonst, von-den Stücken von Schale gehen

tomber dans le saladier. Regarde! Comme cela!
[zu] fallen in die Schüssel. Schau! Wie dies-da!

(…)

133* Sophie: Maintenant, tu ajoutes deux cuillerées à soupe de sucre et
Jetzt, du hinzufügst zwei Löffelvoll zu Suppe von Zucker und

tu bats le tout à l'aide de la cuillère en
du schlägst das Ganze mit der-Unterstützung von dem Löffel aus

bois. Pendant ce temps, moi, je vais peser la farine.
Holz. Während dieser Zeit, ich, ich gehe [zu] wiegen das Mehl.

(...)

134* Michel: Comme ça, c'est bien?
Wie dies-da, dies-ist gut?

135* Sophie: Pas mal du tout pour un débutant. Maintenant, tu
Nicht schlecht von-dem Ganzen für einen Anfänger. Jetzt, du

ajoutes le lait et la farine et tu mélanges jusqu'à ce
hinzufügst die Milch und das Mehl und du mischst bis-zu diesem

que la pâte soit bien onctueuse. Pendant ce temps, je
daß der Teig sein-möge gut gleichmäßig. Während dieser Zeit, ich

fais fondre une noix de beurre dans la poêle.
mache schmelzen eine Nuß von Butter in der Pfanne.

(...)

136* Sophie: Impeccable. Maintenant, tu ajoutes une prise de sel et tu
Einwandfrei. Jetzt, du hinzufügst eine Prise von Salz und du

mélanges encore un peu.
mischst nochmals ein bißchen.

137* Michel: Dis, mais à mélanger comme cela, je risque de fatiguer.
Sag, aber zu mischen wie dies-da, ich riskiere von ermüden.

(...)

138* Michel: J'espère que je ne vais pas devoir la faire sauter!
Ich-hoffe daß ich nicht gehe nicht [zu] müssen ihn machen springen!

139* Sophie: Pas question! Si tu la faisais sauter, elle resterait
Nicht Frage! Falls du ihn machtest springen, er bleiben-würde

collée au plafond et moi, j'en serais quitte pour
geklebt an-der Decke und ich, ich-davon sein-würde genötigt für

refaire rénover ma cuisine!
wiedermachen renovieren meine Küche!

(...)

140* Sophie: Peux-tu commencer à mettre le couvert?
Kannst-du beginnen zu setzen das Gedeck?

141* Michel: Mais avec plaisir!
Aber mit Vergnügen!

142* Sophie: Les assiettes et les verres sont dans le petit buffet, et les
Die Teller und die Gläser sind in dem kleinen Büffet, und die

couverts dans le tiroir là-bas.
Bestecke in der Schublade da-drüben.

(…)

143* Sophie: Que désires-tu boire?
Was wünschst-du [zu] trinken?

144* Michel: Ce que je préfère avec des crêpes, c'est du
Dies was ich vorziehe mit von-den Pfannkuchen, dies-ist von-der

lait ou du cacao.
Milch oder von-dem Kakao.

145* Sophie: Moi aussi. Et cette fois, que prendras-tu?
Ich auch. Und dieses Mal, was nehmen-wirst-du?

146* Michel: Du cacao, si ce n'est pas trop te demander.
Von-dem Kakao, falls dies nicht-ist nicht zuviel dich [zu] fragen.

147* Sophie: Quand c'est pour toi, Michel …
Wenn dies-ist für dich, Michel …

148* Michel: C'est le genre de choses qu'on aime entendre …
Dies-ist das Genre von Sachen das-man liebt [zu] hören …

149* Sophie: Mais à propos des crêpes, les manges-tu
Aber zu [dem] Gesprächsthema von-den Pfannkuchen, sie ißt-du

toujours sucrées ou bien parfois salées également?
immer gezuckert oder aber manchmal gesalzen gleichermaßen?

150* Michel: Cela dépend. J'aime toutes les crêpes, aussi bien
Dies-da abhängt. Ich-liebe all die Pfannkuchen, so wohl

sucrées que salées.
gezuckert wie gesalzen.

151* Sophie: Quand tu les manges sucrées, que mets-tu dessus?
Wenn du sie ißt gezuckert, was legst-du darauf?

152* Michel: Je les tartine de miel ou de confiture, de fromage
Ich sie bestreiche von Honig oder von Marmelade, von Käse

blanc, de chocolat ou de compote de pommes.
weißem, von Schokolade oder von Kompott von Äpfeln.

153* Sophie: Et quand tu les manges salées?
Und wenn du sie ißt gesalzen?

154* Michel: Je les aime au hareng, à la viande, au jambon
Ich sie liebe zu-dem Hering, zu dem Fleisch, zu-dem Schinken

ou avec des conserves en bocal.
oder mit von-den Konserven in [dem] Einmachglas.

155* Sophie: Eh bien, prends tout ce qu'il te faut pour tes
Nun gut, nimm all dies was-es dir nötig-ist für deine

crêpes dans le réfrigérateur et assieds-toi, je t'en
Pfannkuchen in dem Kühlschrank und setz-dich, ichdich-davon

prie!
bitte!

156* Michel: Maintenant que je sais faire des crêpes, j'espère
Jetzt daß ich weiß [zu] machen von-den Pfannkuchen, ich-hoffe

que c'est fini pour aujourd'hui – tu ne vas
daß dies-ist beendet für an-dem-Tag-von-heute – du nicht gehst

pas encore m'apprendre à coudre, à tricoter ou à faire
nicht noch [zu] mir-lernen zu nähen, zu stricken oder zu machen

du crochet.
von-der Häkelnadel.

157* Sophie: On verra. En fait, un homme devrait au moins
Man sehen-wird. In [der] Tat, ein Mann sollen-würde zumindest

savoir recoudre un bouton. Attends, les aiguilles et le
wissen [zu] annähen einen Knopf. Warte, die Nadeln und der

fil sont dans …
Faden sind in …

158* Michel: Oh, non, s'il te plaît, Sophie. Mangeons d'abord!
Oh, nein, falls-es dir gefällt, Sophie. Essen [-wir] von-zuerst!

159* Sophie: D'accord.
Von-Übereinstimmung.

(...)

160* Michel: Hum, c'est délicieux.
Hm, dies-ist köstlich.

(...)

161* Michel: C'était un merveilleux dîner! Puis-je t'aider pour
Dies-war ein wunderbares Abendessen! Kann-ich dich-unterstützen für

la vaisselle?
das Geschirr?

162* Sophie: Ce n'est pas la peine, je la mets dans le lave-vaisselle
Dies nicht-ist nicht die Mühe, ich es lege in den Geschirrspüler

et je nettoie la table. Pendant ce temps, si tu peux
und ich reinige den Tisch. Während dieser Zeit, falls du kannst

remettre au réfrigérateur tout ce qu'il faut
zurücklegen zu-dem Kühlschrank all dies was-es nötig-ist [zu]

garder au frais ...
aufbewahren an-der Kühle ...

163* Michel: C'est comme si c'était déjà fait.
Dies-ist als ob dies-war schon gemacht.

(...)

164* Sophie: Et maintenant, que puis-je t'offrir à boire, Michel?
Und jetzt, was kann-ich dir-anbieten zu trinken, Michel?

165* Michel: J'aurais envie d'une eau minérale. Je vais
Ich-haben-würde Lust von-einem Wasser mineralischen. Ich gehe

le chercher?
es [zu] suchen?

166* Sophie: Oui, volontiers, maintenant que tu connais la maison comme
Ja, gerne, jetzt daß du kennst das Haus wie

ta poche …
deine Tasche …

(…)

167* Michel: Est-ce que j'emporte les verres et la bouteille directement
Ist-dies daß ich-hinübertrage die Gläser und die Flasche direkt

dans le séjour?
in das Wohnzimmer?

168* Sophie: Oui, s'il te plaît. Je n'en ai plus pour longtemps.
Ja, falls-es dir gefällt. Ich nicht-davon habe mehr für lange-Zeit.

Lektion 35* Französisch

Leçon supplémentaire: Cuisine et dîner

(…)

123* Sophie: Bien. Nous avons acheté du beurre, des œufs et du lait. J'avais de la farine, du sel et du sucre. Que peut-on faire à partir de ces ingrédients, Michel?

124* Michel: Hum, c'est un domaine que je connais assez mal.

125* Sophie: Il nous faut aussi un saladier, une cuillère en bois et une poêle à frire …

126* Michel: J'ai trouvé! Des crêpes!

127* Sophie: Exact.

128* Michel: Ça tombe bien, il y a longtemps que je voulais apprendre à faire les crêpes.

129* Sophie: Eh bien, je vais te montrer comment on fait.

130* Michel: Volontiers.

131* Sophie: D'abord, tu casses les œufs dans le saladier.

132* Sophie: Attention, Michel, sinon, des morceaux de coquille vont tomber dans le saladier. Regarde! Comme cela!

(…)

133* Sophie: Maintenant, tu ajoutes deux cuillerées à soupe de sucre et tu bats le tout à l'aide de la cuillère en bois. Pendant ce temps, moi, je vais peser la farine.

(…)

134* Michel: Comme ça, c'est bien?

135* Sophie: Pas mal du tout pour un débutant. Maintenant, tu ajoutes le lait et la farine et tu mélanges jusqu'à ce que la pâte soit bien onctueuse. Pendant ce temps, je fais fondre une noix de beurre dans la poêle.

(...)

136* Sophie: Impeccable. Maintenant, tu ajoutes une prise de sel et tu mélanges encore un peu.

137* Michel: Dis, mais à mélanger comme cela, je risque de fatiguer.

(...)

138* Michel: J'espère que je ne vais pas devoir la faire sauter!

139* Sophie: Pas question! Si tu la faisais sauter, elle resterait collée au plafond et moi, j'en serais quitte pour refaire rénover ma cuisine!

(...)

140* Sophie: Peux-tu commencer à mettre le couvert?

141* Michel: Mais avec plaisir!

142* Sophie: Les assiettes et les verres sont dans le petit buffet, et les couverts dans le tiroir là-bas.

(...)

143* Sophie: Que désires-tu boire?

144* Michel: Ce que je préfère avec des crêpes, c'est du lait ou du cacao.

145* Sophie: Moi aussi. Et cette fois, que prendras-tu?

146* Michel: Du cacao, si ce n'est pas trop te demander.

147* Sophie: Quand c'est pour toi, Michel ...

148* Michel: C'est le genre de choses qu'on aime entendre ...

149* Sophie: Mais à propos des crêpes, les manges-tu toujours sucrées ou bien parfois salées également?

150* Michel: Cela dépend. J'aime toutes les crêpes, aussi bien sucrées que salées.

151* Sophie: Quand tu les manges sucrées, que mets-tu dessus?

152* Michel: Je les tartine de miel ou de confiture, de fromage blanc, de chocolat ou de compote de pommes.

153* Sophie: Et quand tu les manges salées?

154* Michel: Je les aime au hareng, à la viande, au jambon ou avec des conserves en bocal.

155* Sophie: Eh bien, prends tout ce qu'il te faut pour tes crêpes dans le réfrigérateur et assieds-toi, je t'en prie!

(...)

156* Michel: Maintenant que je sais faire des crêpes, j'espère que c'est fini pour aujourd'hui – tu ne vas pas encore m'apprendre à coudre, à tricoter ou à faire du crochet.

157* Sophie: On verra. En fait, un homme devrait au moins savoir recoudre un bouton. Attends, les aiguilles et le fil sont dans ...

158* Michel: Oh, non, s'il te plaît, Sophie. Mangeons d'abord!

159* Sophie: D'accord.

(...)

160* Michel: Hum, c'est délicieux.

(...)

161* Michel: C'était un merveilleux dîner! Puis-je t'aider pour la vaisselle?

162* Sophie: Ce n'est pas la peine, je la mets dans le lave-vaisselle et je nettoie la table. Pendant ce temps, si tu peux remettre au réfrigérateur tout ce qu'il faut garder au frais ...

163* Michel: C'est comme si c'était déjà fait.

(...)

164* Sophie: Et maintenant, que puis-je t'offrir à boire, Michel?

165* Michel: J'aurais envie d'une eau minérale. Je vais la chercher?

166* Sophie: Oui, volontiers, maintenant que tu connais la maison comme ta poche ...

(...)

167* Michel: Est-ce que j'emporte les verres et la bouteille directement dans le séjour?

168* Sophie: Oui, s'il te plaît. Je n'en ai plus pour longtemps.